职业教育物流类专业产教融合创新教材

国际货代实务

主　编　孙明贺
副主编　郑媛媛　刘　璐
参　编　谢　璐　刘丽丽

机械工业出版社

国际货运代理是物流类专业的核心课程之一。本书系统地介绍了国际货代的基本原理及关键的业务知识，主要内容包括承揽国际货代业务，掌握国际货代基本操作，合理报价，订舱、拖车、投保、装船，缮制单证，报检报关及应急处理。本书教学资源丰富，包含重点知识点的微课视频（以二维码形式呈现）、助教课件（授课教师可登录www.cmpedu.com注册下载）、超星平台示范教学课程等，内容紧扣职业院校教学需要和企业工作实际，有效实现理实一体化教学。

本书适合物流类现代物流管理、物流服务与管理等专业以及跨境电商、数字营销等相关专业的中高职学生学习，也可作为相关从业人员的参考用书。

图书在版编目（CIP）数据

国际货代实务/孙明贺主编．—北京：机械工业出版社，2023.4（2025.7重印）
职业教育物流类专业产教融合创新教材
ISBN 978-7-111-72868-9

Ⅰ．①国… Ⅱ．①孙… Ⅲ．①国际货运-货运代理-中等专业学校-教材 Ⅳ．①F511.41

中国国家版本馆CIP数据核字（2023）第052179号

机械工业出版社（北京市百万庄大街22号　邮政编码100037）
策划编辑：宋　华　　　　　责任编辑：宋　华　马新娟
责任校对：韩佳欣　于伟蓉　　封面设计：马若濛
责任印制：任维东
河北宝昌佳彩印刷有限公司印刷
2025年7月第1版第4次印刷
184mm×260mm · 14印张 · 336千字
标准书号：ISBN 978-7-111-72868-9
定价：45.00元

电话服务　　　　　　　　网络服务
客服电话：010-88361066　　机 工 官 网：www.cmpbook.com
　　　　　010-88379833　　机 工 官 博：weibo.com/cmp1952
　　　　　010-68326294　　金 书 网：www.golden-book.com
封底无防伪标均为盗版　机工教育服务网：www.cmpedu.com

前　言

近年来，我国对外经济发展迅速，日益增长的国际贸易与经济往来促使我国在世界的经济地位逐步提高，国际货运代理业已经进入高速发展期，对国际货代的理解和认识尤为重要。为了适应国际贸易发展的良好态势，培养优秀的国际货代人才显得越发重要。很多货代企业早就把提升货代专业素养作为提高市场竞争力和提升企业核心竞争力的重要手段。本书是在国际贸易往来密切的形势下，集合当前货代前沿的理念、技术、操作方法以及国际贸易发展的进程、国际的经济环境等给学生提供一定的认知，让其对国际货代建立一个整体认知架构。

本书编者力求依据理实一体化的要求，以职业典型工作任务为载体，引导学生通过行动式、体验式学习实现对货代基础知识和技能的初步认知。本书的主要特色：一是通过动画微课深入浅出地展示货代的知识点、技能点，容易让学生掌握；二是任务教学，让学生具备较强的国际货代从业的综合能力（专业能力＋社会能力＋方法能力）；三是注重课程职业素质，将职业素质教育和职业素养有效融合职业角色代入货代课堂，潜移默化，立德树人；四是教学资源丰富，教学内容与时俱进，体现了货代新技术、新技能的创新应用；五是从企业工作实际出发，以"1+X"和技能大赛为技能训练标准，实现"做中学、做中训"。

本书由孙明贺担任主编，郑媛媛、刘璐担任副主编，谢璐、刘丽丽担任参编。其中，孙明贺负责项目一、项目五的编写，以及配套微课的制作；郑媛媛负责项目二的编写，以及配套微课的制作；刘璐负责项目三、项目四的编写，以及配套微课的制作；谢璐负责项目六、项目七的编写，以及配套微课的制作；刘丽丽负责项目八的编写，以及配套微课的制作。

因编者水平有限，书中难免存在错漏之处，敬请读者指正。

编　者

二维码索引

序号	名称	图形	页码	序号	名称	图形	页码
1	了解国际货运代理		1	10	集中托运		38
2	了解货代企业		3	11	中欧班列的发展		40
3	介绍货代业务		7	12	了解运输功能		44
4	撰写商务往来函电		13	13	集装箱装箱数量计算方法		48
5	向客户介绍业务		22	14	制作报价单		61
6	班轮运输		29	15	班轮运费的计算		61
7	租船运输		30	16	海运中的附加运费		64
8	租船方式		30	17	如何审核托单		71
9	陆桥运输		35	18	海陆空运输公约与法规		74

（续）

序 号	名 称	图 形	页 码	序 号	名 称	图 形	页 码
19	订舱		78	27	装箱单		139
20	拖车作业流程		82	28	出入境检验检疫		144
21	了解国际货运风险		89	29	了解海关		160
22	国际海运保险之附加险		98	30	了解报关单		172
23	国际货物运输保险合同的订立		106	31	国际贸易合同纠纷的处理		191
24	编制集港运输计划		111	32	如何处理国际物流中的常见问题		199
25	海运提单的种类		116	33	货代公司如何处理客户投诉		204
26	了解航空运单		130	34	国际贸易中的索赔		211

目 录

前言

二维码索引

项目一　承揽国际货代业务 1

学习任务一　了解国际货代企业 1

学习任务二　了解货代业务 6

学习任务三　撰写商务往来函电 12

学习任务四　开发客户、拜访客户 22

项目二　掌握国际货代基本操作 28

学习任务一　了解国际海运业务 28

学习任务二　了解国际陆运业务 32

学习任务三　了解国际空运业务 37

学习任务四　了解国际多式联运业务 40

项目三　合理报价 44

学习任务一　选择运输方式 44

学习任务二　选择集装箱 48

学习任务三　选择船公司、航空公司 53

学习任务四　制作报价表 60

学习任务五　签订货代协议、审核托单 68

项目四　订舱、拖车 74

学习任务一　了解海陆空运输公约及法规 74

学习任务二　租船订舱 78

学习任务三　安排拖车、内装 81

项目五　投保、装船 89

学习任务一　了解国际货运风险 89

学习任务二　掌握保险范围和种类 95

学习任务三　掌握国际货物运输投保与索赔 104

学习任务四　编制集港运输计划 111

项目六　缮制单证 ... 116

学习任务一　缮制海运提单 ... 116
学习任务二　缮制航空运单 ... 129
学习任务三　缮制装箱单 ... 139

项目七　报检报关 ... 144

学习任务一　处理报检业务 ... 144
学习任务二　处理报关业务 ... 159
学习任务三　缮制报检单、报关单 ... 169

项目八　应急处理 ... 191

学习任务一　处理合同纠纷 ... 191
学习任务二　处理常见运输问题 ... 198
学习任务三　处理客户投诉 ... 203
学习任务四　处理索赔 ... 212

参考文献 ... 216

项目一

承揽国际货代业务

学习任务一 了解国际货代企业

学习目标

知识目标
- 掌握国际货代的概念和作用
- 了解货代的发展和未来趋势
- 了解国际货运代理协会联合会

能力目标
- 能够正确阐述货代企业特点和优势
- 能够使用思维导图总结货代企业的背景
- 能够通过网络有效查询货代企业信息

素养目标
- 培养学生积极的态度和自学、自省、自控的能力
- 加强学生为他人着想、为客户着想的服务意识
- 培养学生热爱劳动、爱岗敬业、严谨细致、追求卓越的职业精神
- 提升学生的民族自信，鼓励学生传承中华民族优秀传统文化，热爱祖国，有为祖国争光、为祖国奋斗、敢于奉献的精神追求

知识储备

一、货代概述

货运代理（简称货代）是指经营受他人委托，为其提供代办运输手续、代提、代发、代运货物服务的业务。

货代行业在国际货运市场上，处于货主与承运人之间，接受货主委托，代办租船、

了解国际货运代理

订舱、配载、缮制有关证件、报关、报检、保险、集装箱运输、拆装箱、签发提单、结算运杂费，乃至交单议付和结汇。

国际货运代理协会联合会（FIATA）对货代的定义是：根据客户的指示，为客户的利益而揽取货物的人，其本人并非承运人。货代也可以从事与运送合同有关的活动，如储货、报关、验收、收款。

《中华人民共和国国际货物运输代理业管理规定实施细则》规定，国际货物运输代理企业可以作为进出口货物收货人、发货人的代理人，也可作为独立经营人从事国际货代业务。

二、货代的出现和发展

1. 国际货代是国际商品流通过程的必然产物

国际货代企业作为代理人接受委托办理业务，应当与进出口收货人、发货人签订书面委托协议。货代行业早在10世纪就已建立，初期为报关行，其从业人员多是从国际贸易企业而来，人员素质较高，能为货主代办相当一部分国际贸易业务和运输事宜，随着贸易的发展，逐渐成为一个专门行业。在货代行业发展过程中，有些国家曾试图取消它，让货主与承运人直接发生业务关系，减少中间环节，但都未成功，国际货代行业是国际商品流通过程的必然产物。

2. 国际货代是完全独立的行业

从历史上看，国际货代是从国际商业和国际运输这两个关系密切的行业里分离出来而独立存在的。这也是商业和运输高度社会化和国际化的必然结果，如今，货代是一个世界性的行业，有相关的国际组织，即FIATA。它对世界货代业务的调整和改进起着促进作用。

FIATA是货代行业在世界范围内最具权威性的组织，是世界贸易运输领域内最大的非政府和非营利性的组织，是被各国政府及有关运输的国际组织确认的国际货代的代表。

3. 我国货代管理走上了法制化轨道

改革开放后，国务院确定了对外贸运输实行船代分开，按行业归口管理的原则，1992年国务院发布通知重申：货代管理的方针、政策、法规、统计调查仍由经贸部归口负责；船公司和船代管理的方针、政策、法规、统计调查仍由交通部[①]管理。上述分工在水运这一项上至今未变。

同时，为了使市场良性发展，国家决定放开货代、船代，容许多家经营经济，鼓励竞争，以提高服务质量。这一决策打破了条块分割与部门垄断，推动了货代、船代、货主和承运人平等竞争，加速了相关企业向市场经济的转变，提高了服务质量。

4. 我国货代产业的分布特点和趋势

我国国际货代物流产业区域布局存在明显的不均衡，大量国际货代物流企业集中在以广东、江苏、山东、上海、天津和北京为代表的珠三角、长三角、环渤海和京津物流区，而中西部地区国际货代物流业的规模明显偏低，尤其是自然条件相对恶劣的地区国际货代物流业发展水平严重落后。

我国独特的经济形态给货代和物流市场提供了独特的投资机会。党的二十大报告指出，我国国内生产总值从54万亿元增长到114万亿元，我国经济总量占世界经济的比重达

[①] 2008年3月23日，根据《国务院机构改革方案》，新组建交通运输部。交通运输部整合了原交通部、原中国民用航空总局的职责以及原建设部指导城市客运的职责，并负责管理国家邮政局和新组建的中国民用航空局。

18.5%，稳居世界第二位，制造业规模、外汇储备稳居世界第一。2022年1月—10月，货物进出口总额达346 165亿元，同比增长9.5%。货代业、物流业稳步增长，我国将成为世界物流集散中心。

> **小贴士**
>
> **货代企业的发展趋势**
>
> **1．资源公平配置，物流导向服务**
>
> 完善的物流设施和先进的物流技术是货代企业向现代物流发展的基础，也是为客户提供一流服务的保证。企业应根据客户需求制订物流服务计划，公平分配资源。
>
> **2．细分市场，采取相应的竞争策略**
>
> 对于中小型货代企业来说，面对的竞争较大。为此，我国中小货代企业可以在货代服务的基础上，提供咨询物流解决方案等高水平的增值服务，从而在国内立足，赢得市场。
>
> **3．发展和完善物流信息系统，增强企业核心竞争力**
>
> 全球定位系统（GPS）、电子数据交换（EDI）和智能交通系统（ITS）的出现，极大地提高了物流作业的效率。货代企业要充分利用这些信息有效地规划、控制、协调和管理物流过程中的所有活动，增强核心竞争力。
>
> **4．加大对人才培养的投入和管理**
>
> 货代从业人员必须具有广泛的国际贸易和运输专业知识、丰富的实践经验和卓越的办事能力，了解各种运输方式、运输工具、运输路线、运输程序以及各种社会经济制度、法律法规、习惯做法等，并精通国际货物运输的各个方面知识。货代从业人员与海关、商检、银行、保险、仓储、包装、各类承运商、各类代理等国内外相关机构有着广泛的联系和密切的关系。
>
> **5．实行范围管理，走统一之路**
>
> 货代企业横向合并、兼并重组的步伐加快，货代企业的固有资源得到整合，其发展得到促进，市场竞争以整个联盟的名义进行。

三、货代企业的类型

国际货代企业可以从不同的角度进行分类，为了更好地了解其行业特点和业务内容，以企业的成立背景和经营特点为标准，可以分为以下几种类型：

了解货代企业

1．以对外贸易运输企业为背景的国际货代企业

这类国际货代企业主要是指中国对外贸易运输（集团）公司及其分公司、子公司、控股公司、合资公司，以海、陆、空国际货代业务为主，集海上运输、航空运输、航空快递、铁路运输、国际多式联运、汽车运输、仓储、船舶经营和管理、船舶租赁、船务代理、综合物流于一体。

它的特点是：一业为主，多种经营；经营范围较宽，业务网络发达，实力雄厚，人力资源丰富，综合市场竞争能力较强。

2. 以实际承运人企业为背景的国际货代企业

这类国际货代企业主要是指由公路、铁路、海上、航空运输部门或企业投资或控股的国际货运代理企业，如中国铁路对外服务总公司、中国外轮代理有限公司、中国远洋海运集团有限公司（见图1-1）、中国民航客货运输销售代理公司等。

图1-1 中国远洋海运集团有限公司

它的特点是：专业化经营，与实际承运人关系密切，运价优势明显，运输信息灵通，方便货主，在特定的运输方式下市场竞争力较强。

3. 以外贸、工贸公司为背景的国际货代企业

这类国际货代企业主要是指由各专业外贸公司或大型工贸公司投资或控股的国际货代企业，如五矿国际货运有限责任公司、中粮国际仓储运输公司、中机国际仓储运输公司、中成国际运输有限公司、长城国际运输代理有限公司等。

它的特点是：货源相对稳定，处理货物、单据经验丰富，对某些类型货物的运输代理竞争优势较强，但多数规模不大，服务功能不够全面，服务网络不够发达。

4. 以仓储、包装企业为背景的国际货代企业

这类国际货代企业主要是指由仓储、包装企业投资、控股的国际货代企业或增加经营范围而成的国际货代企业，如中储国际货运代理公司等。

它的特点是：凭借仓储优势揽取货源，深得货主信任，对于特种物品的运输代理经验丰富，但多数规模较小，服务网点较少，综合服务能力不强。

5. 以港口、航道、机场企业为背景的国际货代企业

这类国际货代企业主要是指由港口、航道、机场投资、控股的国际货代企业，如上海集装箱码头有限公司、中国物资储运集团有限公司（简称中国储运）、天津晟铁国际货运代理有限公司（简称天津晟铁）（见图1-2）等。

a) b)

图1-2 中国储运、天津晟铁

a) 中国储运 b) 天津晟铁

它的特点是：与港口、机场企业关系密切，港口、场站作业经验丰富，对集装箱货物运输代理具有竞争优势，人员素质、管理水平较高，但是服务内容较为单一，缺乏服务网络。

6. 以境外国际运输、运输代理企业为背景的国际货代企业

这类国际货代企业主要是指境外国际运输、运输代理企业以合资、合作方式在中国境内设立的外商投资国际货代企业，如华辉国际运输服务有限公司、天保名门（天津）国际货运代理有限公司、深圳彩联储运有限公司等。

它的特点是：国际业务网络较为发达，信息化程度、人员素质、管理水平较高，服务质量较好。

7. 其他背景的国际货代企业

这类国际货代企业主要是指由其他投资者投资或控股的国际货代企业。它的投资主体多样，经营规模、经营范围不一，人员素质、管理水平、服务质量参差不齐。有的实力雄厚，业务范围广泛，服务网络较为发达，信息化程度、人员素质、管理水平较高，服务质量较好，如天津大田航空代理公司、北京市外国企业服务总公司等；有的规模较小，服务内容单一，人员素质、管理水平不高，服务质量一般。

任务发布

登录锦程物流网（http://www.jctrans.com/），查看网上的商家广告信息，寻找这些货代公司的特点，用PPT介绍至少10家货代公司。

任务操作

1. 查询公司广告，如图1-3所示。

图1-3　各种货代公司广告宣传页

2. 用 PPT 总结这些公司的特点。
3. 使用思维导图介绍货代企业的类型并分析特点。

任务评价

1. 学生能否自主说出货代的概念及发展情况。
2. 学生是否掌握货代企业的类型。
3. 通过锦程物流网查询货代企业是否熟练,查询的企业是否有代表性,学生是否能够介绍清楚。

项目一任务一评价考核表见表 1-1。

表 1-1 项目一任务一评价考核表

序号	考核内容	满分	得分
1	准确阐述国际货代的定义	20	
2	准确说出货代产业的现状	20	
3	正确阐述货代企业的类型	30	
4	能够通过货代企业的简介分析货代业务	30	
	合计	100	

学习任务二 了解货代业务

学习目标

知识目标
- 掌握货代的业务范围
- 了解货代的分类

能力目标
- 能够正确阐述货代作为收发货人、海关、承运人等的代理的业务内容
- 能够合理介绍货代的种类
- 能够通过案例正确分析货代承担的责任与义务

素养目标
- 培养学生积极的态度和自学、自省、自控的能力
- 加强学生为他人着想、为客户着想的服务意识
- 培养学生热爱劳动、爱岗敬业、严谨细致、追求卓越的职业精神
- 提升学生的民族自信,鼓励学生传承中华民族优秀传统文化,热爱祖国,有为祖国争光、为祖国奋斗、敢于奉献的精神追求

知识储备

随着国际贸易、运输方式的发展，国际货代已渗透到国际贸易的每一个领域，成为国际贸易中不可缺少的重要组成部分。社会分工日趋明确，单一的贸易经营者或者单一的运输经营者都没有足够的力量亲自经营处理每项具体业务，他们需要委托代理人为其办理一系列商务手续，从而达到各自的目的。国际货代的基本特点是受委托人委托或授权，代办各种国际贸易、运输所需要服务的业务，并收取一定报酬，或作为独立的经营人完成并组织货物运输、保管等业务，因而被认为是国际运输的组织者，也被誉为国际贸易的桥梁和国际货物运输的设计师。

介绍货代业务

一、国际货代的业务范围

从国际货代的基本性质看，货代主要是接受委托方的委托，就有关货物运输、转运、仓储、装卸等事宜，一方面与货物托运人订立运输合同，另一方面与运输部门签订合同。对货物托运人来说，货代又是货物的承运人。相当部分的货物代理人掌握各种运输工具和储存货物的库场，在经营其业务时办理包括海陆空在内的货物运输。

1. 根据不同的服务对象划分

国际货代企业由于其自身的条件和能力存在差异，一般会根据细分的市场决定业务范围。根据不同的服务对象，可将货代的业务内容分类为以下几种：

（1）为货主服务。

1）国际货代为发货人服务，主要业务包括：

① 向客户提供船期、航班、运价、出口报关所需单证等相关信息，选择最快、最省的运输方式和合理的运输路线、承运人，将货物运到目的地。

② 催促客户及时提供充足的单证以顺利通关，需要时代办货物保险。

③ 与合适的承运人缔结运输合同，安排出运货物进港、仓储、计重和计量、检验、包装货物和标记等，将货物交给承运人。

④ 跟踪货物出运情况，及时向委托人汇报。

⑤ 代交运费及杂费，及时取得提单或运单并将它快速交给委托人或按其指示行事。

⑥ 监管货物运输全过程直到货交收货人。

⑦ 安排货物转运，记录货物灭失情况，协助收货人向有关责任方进行索赔。

2）国际货代为收货人服务，主要业务包括：

① 接受委托，查询货物运达信息。

② 催促客户准备换单的单证及通关所需证件。

③ 货物运达，及时办理进口清关、查验、提货等手续，代付关税及其他运杂费。

④ 安排货物的运输、仓储、拆箱、分拨等事宜。

⑤ 协助委托人就货物的短缺、损坏等向保险公司或承运人索赔。

（2）为承运人服务。

1）国际货代向承运人及时订好足够的舱位，议定对承运人和发货人都公平合理的费率，安排在适当时间交货以及以发货人的名义解决与承运人的运费账目等问题。

2）国际货代与班轮公司联系密切，越来越多的班轮公司给予国际货代一定的佣金以此承认其在提高利润方面的有益作用。近几年，随着国际贸易中集装箱运输的增长，国际货代公司引进"集运"与"拼箱"服务，使得它们与班轮公司及其他承运人如铁路承运人之间建立起更为密切的联系。

3）国际货代在空运业务上充当航空公司的代理，并在国际航空协会以空运货物为目的而制定的规则上，被指定为国际航空运输协会的代理。国际货代利用航空公司的服务手段为货主服务，并由航空公司支付其佣金。

4）作为多式联运经营人，国际货代收取货物并签发多式联运提单，承担承运人的风险责任，对货主提供一揽子的运输服务。在发达国家，由于货代发挥运输组织者的作用巨大，故有不少货代主要从事国际多式联运业务，而在发展中国家，由于交通基础设施较差，有关法规不健全以及货代的素质普遍不高，国际货代在作为多式联运经营人方面发挥的作用较小。

（3）为海关服务。当国际货代作为海关代理，办理有关进出口商品的海关手续时，它不仅代表其客户，而且也代表海关当局。事实上，在许多国家，国际货代已取得这些当局的许可，办理海关手续，并对海关负责，负责在法定的单证中申报货物确切的金额、数量和品名，以便政府在这些方面的收入不受损失。

（4）为港口服务。货代接运整船货物或装运整船大部分货物，在合理流向的前提下可以争取船舶在货代所在地港口装卸，这就为港口争揽了一条船的货源。

货代在日常港口作业中也提供了大量服务，如完成货物和单证的正常交接、外贸集港、疏运、协助在港船舶做好集装箱管理和日常大量的车、船、货、港衔接组织工作。

2. 根据不同的运输方式划分

按运输方式分类，国际货代的服务和经营范围包括以下内容：

（1）货物的海运。国际货代接受货主、船东或其他委托人委托，代办航线及船舶货运进出口中转、进出口报关及其他货运相关业务事宜。

（2）货物的陆运。国际货代接受货主或其他委托人委托，代办陆上拖运、车辆或专列申请门到门服务、分拨运送及相关业务事宜。

（3）货物的空运。国际货代接受货主或其他委托人委托，代办订舱或包机业务，托运、提取、进出口报关及其他货运相关业务事宜。

（4）货物联运和多式联运。国际货代介入多式联运各种不同的运输段业务，特别是大规模货代公司充当了多式联运经营人，代理多式联运的各项业务，负责各种运输方式和货运各段的运输衔接或换装转运，监管货物运送过程和各个环节，处理全程运输过程中各项事宜。

货代充当了多式联运经营人，即充当了主要承运人，并且承担组织在一个单一合同下，通过多种运输方式，进行门到门的货物运输。它可以以当事人的身份与其他承运人或其服务的提供者分别签约。

（5）提供物流服务。国际货代提供物流服务是为了满足客户的更高要求，提高其市场竞争能力。货代具备了向客户提供物流服务的技能和技术时，一方面，货代可以将货运服务（从发运地到目的地）延伸到运输前，即产地发货、备货、包装、加工、装卸、储存，甚至再往前的物流供应链的收购；另一方面，货代可以将货运服务延伸到目的地的接货、改包装、储存再转运直至配送到最终用户货架上。当然，货代具有一定的地域限制，但当其充当了物流代理后，就可以把运输前和运输后的物流服务外包委托给再代理。这就为客户提供了高层次、全方位、全过程的综合性服务，货代也可以从运输的延伸服务中获得附加值。

（6）提供特殊服务。国际货代提供成套设备、大型工程运输、超大重件运输、军火运输、非贸易涉外物资运输和展览品运输等特殊服务。

二、货代的分类

1. 按权限分类

（1）国际货代。国际货代是指得到政府批准，从事进出口国际运输代理业务或接受委托后以自己名义处理货运相关业务的专业货运代理公司。

（2）国内货代。国内货代指从事国内货运业务的专业货运代理公司。这类代理与本地区内贸厂商联系密切，以沿海运输为主兼营其他方式的运输，也是国际货代分包运输商。

2. 按运输方式分类

（1）海运代理。海运代理主要办理有关海运货物航线选择、订舱配载、集装箱的分拨与集运、安排货物到港运输、办理保险结关手续、将货物安全地交给承运人、获取提单提货等业务。海运业务是大多数货代的主项业务。

（2）空运代理。空运代理为航空运输的货运服务，办理空运货物的订舱、报关、交接、检验、包装、装箱、转运等业务。空运代理是发展很快的货代。

（3）汽运代理。汽运代理是办理公路运输报关、装箱、拆箱、交接、中转、运送服务的货代。国内汽运代理数量很多。

（4）铁路运输代理。铁路运输代理办理国际联运车皮计划、报关、交接、转运、装箱等业务。这类代理业务以前由中国外运公司兼营，目前，铁路系统专营货代公司占据了货代优势。

（5）联运代理。联运代理分为国内联运代理、国际铁路联运、国际海空联运、国际海陆联运和国际多式联运代理。联运代理与货主签订合同后再同各种运输方式的承运人签订各区段的运输合同或协议，联运代理在整个运输过程中对发货人及货物承担责任。

（6）班轮货代。班轮货代是指为固定航线上，船期、航班确定的有规则运行的船舶进行货运及相关业务服务的专业代理和代理人，包括杂货班轮运输和集装箱班轮运输。

（7）不定期船货代。不定期船货代是指为那些不规则来港船舶和航次租船提供货运等事项服务的专业代理。

（8）液散货货代。液散货货代是指为油轮、液化气船和液散化工品船等提供货物进出口运输、装卸、仓储和分拨等事项服务的专业代理。

3. 按委托项目和业务过程分类

（1）订舱揽货代理。订舱揽货代理与国内外代理方和海陆空运输公司有着广泛的联系，可代表货主选择合理的航线、船舶、航次，向承运人订舱，代表承运人向货主揽货。这类代理是承运人和托运人之间构成承托关系的桥梁。

（2）货物报关代理。货物报关代理是指受货主委托，办理有关进出口货物的报关手续。受海关监管，并对海关负责，在指定的单证中申报货物的确切金额、数量和品名，保证国家的税收不致流失。

（3）航线代理。航线代理是指专为确定航线进出口货运及相关业务服务的专业代理。

（4）货物进口代理。货物进口代理是指为进口货物办理报关、清关、拆卸、仓储、交付、拖运、转运及相关业务服务的专业代理。

（5）货物出品代理。货物出口代理是指为出口货物订舱、安排托运、代收入仓或进场、出口报验、报关与清关、验装、运输监管及相关业务服务的专业代理。

（6）集装箱货运代理。办理有关集装箱及货物的报关、交接、仓储、调拨、检验、包装、装箱、拆箱、转运、分拨、集运、订舱及集装箱租赁、维修等业务。

（7）集装箱拆装箱代理。将不同货主发往同一目的地的不足一箱的货物集中起来，拼在一个或多个集装箱内，作为整箱货物向承运人托运，发往目的地的货运代理。目的地货运代理将集装箱拆箱后，再将每票货物交给不同的收货人。

（8）货物装卸代理。货物装卸代理主要代理港口、码头、机场、车站等地货物装卸事务。

（9）中转代理。中转代理是在中转港从事中转业务的代理。

（10）理货代理。理货代理代表货主进行理货、收货工作。

（11）储运代理。这类代理的业务范围包括货物的运输、保管、整理、包装、分拣、保险，以及集装箱的拆装、交接、空箱的提取、保管、维修等。

（12）报检代理。报检代理指接受出口商品生产企业、进出口商品发货人、收货人及其代理人或其他对外贸易关系人的委托，代为办理进出口商品的检验、动植物检验事宜。

（13）报验代理。报验代理指接受出口商品生产企业、进出口商品发货人、收货人及其代理人或其他对外贸易关系人的委托，代为办理进出口商品的质量、数量、包装、价值、运输器具、运输工具等的检验、鉴定事宜。

任务发布

2021年，发货人中国A进出口公司委托B对外贸易运输公司将750箱海产品从上海港出口运往印度，B对外贸易运输公司又委托其下属S分公司代理出口。S分公司接受委托后，向P远洋运输公司申请舱位，P远洋运输公司指派了箱号为HTM-5005等3个满载集装箱后签发了清洁提单，同时发货人在中国人民保险公司处投保了海上货物运输的战争险和一切险。货物运抵印度港口，收货人拆箱后发现部分海产品因箱内不清洁而腐烂变质，立即向中国人民保险公司在印度的代理人申请查验。检验表明，250箱海产品被污染，检验货物时船方的代表也在场，为此中国人民保险公司在印度的代理人赔付了收货人的损失后，中国人民保险公司向人民法院提起诉讼。

请分析：

（1）在集装箱运输中，P远洋运输公司应承担有什么义务？它是否应对损失负责？

（2）在集装箱运输中，S分公司应承担有什么义务？它是否应对损失负责？

（3）中国人民保险公司是否为适格的原告？为什么？

（4）如果中国人民保险公司有资格做原告，它应将谁列为被告？

任务操作

1. 绘制各公司之间的关系示意图（见图1-4）

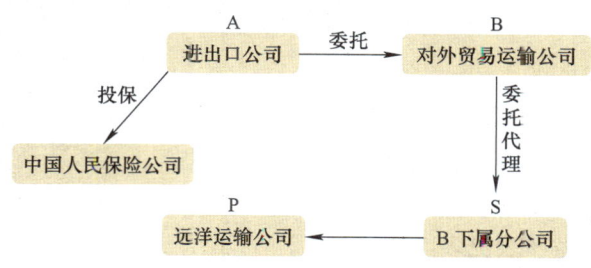

图1-4 各公司之间的关系示意图

2. 解题思路

本案例解决的关键在于确认P远洋运输公司及S分公司有无责任。

3. 解决问题

（1）P远洋运输公司应保持集装箱清洁、干燥、无残留物以及前批货物留下的持久性气味；P远洋运输公司应对海产品的损失负责。

（2）S分公司作为装箱铅封的收货人、代理人，应负有在装箱前检查箱体，保证集装箱适装的义务，S分公司未尽前述义务，主观上有过失，应承担货损责任。

（3）中国人民保险公司可以作为适格的原告，因为其已取得代位求偿权。

（4）被告是P远洋运输公司与S分公司。

4. 法律详解

（1）这是对货运代理运货义务的考查。在海上集装箱运输中，根据国际惯例，集装箱应清洁、干燥、无残留物以及前批货物留下的持久性气味。P远洋运输公司的提单适用《海牙规则》的规定，承运人须在航次开始前和开始时履行应尽职责，以便使货舱、冷藏舱和该船装载货物的其他部分适用并能够安全地收受承运和保管货物。作为提供集装箱的承运人，明知道发货人托运的是易于腐烂的海产品，而将未能彻底清除，残留有前一次货物污染的不适载的集装箱交给发货人装箱，违反了《中华人民共和国民法典》第577条关于"履行合同义务不符合约定条件"的规定，对本案海产品的货损，犯有疏忽大意的过错，应该承担海产品损失的赔偿责任。对此《中华人民共和国海商法》第47条也有规定："承运人在船舶开航前和开航当时，应当谨慎处理、使船舶处于适航状态，妥善配备船员、装备船舶和配备供应品，并使货舱、冷藏舱、冷气舱和其他载货处所适于并能安全收受、载运和保管货物。"

（2）P远洋运输公司签发的提单下3个集装箱的运输条件为集装箱运输，即由S分公司全权代理发货人发货、点数、装船、铅封。S分公司明知对于集装箱的检验应是其作为发货人、代理人的职责，但是本航行海产品装箱前，S分公司没有申请商检，认为其对装箱的集装箱的适载性有充分的把握，没有尽到认真检查集装箱体的责任，违反了《中华人民共和国民法典》第164条第1款的规定，有过失，也应承担相应的货损赔偿责任。

（3）中国人民保险公司可以作为适格的原告？《中华人民共和国海商法》第252条规

定:"保险标的发生保险责任范围内的损失是由第三人造成的,被保险人向第三人要求赔偿的权利,自保险人支付赔偿之日起,相应转移给保险人。"即保险人取得代位求偿权,所以中国人民保险公司有权作为原告提起诉讼。

(4)中国人民保险公司应将 P 远洋运输公司和 S 公司都作为被告提起诉讼,至于它们各自承担责任的大小,则由法院依据实际情况和法律的有关规定做出判断。

任务评价

1. 学生是否掌握国际货代的业务范围和种类。
2. 案例分析的能力。

项目一任务二评价考核表见表 1-2。

表 1-2　项目一任务二评价考核表

序号	考核内容	满分	得分
1	准确阐述国际货代的业务范围	20	
2	准确说出货代的种类	20	
3	正确分析货代的职责	30	
4	能够运用知识合理分析案例	30	
	合计	100	

学习任务三　撰写商务往来函电

学习目标

知识目标
- 掌握商务函电的基本格式
- 掌握商务信函的基本格式
- 掌握基本的专业术语

能力目标
- 能够准确获取客户函电、信函的信息
- 能够针对客户的信函进行礼貌、及时的回函

素养目标
- 培养学生积极的态度和自学、自省、自控的能力
- 加强学生为他人着想、为客户着想的服务意识
- 提升学生的商务外语函电的阅读、写作能力,提升其回函、电邮交流的职业素养
- 培养学生热爱劳动、爱岗敬业、严谨细致、追求卓越的职业精神
- 提升学生的民族自信,鼓励学生传承中华民族优秀传统文化,热爱祖国,有为祖国争光、为祖国奋斗、敢于奉献的精神追求

知识储备

撰写商务往来函电

国际货运代理业务都是与国外客户打交道的，而交流的主要方式就是邮件和信函，这种交流方式不但有助于双方沟通，更重要的是能够为交流的全过程留下可查依据。货代人员在与客户的交流过程中，商务信函显得尤为重要。这不仅要求从业人员具有良好的外语能力、专业能力，更需要从业人员具有较高的函电用语的素质，以体现工作人员的素养和公司的文化底蕴。

一、商务信函概述

1. 商务信函是一种"推销"函

商务信函是一种常用的商业联系媒介，实际上，商务信函是一种"推销"函，写信人总是在推销着什么，或是物品，或是服务等。

要写好商务信函，不仅要具备相关的业务知识、掌握法规和条款等，还应具备扎实的语言基础，熟悉信函的书写形式和行文要求。

2. 商务信函的基本特点

商务信函书写的重点应放在"效率"上，应易读易懂；语气真诚、友好、客气；语言简短、朴实、自然；内容清晰、准确、具体；行文正确、完整。

3. 商务信函无定律

好的商务信函并没有固定不变的写作模式，因人而异。写信时，应充分考虑收信方的观点和看法、背景和所处环境。商务信函基本格式如图1-5所示。

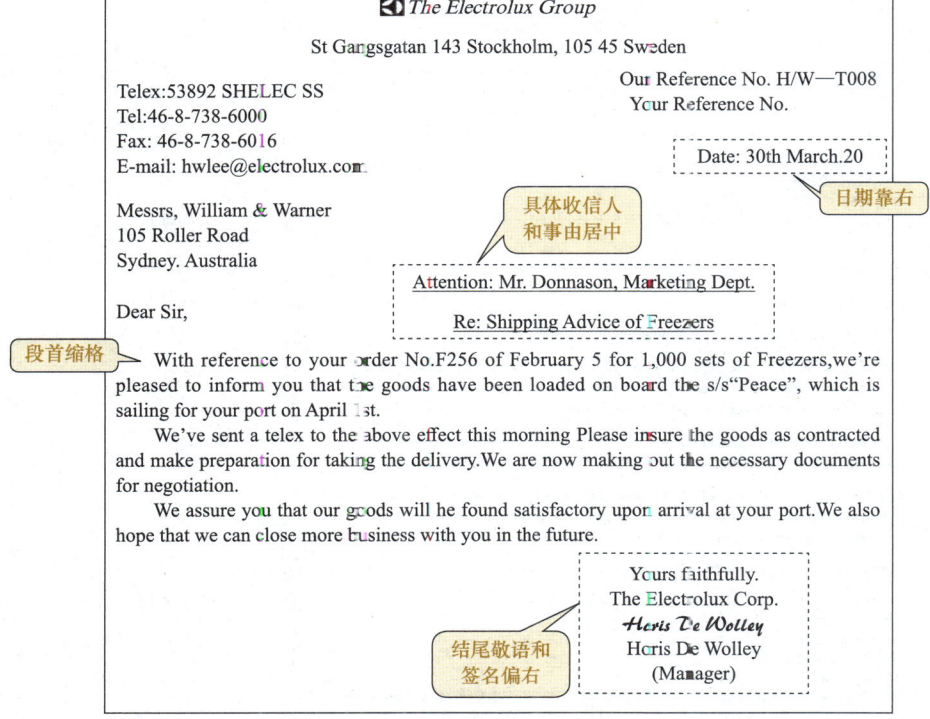

图1-5 商务信函基本格式

二、撰写商务信函的原则

1. "艾达"AIDA原则

在拟就一封商务信函时，应首先考虑以下原则：

- 注意（Attention）
- 兴趣（Interest）
- 意愿（Desire）
- 行动（Action）

2. 10个"C"的行文原则

- 明晰（Clearness）　　具体（Concreteness）
- 简洁（Conciseness）　　尽责（Conscientiousness）
- 正确（Correctness）　　个性（Character）
- 礼貌（Courtesy）　　完整（Completeness）
- 体谅（Considerateness）　　优美（Concinnity）

三、商务信函的构成要素

商务信函的构成（见图1-6）大体上可分为两部分：必要部分和附加部分。必要部分是指在一般情况下不可缺少的部分；附加部分是指根据具体对象、情况、内容的实际需要而增加的部分，这些部分可视情况而定，不是必须都有。

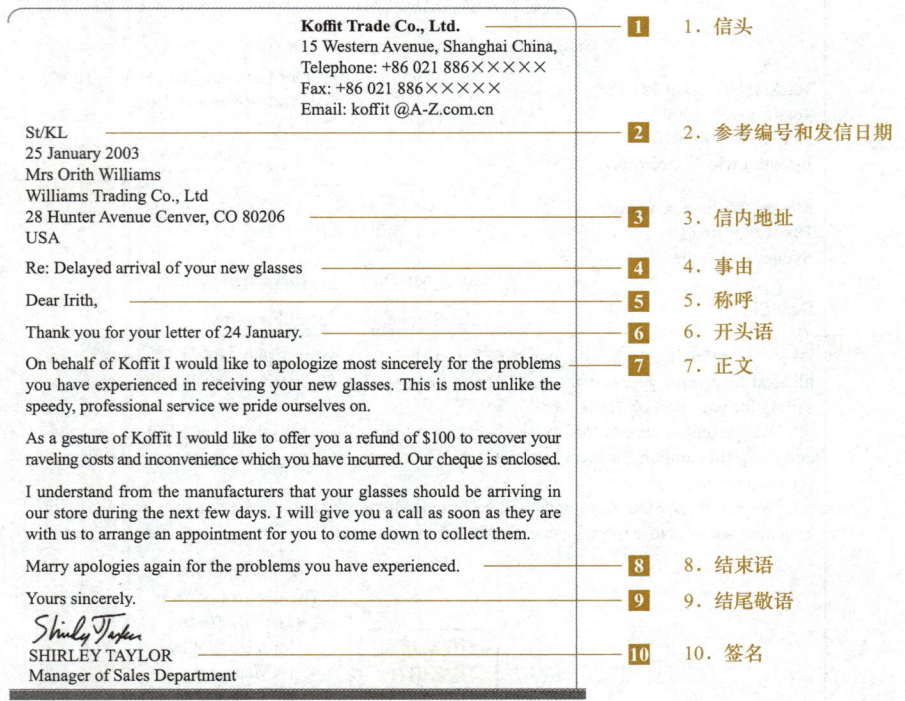

图1-6　商务信函构成

1. 信头（Letterhead/Heading）

信头又称信端，指印刷在公司信纸上的文字，一般位于信纸的上方正中，但也可在右上角或左上角。信头一般包括公司的地址、邮政编码、电话、传真号码及电子邮件、网址等内容。信头的设计要美观、简洁。正式信函只在第一页信纸上打印信头，其他续页可用空白信纸，只需写上页码、收信人名称及日期即可。公司业务信函用纸一般印有信头，不必另外再写。

2. 参考编号（Serial Number/Reference Number）

为了存档的需要，有时可能用到文档号、保单、发票或订单号的索引栏。这一部分是为了明确责任，便于信函管理，以便发信者或收信者日后取阅参考。参考编号是收信人和打字员姓名的第一个字母（大小写均可），档案或部门编号也可以包括在内，例如 EH/sr、EH/SR、EH/SR168 等。

3. 发信日期（Date）

日期不可省略或漏写，一般应打印在信头或寄信人地址下方适当的位置。在正式信函中，月份一般不宜使用缩写，也不可用数字来代替，必须完整地写出来。如果全部使用数字表示日期，容易引起误解。日期有两种写法：英式如"25 April, 2010"，美式如"April 25, 2010"。在非正式信函中，月份可以缩写。

4. 信内地址（Inside Address）

为避免差错，又便于收信人归档，信内地址通常位于信纸的左上角（日期下方），包括收信人的姓名、职位、公司名称和地址（有时也会注明邮政编码）。由于不同国家书写地址的习惯不同，收信人的地址应按照对方公司信纸中的信头书写，切勿擅自更改或编写。特别投递信函的方式也应在信内地址之上注明。根据需要，可以在地址的上方写明这封信函的特殊性，比如 SPECIAL DELIVERY（邮件快递）、CERTIFIED MAIL（确保邮件）、AIRMAIL（航空邮件），或 PERSONAL（私人信函）、CONFIDENTIAL（机密信函）等。书写信内地址的一般顺序为：

- Name of the addressed person（收信人姓名）
- Title of the addressed person（收信人职位、头衔）
- Name of the organization（单位名称）
- Street number and name（门牌号码、街道名称）
- City, state and postal code（城市、州/省、邮编）
- Country of destination（所达国家的名称）

例如：Professor Zhao Li
Business College of Shanxi University
Taiyuan, Shanxi, PRC 030031

5. 指定收信人姓名（Attention Line）

"指定收信人"即"经办人"。这是发信人要求特定的人或部门注意时用的，表示"请某人查阅"。商务信函虽然是写给某公司或机构的，但具体事务得由某个部门或个人来负责，所以注明收信人可加快信函的办理。指定收信人姓名的写法如"Attention: Mr. Thomas

Green""Attention: Mr. Thomas Green, Sales Manager""Attention: Personnel Manager"
"Attention of Personnel Manager"。

6. 称呼（Salutation）

称呼是指写信人对收信人的称呼，其位置在信内地址下方两至三行处。对收信人的称呼根据不同情况有所变化。正式称谓：Dear Mr./Ms./Mrs./Miss+ 姓氏，如"Dear Mrs. White"。但是，切忌姓和名一起称呼。称呼女性时，比较好用"Ms."，非正式称谓，如果是熟人，也可以相互直呼其名字，如"Dear Tom"。

如果发信人不知道收信人的具体名字或不必要写明时，可以称呼为"Dear Sir""Dear Madam""Dear Sir or Madam""Dear Human Resource Manager"。如果同时发送给多位收信人，也可以称呼"Ladies and Gentlemen""Dear Customer(s)""Dear Reader(s)"等。

7. 主题栏 / 事由（Subject Line）

主题栏或事由的目的是便于收信人迅速了解信文的主要内容，有利于迅速处理信函，同时也便于存档或查阅。这部分可用大写、斜体、下划线。有些人在主题前加上"Re:"，意思是"关于"，即事由。例如：

Re: Your Order No. 568 for 60 Japanese Cars

8. 正文（Letter Body）

正文是信函的主体，表达写信人的愿望、要求、目的等，是商务信函的重要部分，必须分好段落认真撰写（一个段落一个话题）。除推销函外，商务信函通常只有一页的长度。如果内容超过一页，就要使用续页。注意，第二页上的收信人姓名和发信日期必须和第一页上的一致。第二页至少要包括三至四行正文的内容，不要将段落的某一行留在上一页或下一页开始处，要尽量在新的一页开始新的段落。绝不可以单独使用续页书写结束敬语和署名，而且商务信函也绝不允许两面撰写。

9. 结尾敬语（Complimentary Close）

结尾敬语相当于中文书信信末的"……敬上"等词。结尾敬语通常紧贴信文后一两行处书写，可加逗号，但为了打字更加便捷，如今的商务信函常常省略逗号（宽式 / 开放式标点），但要和信件开头的称呼、地址等一致，均使用开放式标点。根据发信人和收信人的关系，常见结尾敬语有：

Best regards	Yours
With kind regards	Cordially
Cordially yours	Sincerely
Sincerely yours	Yours sincerely
Truly yours	Yours truly
Faithfully yours	Respectfully
Yours respectfully	Very respectfully

10. 签名/署名（Signature）

所有商务信函的写信人都必须在结尾敬语下亲笔签名。在正式信函中，还要在手写签名之下打印上自己的签名、职位和头衔。如代表单位，可把公司或商号名称的首字母大写打印出来。这样能使人感到对方重视此事，严肃认真，也能使对方感到亲切，便于沟通。例如：

(Signature)

Richard Owen

Marketing Manager

The Eastern Trading Co

四、商务信函写作要注意的问题

1. 标题

这一点是特别针对写电子邮件的，E-mail 的标题是很重要的一个部分，给对方的第一个印象就是通过标题来完成的。如果标题没有内容，看起来像群发的垃圾邮件的话，很多买家就会直接删除。比如"How are you""Can we work together"这样的标题，建议改成"Proposal: Bright Ideas Imports—Zhejiang Textiles Partnership Opportunity"或者"Introduction: Our Product Offerings for Bright Ideas Imports"这样的邮件会显得更加专业。

2. 语气语调

由于信函都具有目的性，所以信函里所采用的语气语调也应该符合写信人的目的。在写之前先不妨仔细考虑一下，写这封信函是想达到一个什么样的目的、希望对收信人产生一种怎样的影响？是歉意的、劝说性的，还是坚决的、要求性的。这可以通过信函中的语气语调来表现。

3. 礼貌

这里所说的礼貌，并不是简单地用一些礼貌用语比如"your kind inquiry""your esteemed order"等就可以了，而是要体现一种为他人考虑，多体谅对方心情和处境的态度。如果本着这样的态度去跟别人交流，那么就算这次拒绝了对方的要求，也不会因此失去这个朋友，不会影响将来合作的机会。

特别要注意，当双方观点不能统一时，我们首先要理解并尊重对方的观点。如果对方的建议不合理或者不公平时，我们应据理力争，说明自己的观点。但注意要讲究礼节礼貌，避免用冒犯性的语言。

还要提醒一点，任何事情，一旦过了头，效果反而不好。礼貌过了头，可能会变成阿谀奉承，真诚过了头，也会变成天真幼稚。所以，关键还是要把握好"度"，才能达到预期的效果。

4. 简洁

同前面提到的，要用简洁朴实的语言来写信函，让信函读起来简单、清楚、容易理解。用常见的单词，避免生僻或者拼写复杂的单词。一个单词可以表达，就不要用词组。多用短句，因为短句更容易理解。少用"and""but""however""consequently"这些让句子变得冗长的连词。在同一封信函里,不要使用多个相同含义的单词。比如,前面写了"goods have been sent",那么后面再提到这件事时就不要用其他单词如"forward""dispatch"等,因为这样写会误导收信人去考虑这些词之间是否另有含义。

5. 回复迅速及时

给买家的回复,一定要迅速及时。因为买家通常只看最先收到的几封回复,从中去选择合适的供应商。如果回复不够及时,就可能因为抢不到先机而失去商机。

6. 口语化

每一封信函的往来,都是跟收信人的一次交流。人都是感性的,所以需要在信函里体现感性的一面。然而很多人都有一种误解,以为写作商务信函就应该用一种特殊的"生意腔",于是把一封本来应该是热情而友好的信函写得呆板而死气沉沉。他们宁愿写"Your letter has been received""Your complaint is being looked into",而不是"I have received your letter"或者"We are looking into your complaint"。其实,我们来简单理解一下,每次信函的往来不就是跟对方进行了一次交谈吗?只不过是把交谈的内容写到了纸上而已。多用一些简单明了的语句,用"我/我们"做主语,这样才能让信函读起来热情、友好,就像两个朋友之间的谈话那样简单、自然、人性化。

7. 精确

当涉及数据或者具体的信息时,比如时间、地点、价格、货号等,要尽可能做到精确。这样会使交流的内容更加清楚,更有助于加快事务的进程。

📁 小贴士

数字的准确表达

商业书信中数字的正确性要特别加以注意,有时"失之毫厘,差之千里",甚至会引起不同的理解。

"以上""以下""以前""以后""从……到……"等的表达方法如下:

$2 or (and) above (over)	2美元和2美元以上
60 dozen or (and) up (upward, upwards)	60打和60打以上
2% or (and) more	2%和2%以上
an order for 50 gross or upward	50罗或50罗以上的订单
an order for not less than 50 gross	不少于50罗的订单
5% up to 10% inclusive	5%到10%
over 5% up to 10% inclusive	5%以上到10%

---

8. 针对性

请在邮件中写上对方公司的名称,或者在信头直接称呼收信人的名字。这样会让对方知道这封邮件是专门给他的,而不是那种群发的通函,从而表示对此的重视。当然,如果无法确定收信人的名字,那就在称呼一栏里写"Dear Sirs"或"Dear Sir or Madam"。

任务发布

1. 针对下面不恰当的函电书写予以修订

（1）"Cellulose Tape 1/2" × 3 yds, with plastic dispenser 700 doz./ditto-but 1/2 " × 5 yds, 1 000 doz."

这是出口商接到的一份订单中有关商品品名、规格和数量的内容，中文含义是"纤素带（幅）宽半英寸，长3码，带塑料包装容器700打；同上，但（幅）宽半英寸，长5码，1000打"。

（2）"We would like to know whether you would allow us to extend the time of shipment for twenty days, and if you would be so kind as to allow us to do so, kindly give us your reply by cable without delay."

（3）This stove is absolutely the best (or: the very best) on the market.
（这种炉子是市场上绝对最好的炉子。）

（4）As to the steamers sailing from Hong Kong to San Francisco, we have bimonthly direct services.

从香港到旧金山有直达船，但是 bimonthly 究竟是一个月两次即半个月一次呢，还是两个月一次？

请问以上语句是否表达完整？问题在哪里？如何修改？

2. 根据来函回函

Dear Sirs,

I need your quotation for 425g canned mushroom pieces&stems including packaging/delivery time/price term is CIF/port of destination:dammam. Thanks in advance.

　　Best regards
　　Tracy
　　Manager of MINC

尊敬的先生：

我方需要你方的425g罐装蘑菇片和茎，含包装、交货时间、CIF价，目的港为丹麦。提前感谢！

　　致以衷心的问候！
　　特雷西
　　MINC 经理

3. 学习下列信函写法

尊敬的先生：

我方很高兴告知贵方 FJ44 销售确认书已由维多利亚号轮发出，该轮于7月20日由中国香港出发，经由巴拿马运河驶往纽约，预计8月8日抵达。由于合同以 CFR 条款签订，我方昨日电传你方，以便于你方及时投保。

为支付货款，我方已向你方开立88号信用证下的即期汇率，金额为28 000英镑。随函可见一套装箱单副本，正本由我方银行转寄你方。

我方相信货物会安全无误抵运你处，并令你方满意。

任务操作

1. 请根据题目内容分析改正

（1）本句问题是后半句不清楚。"ditto"在这里表示前面提到的商品名称纤素带，但不能包括"带塑料包装容器"，因此，幅宽半英寸、长5码的纤素带是否有塑料包装容器没有说清楚，表达不完整。

这句话可修改为：

"Cellulose Tape 1/2″ × 3 yds, with plastic dispenser 700 doz.

"Cellulose Tape 1/2″ × 5 yds, with plastic dispenser 1000 doz.

（2）这句话过分"客气"，使句子过长而不清楚。内容要求对方同意延期交货20天，一般情况下，应尽可能提出延期到哪一天的具体日期。

这句话可压缩为：

"Please reply by telegram immediately if you will allow us to delay the shipment until April 21."

（3）商业书信的内容要叙述正确，既不要说得不够，更不要说得过头。这句话是用来介绍商品的，但没有具体介绍商品的性能，而是抽象地断定这种炉子是"市场上最好的"。这样介绍商品，不但不能达到推销的目的，反而使人对写信人有"卖狗皮膏药"的感觉。

Our model A195 is designed on modern lines, without any increase in fuel consumption, 25% more heat than the older models. So you will agree that it is the outstanding stove for economy of fuel.

（我们的A195型炉子是按近代样式设计的，在不增加燃料消耗的情况下，比其他各种旧式炉子温度高25%。所以，你会同意，这是优良的节约燃料的炉子。）

（4）但是bimonthly究竟是一个月两次即半月一次呢，还是两个月一次？不明确。因此，最好清楚明白地说明"一个月两次"还是"两个月一次"。

（a）We have two direct sailings every month from Hong Kong to San Francisco.
（每月两次直达船）

（b）We have semimonthly direct sailing from Hong Kong to San Francisco.
（每半月一次直达船）

（c）We have a direct sailing from Hong Kong to San Francisco every two months.
（每两个月一次直达船）

2. 回函样例

Dear Sirs,

We have received your inquiry in canned mushroom pieces&stems dated on ××× as per your requirement, we quote the price as below:

Name of item: canned mushroom

Pieces&stems specification:24tinned/ctn　　n.w:425g　g.w:227g

Packaging: normal export brown carton box with buyers brand

Quantity: 1700 ctn /container

Price: US$7.80 CIF dammam

Payment terms:l/c at sight

Delivery date:no later than 30/12/2020

Term of validity:27/10/2020

If any query, please feel free to let me know.

Best regards

Linda

Manager of IEC

尊敬的先生，

上个月 20 号我们收到了罐装蘑菇片和茎。按您的要求，我们的价格如下：

项目名称：蘑菇罐头

品名及规格：24tinned/ctn　　净重：425g　毛重：227g

包装：正常的出口与采购商的品牌棕色纸箱

数量：1700 箱 / 集装箱

价格：$ 7.80 CIF 达曼

付款条件：即期信用证

交货日期：不迟于 30/12/2020

有效期：27/10/2020

如有任何疑问，请随时让我知道。

最好的问候

琳达

IEC 经理

任务评价

项目一任务三评价考核表见表 1-3。

表 1-3　项目一任务三评价考核表

序　号	考核内容	满　分	得　分
1	认识到函电重要性	10	
2	掌握商务往来函电的构成要素	20	
3	了解函电撰写原则	20	
4	掌握撰写函电需注意的问题和技巧	25	
5	撰写函电	25	
合　计		100	

学习任务四 ▶ 开发客户、拜访客户

学习目标

知识目标
- 掌握寻找客户的方法
- 掌握拜访客户的原则和技巧

能力目标
- 能够用合理的办法寻找客户
- 能够向客户准确介绍公司业务

素养目标
- 培养学生积极的态度和自学、自省、自控的能力
- 加强学生为他人着想、为客户着想的服务意识
- 培养学生热爱劳动、爱岗敬业、严谨细致、百折不挠、吃苦耐劳、诚实守信的职业精神
- 提升学生有效的沟通能力和职业素养

知识储备

向客户介绍业务

一、货代从业人员如何开发客户

作为货代从业人员，寻找和开发新客户是工作的重要环节，我们可以采取如下方法：

1. 通过黄页 88 等网站开发客户

黄页 88 网站（见图 1-7）是囊括公司最为全面的网站之一。当没有一手客户资料的时候，可以通过类似网站找到合适的客户，并根据客户信息与客户取得初步的联系。

2. 通过外贸论坛等开发客户

货代主要是给外贸企业等做代理服务的，可以通过外贸论坛，比如福步论坛（见图 1-8）、外贸圈、阿里巴巴外贸等外贸社区来寻找客户，那里都是外贸人的聚集地，是货代人推广业务、找客户的平台。在这些平台找客户，一般采用回帖留言、签名档等方式，你的留言回复越专业，体现得越自信，你就越有可能赢得客户的信任。

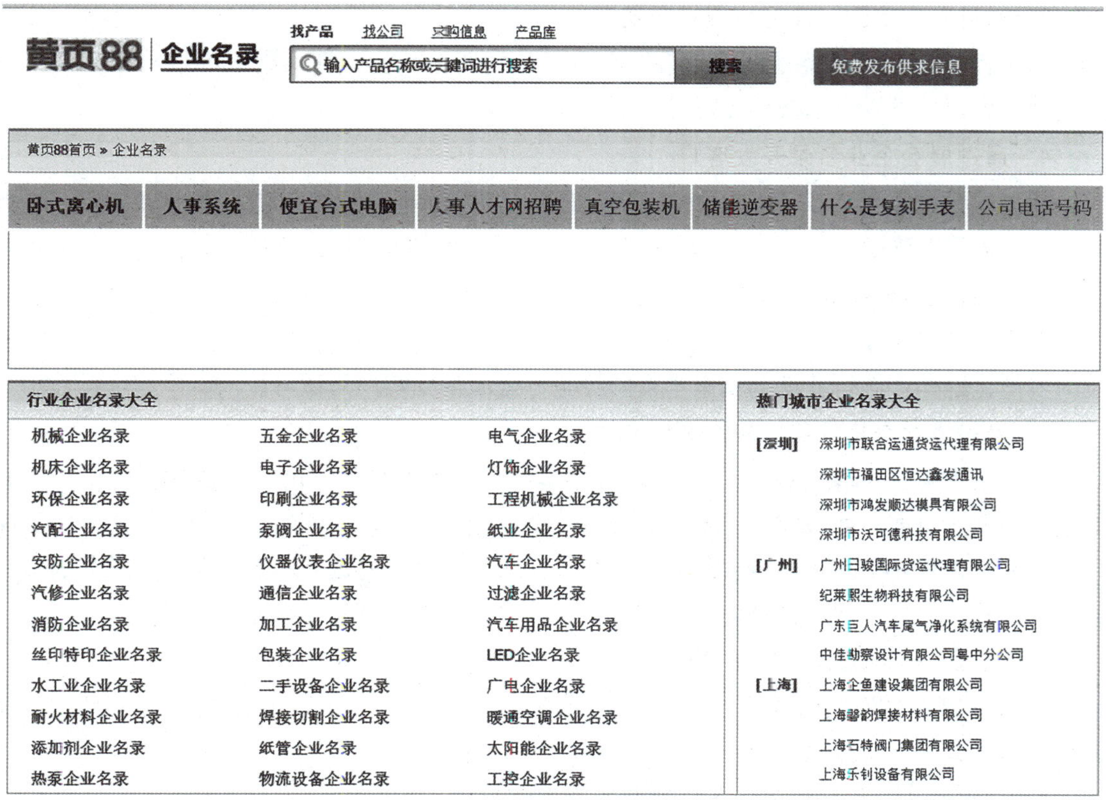

图 1-7 黄页 88 网站

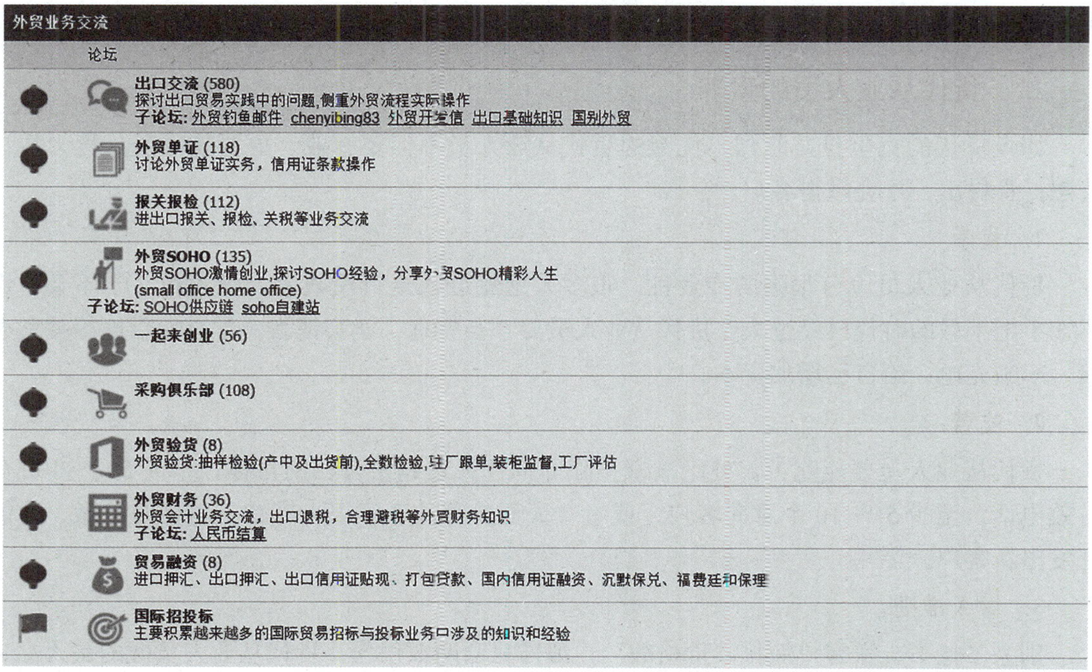

图 1-8 福步论坛

3. 通过百度地图、高德地图等开发客户

通过百度地图、高德地图等软件,在自己公司所在位置,搜索附近的进出口公司、工厂和外贸公司,可以近水楼台先得月。

4. 通过展会企业名录开发客户

通过国内展会如广交会、上海地区的展会,参展企业一般都会涉及进出口生意,这类名单出口信息准确率会比较高,十分有利于货代人开发出新客户。

5. 通过电话营销开发客户

虽然电话营销成功率较低,但通过精准分类客户数据,按照类别区分,攻关同一类行业的客户,这样在该行业就会积累丰富的经验,进而得到客户的认可。

6. 通过发展身边的朋友资源开发客户

身边的朋友、同学、微信好友都是潜在客户,一方面是他们可能有业务需求,另一方面他们的朋友可能有业务需求,不要放弃每一个可能性。特别是你的老客户,更有可能给你带来新客户,且还很稳定。老客户的认可对货代从业人员来说极为珍贵,老客户推荐的客户成功率极高。另外,要充分利用朋友圈、抖音等平台,会有意外惊喜。

7. 通过"扫楼跑腿"开发客户

这个意思不是说挨门挨户贴小广告,而是在外贸公司、工厂集中的地方逐一拜访、发名片,这也会有一些收获。

8. 通过码头、堆场的发货人、收货人开发客户

在码头、堆场,货品上都会有唛头等信息,上面有收发货人的信息,可以通过这些运输标记来寻找客户。

二、货代从业人员的素养

如今货代的竞争日益激烈,优秀的货代从业人员不但要专业,更要能吃苦,肯为客户着想,肯付出,才会赢得客户。

1. 肯学

货代从业人员应有很强的专业性,很多人抱怨进入这行没人带、没人教、学不会,殊不知手把手教的时代已经过去,货代从业人员要学会整理,学会请教,学会用百度等搜索引擎,不断充电,给自己增加资本。

2. 吃苦

货代从业人员要能吃苦。杜绝偷懒,除非你今天达到了自己的目标。一天50～100个有效电话,至少5～10个意向客户,或者一天至少拜访3家以上客户,这样坚持做,才能开发出新客户。

3. 做人准则

别为了抢下一家客户而打"价格战",那样只会两败俱伤。货代从业人员做的是人品、服务和诚信。只有用诚信获得的客户才会长久。

4. 敢于承担

做货代行业，涉及的工作范围广、业务链多，很容易出现问题。作为货代职业人，必须敢于承担责任，在自己能力范围之内尽力帮助客户解决问题，即便有时候会吃亏，时间久了也会得到客户的理解和支持，取得客户的信任才是货代长久的根本。

任务发布

公司简介

A 国际货运代理有限公司成立于 2001 年，是在上海市工商行政管理局注册成立的一家一级国际货运代理企业，具有无船承运人资质。公司以上海为操作中心，在长江三角洲、珠江三角洲和京津冀经济区均设有办事处，能为客户提供海运、空运、仓储、报关、报检、保险、熏蒸、拖车、单证等一条龙服务。公司拥有一支服务意识好、专业水平高、富有开拓精神的高素质员工队伍。公司与 EMC、OOCL、WHL、MSK、APL、YML、CSCL 等船公司建立了良好的合作关系，并直接享有优惠价格；公司与 UPS、EK、SU、TG、MU、CA、AA 等各航空公司有着良好的合作伙伴关系，并签有直接运价协议。公司海/空运航线以中美优势线路为主，辅以欧洲、非洲、中东等其他航线，形成了遍布全球的完善的服务网络。

多年来，A 公司与上海、江苏、浙江等外资企业以及进出口贸易公司建立了良好的业务伙伴关系，帮助他们成功将各种商品出口到世界各地，同时 A 公司优异的服务也赢得了国外客户的信任，成为他们在华的指定货代！为了更好地服务客户，A 公司积极开拓武汉、重庆、成都、长沙等内陆市场，保证以最优惠的价格和"金牌"式的全方位服务，帮助客户节省成本，提高效率，全力提升客户的价值！为了全面拓展公司业务，为客户提供全方位的外贸、供应链一站式省心服务，A 公司已拥有租赁仓库 70 000 余平方米，自建仓库项目正在筹备之中，自有及租赁营运车辆 800 余辆，并建设有自动化仓车，系统设备先进。

A 公司业务涵盖海运、空运进出口货物、国际展品和过境货物的国际运输代理业务，包括揽货、仓储、中转、集装箱拼装拆箱、结算运杂费、报关、投验、保险、相关的短途运输服务及咨询业务。A 公司提供的服务主要有海外代理、国际海运、国际空运、国际快递、公路和铁路运输、船务代理、仓储及配送、码头服务等。使客户的产品更加准时、安全、高效地面向市场，帮助客户获得竞争优势。

1. 国际空运

从出口业务如揽货、托运、订舱、报关、报检、保险等，到进口业务如清关、代检、分拨、派送等一站式服务，由 A 公司资深操作人员全方位跟踪货物信息，保证以最短的时间、最快的速度把货物安全送达。

2. 国际海运

A 公司承接 CIF、DDU、FOB、EXW 等不同贸易条款的国际海运进出口业务。A 公司与各大航运公司和货柜集散站有着密切的合作关系，不管整箱还是拼箱，可随时提供方便、快捷、优质的服务，确保货物安全及时到达。根据客户的不同需求，提供门到门、内装、托运、中转、拆拼、分拨、派送等服务。

3. 运输

内陆运输包括拖车、中转、集装、散装等服务。A 公司拥有庞大的运输车队，能及时安排拖车进港。

A 公司在国内拥有完善的物流网络，是致力于陆空联运和城际直达快线的综合型物流服务公司，运用现代电子信息化组织和管理模式，整合物流运作中的运输、仓储、装卸、配送、信息流等环节，一体化的操作有利于物流各环节的衔接，减少物流成本，降低物流费用。现强力推广国内各大城市的陆运加航空联运模式，价格低至直接空运的三分之一；完善的派送网络可以送达二级城市。

4. 仓储

提供货物储存、中转、加工整理、公共保税、集装箱拆装箱、出口集运、进口分拨、集装箱堆存、保管、收发、交换、清洗、熏蒸、维修等业务。

提供海运、空运进出口业务相关的短途运输、中转运输、转关运输、上门提货、送货、门到门运输及第三方物流服务的配送。

5. 报关报检

A 公司在上海拥有自己专业的报关报检团队，海关录入专线，为中小企业提供便捷、高效的服务，保证快速通关，为客户节省时间成本。

（1）出口报关。委托单位只需要提供货物的名称、数量、型号、规格、毛重、净重、总金额、出口目的地等，如进出口货物属于法定检验之类别或其他各种需要由商检局鉴定出证的，均须在出口前到当地的出入境检验检疫部门进行申报，需提供报检委托书。A 公司可代为报关、清关，同时提供报关时所需各类单证。

（2）进口报关。专业处理审单、制单、递单、缴税、查验等相关工作基本程序。进口报关的主要流程为：申报→审核单证→查验货物→办理征税→结关放行→货物运输。

（3）出口报检。委托单位只需提供出口货物的相关单据，我司可代为办理出口报检，如出口货物属于法定检验之类别或其他各种需要由商检部门鉴定出证的，A 公司亦可代为申报办理。

（4）进口报检。专业办理货物进口报检手续，包括审单、制单、递单、缴费、查验等相关程序。进口报检的主要流程为：申报→审核单证→办理报检→查验/熏蒸→通关放行。

任务操作

认真分析"任务发布"中的 A 国际货运代理公司的简介，制作公司 PPT，假如你是该公司货代销售 Linda，请向客户王总介绍本公司。

参考讲解稿（PPT 略）：

尊敬的王总，您好！

很荣幸由我向您介绍本公司的相关情况。A 国际货运代理有限公司成立于 2001 年，是一家一级国际货运代理企业，具有无船承运人资质。公司业务以上海为主，在长江三角洲、珠江三角洲和京津冀经济区设有办事处，能够为客户提供海运、空运、仓储、报关、报检、保险、熏蒸、拖车、单证等一条龙服务。我司与马士基、中远等多所船公司、航空公司建立了良好的合作关系，能够拿到优惠的运价。公司操作的航线以中美优势线路为主，辅以欧洲、非洲、中东等其他航线，形成了遍布全球的完善的服务网络。

多年来，我们以优质的服务、优惠的价格赢得了客户，并积极开拓武汉、重庆、成都、长沙等内陆市场，我司拥有仓库 70 000 余平方米，自建仓厂项目正在筹备中，自由及租赁营运车辆达 800 余辆。建设有自动化仓库，全部是当前先进的管理系统及设备设施。

公司业务涵盖海运、空运进出口货物、国际展品和过境货物的国际运输代理业务，包括揽货、仓储、中转、集装箱拼装折箱、结算运杂费、报关、报检、保险、短途服务等。我们的产品和服务主要是海外代理、国际海运、空运、快递、船务代理等，能够确保贵公司货物更加准时、安全、高效的运送，帮助贵公司获得竞争优势。我司有专业的航线操作人员和专业的报关报检团队，保持着海关、商检的良好记录，操作速度快，价格优惠。

欢迎贵公司与我司合作，我们将竭诚为您服务。

任务评价

项目一任务四评价考核表见表 1-4。

表 1-4 项目一任务四评价考核表

序 号	考 核 内 容	满 分	得 分
1	掌握寻找客户的方法	20	
2	了解货代人的素养	20	
3	能够在外贸论坛回帖（回答专业问题）	30	
4	向客户做业务推销	30	
	合　计	100	

项目二

掌握国际货代基本操作

学习任务一　了解国际海运业务

学习目标

知识目标
- 掌握国际海运的概念
- 熟悉班轮运输的含义和特点
- 熟悉租船运输的含义和特点

能力目标
- 能够为客户分析海运业务主要方式的优缺点
- 能够利用专业知识设计简单的海运方案

素养目标
- 培养学生自学、自律、自控的学习习惯和规则意识
- 培养学生爱国爱党情操，树立正确的国家观和价值观
- 引导学生追求认真精细、勤勉敬业的职业操守

知识储备

一、国际海运的概念

国际海运也称为国际海上货物运输，是指承运人按照海上货物运输合同的约定，以海运船舶作为运载工具，以收取运费作为报酬，将托运人托运的货物经海路由一国港口运送至另一国港口的行为，是国际贸易中最主要的运输方式。我国绝大部分进出口货物是通过海洋运输方式运输的。

二、国际海运的特点

（1）运输量大。国际货物运输是在全世界范围内进行的商品交换，地理位置和地理条

件决定了海上货物运输是国际货物运输的主要手段。海上货物运输的主要运输工具船舶向大型化发展，载运能力远远大于火车、汽车和飞机，是运输能力最强的运输工具。

（2）通过能力强。海上运输利用天然航道四通八达，不像火车、汽车要受轨道和道路的限制，因而其通过能力要超过其他各种运输方式。

（3）运费低廉。船舶的航道天然构成，船舶运量大，港口设备一般为政府修建，船舶经久耐用且节省燃料，所以货物的单位运输成本相对低廉，为低值大宗货物的运输提供了有利的竞争条件。

（4）对货物的适应性强。海上货物运输基本上适应所有货物的运输。如石油井台、火车、机车车辆等超重大货物，其他运输方式是无法装运的，船舶一般都可以装运。

（5）运输的速度慢。由于商船的体积大，水流的阻力大，加之装卸时间长等其他各种因素的影响，因此货物的运输速度比其他运输方式慢。

（6）风险较大。由于船舶海上航行受自然气候和季节性影响较大，海洋环境复杂，气象多变，遇险的可能性比陆地、沿海要大。同时，海上运输还存在着社会风险的影响。

三、国际海运的主要方式

按照船舶的经营方式，国际海运可分为班轮运输和租船运输。

班轮运输

（一）班轮运输

班轮运输又称提单运输，是指托运人将一定数量的货物交由作为承运人的轮船公司，轮船公司按固定航线沿线停靠固定的港口，按固定船期、固定运费所进行的国际海上货物运输。

1. 班轮运输的特点

（1）具有"四固定"的特点，即固定航线、固定港口、固定船期和相对固定的费率。这是班轮运输的最基本特征。

（2）班轮运价包括装卸费用，即货物由承运人负责配载装卸，承托双方不计滞期费和速遣费，也不规定装卸时间。

（3）承运人对货物负责的时段是从货物装上船起，到货物卸下船止，即"船舷至船舷"或"钩至钩"。

（4）承运双方的权利义务和责任豁免以签发的提单为依据，并受统一的国际公约的制约。

（5）班轮运输面向大量的货主，单个货主所托运的货物数量不多，但通过班轮运输的货物，在海上运输中往往价值较高。

2. 班轮运输的作用

（1）有利于一般杂货和不足整船的小额贸易货物的运输。班轮只要有舱位，不论数量大小、挂港多少、直运或转运都可接受承运。

（2）由于"四固定"的特点，时间有保证，运价固定，为贸易双方洽谈价格和装运条件提供了方便，有利于开展国际贸易。

（3）班轮运输长期在固定航线上航行，有固定设备和人员，能够提供专门的、优质的服务。

（4）由于事先公布船期、运价费率，有利于贸易双方达成交易，减少磋商内容。

（5）手续简单，货主方便。由于承运人负责装卸和理舱，托运人只要把货物交给承运人即可，省心省力。

（二）租船运输

租船指包租整船。租船费用较班轮低廉，且可选择直达航线，故大宗货物一般采用租船运输。租船方式主要有定程租船和定期租船两种。

租船运输　　租船方式

（1）定程租船。定程租船是以航程为基础的租船方式，又称程租船。船方必须按租船合同规定的航程完成货物运输任务，并负责船舶的运营管理及其在航行中的各项费用开支。程租船的运费一般按货物装运数量计算，也有按航次包租金额计算。租船双方的权利和义务，由租船合同规定。程租船方式中，合同应明确船方是否负担货物在港口的装卸费用。如果船方不负担装卸，则应在合同中规定装卸期限或装卸率，以及与之相应的滞期费和速遣费。如果租方未能在限期内完成装卸作业，为了补偿船方由此而造成延迟开航的损失，应向船方支付一定的罚金，即滞期费。如果租方提前完成装卸作业，则由船方向租方支付一定的奖金，称为速遣费。通常速遣费为滞期费的一半。

（2）定期租船。定期租船是按一定时间租用船舶进行运输的方式，又称期租船。船方应在合同规定的租赁期内提供适航的船舶，并负担为保持适航的有关费用。租船人在此期尚可在规定航区内自行调度支配船舶，但应负责燃料费、港口费和装卸费等运营过程中的各项开支。

四、国际海运进出口基本流程

（一）托运

（1）托运人提供：①箱型；②箱量；③目的港；④出运时间；⑤货物品名（美国线，必须报品名）。

（2）客户接受海运价后若要委托装箱，货运公司向货主问明装箱方式：

1）厂地装箱（托运人提供工厂地址）。

2）仓库装箱（货运公司向托运人提供仓库地址）。

（3）货运公司向托运人索要报关资料。

（二）订舱

货运公司把货物情况提供给船公司，与船公司确定价格，向船公司订舱。船公司接收订舱后，告知船名、船期、提单号。

（三）做箱

1. 厂地做箱

货运公司提箱后，根据托运人提供的工厂地址做箱。

2. 仓库做箱

货运公司把船名、提单号告知仓库，工作人员凭介绍信去船公司集装箱堆场提箱，待货主送货后做箱。

（四）报关装载

集装箱集港后报关，船公司将集装箱装到船上。

（五）卸载

船公司将集装箱卸到码头上。

（六）通知提货

船公司通知提货人提货。

（七）清关

提货人向海关清关。

（八）换单

提货人把提单换成提货单。

（九）提货

提货人拿提货单提货。

国际海运进出口基本流程如图 2-1 所示。

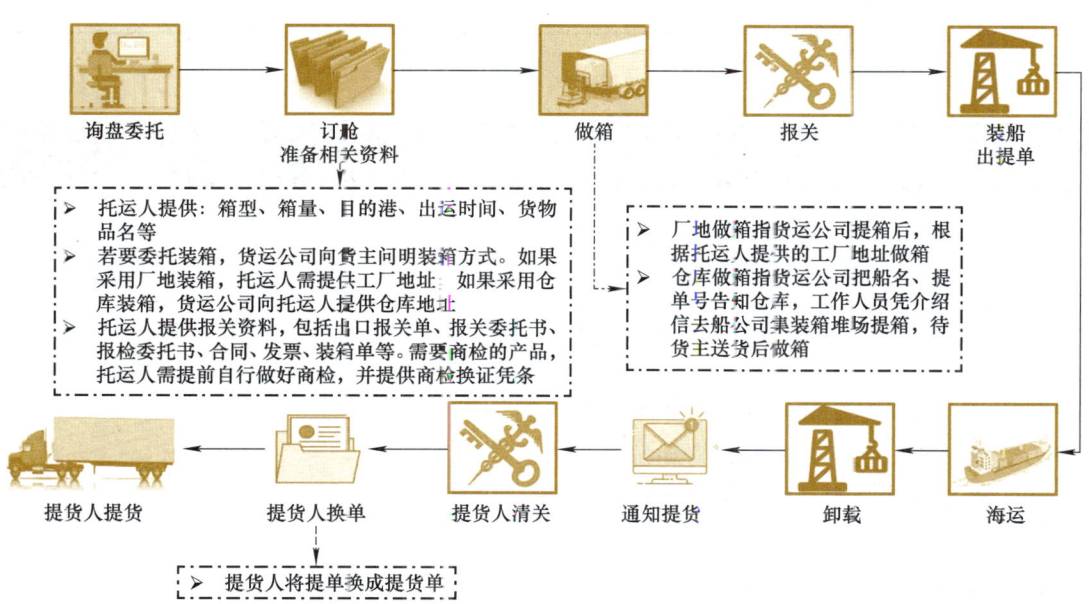

图 2-1　国际海运进出口基本流程

任务发布

吴某是上海 A 物流有限公司河北分公司的一名新进货代人员，最近收到一份客户询函，要求将 350 箱纺织制品从上海运往美国，这批货应选择哪种运输方式？要求制定运输方案。

31

任务操作

步骤1：请你帮助吴某分析，如果想要为客户制定最合理的运输方案，还需要向客户确认哪些信息？

步骤2：请你跟吴某一起为客户设计一个最合理的运输方案，并向客户说明理由。

任务评价

项目二任务一评价考核表见表2-1。

表2-1 项目二任务一评价考核表

序号	考核内容	满分	得分
1	掌握国际海运方式的优缺点	20	
2	与客户确认正确信息	20	
3	运输方案科学合理	30	
4	能够通过PPT向客户说明方案	30	
	合计	100	

学习任务二 ▶ 了解国际陆运业务

学习目标

知识目标
- 掌握国际陆运的概念
- 熟悉国际公路运输的含义和特点
- 熟悉国际铁路运输的含义和特点
- 了解大陆桥运输的含义和特点

能力目标
- 能够用思维导图分析国际陆运业务的主要方式
- 能够通过网络查询中国与"一带一路"国家开展的主要贸易行为
- 能够根据货物特点选择合适的国际陆运方式和线路

素养目标
- 培养学生自学、自律、自控的学习习惯和规则意识
- 培养学生爱国爱党情操，树立正确的国家观和价值观
- 引导学生追求认真精细、勤勉敬业的职业操守

项目二
掌握国际货代基本操作

知识储备

一、国际陆运的概念

国际陆运是指通过陆路（地上或者地下）由一国向另一国运送货物或者旅客的运输业务活动，包括公路运输、铁路运输和其他陆路运输（缆车运输、索道运输、地铁运输、城市轻轨运输等）。

二、国际陆运的主要方式

1. 国际公路运输

（1）国际公路运输是在公路上由一国向另一国运送旅客和货物的运输方式。现代所用运输工具主要是汽车。在地势崎岖、人烟稀少、铁路和水运不发达的边远和经济落后地区，公路为主要运输方式，起着运输干线的作用。

（2）公路运输的特点。

第一，时差效益。

第二，远距离效益。

第三，运输质量效益，公路运输装卸环节少，货损货差小，损失比例也较小。

第四，公路运输的局限性：载重量小，不适宜装载重件、大件货物，不适宜长途运输，运价通常较水路、铁路高。

（3）公路运输的作用。

第一，公路运输的特点决定了它最适合于短途运输。它可以将两种或多种运输方式衔接起来，实现多种运输方式联合运输，做到进出口货物运输的门到门服务。

第二，公路运输可以配合船舶、火车、飞机等运输工具完成运输的全过程，是港口、车站、机场集散货物的重要手段。尤其是鲜活商品、集港疏港抢运，往往能够起到其他运输方式难以起到的作用。可以说，其他运输方式往往要依赖汽车运输来完成两端的运输任务。

第三，公路运输也是一种独立的运输体系，可以独立完成进出口货物运输的全过程。公路运输是欧洲大陆国家之间进出口货物运输最重要的方式之一。

第四，集装箱货物通过公路运输实现国际多式联运。集装箱由交货点通过公路运到港口装船，或者相反。美国陆桥运输以及我国从内地到香港的多式联运都可以通过公路运输来实现。

2. 国际铁路运输

（1）国际铁路运输一般分为客运和货运两种运输方式，在国际货物运输中所占的分量是举足轻重的，属于现代国际运输主要方式之一。

（2）铁路运输的特点。

1）铁路运输的准确性和连续性强。铁路运输几乎不受气候影响，一年四季可以不分昼夜地进行定期的、有规律的、准确的运行。

2）铁路运输速度比较快。铁路货运速度每昼夜可达几百公里，一般铁路货车速度可达100km/h左右，远远高于海上运输。

3)运输量大。铁路一列货物列车一般能运送 3 000～5 000t 货物,远远高于航空运输和公路运输。

4)铁路运输成本较低。铁路运输费用仅为公路运输费用的一小部分。正因为铁路运输有与生俱来的运费便宜的优势,如果物流公司把接来发公路运输的货物改为发铁路运输,那么这个物流公司的成本会降低。但是,由于铁路运输有快车与慢车之分,速度上的区别是很大的,比如从上海到南昌,公路运输也就十几小时,零担配载物流公司会告诉货主当天不算,要 2～3 天到,而如果走铁路零担配载则可能需要 4～5 天。很多物流公司担心速度会影响自己的声誉,从而损失一个长久的客户,所以尽管物流公司知道从上海到南昌的运费走铁路相对便宜,却只能选择走上海到南昌的物流专线。

5)铁路运输安全可靠,风险远比海上运输小。

6)初期投资大。铁路运输需要铺设轨道、建造桥梁和隧道,建路工程艰巨复杂;需要消耗大量钢材、木材;占用土地,其初期投资大大超过其他运输方式。

(3)铁路运输的优缺点。

优点:巨大的运送能力;廉价的大宗运输;全天候(较少受天气、季节等自然条件的影响),能保证运行的经常性和持续性;计划性强,安全、准时;运输总成本中固定费用所占的比重大(一般占 60%),收益随运输业务量的增加而增长。

缺点:始建投资大,建设时间长;始发与终到作业时间长,不利于运距较短的运输业务;受轨道限制,灵活性较差;路基、站场等建筑工程投资大。

(4)铁路货物运输的种类划分为整车、零担和集装箱三种形式。

1)整车货物。按照货物重量、体积和形状,需要一辆以上铁路货车运送的货物,可以按整车办理。整车货物运输的基本条件为:第一,整车货物以每一货车所装货物为一批,跨装、爬装或使用游车装运的货物,以每一车组为一批。第二,铁路按件数和重量承运货物,但对散装、堆装货物以及件数过多在装卸作业中难以点清件数的货物,则只按重量承运,不计算件数。第三,根据货物运输途中的特殊需要,允许托运人派人押运。第四,允许在铁路专用线、专用铁路内装车或卸车。

2)零担货物。按照货物重量、体积和形状,不足以一辆单独货车运送,而且可以与其他货物配装的货物,可按铁路零担办理。零担货物以每张货物运单为一批。零担货物的运输组织、管理、装卸作业等环节,相对于整车作业来说比较复杂,要受到许多其他运输条件的限制,主要有:第一,一件零担货物的体积不得小于 $0.02m^2$,但如果一件的重量在 10kg 以上,可以不在此限。第二,为便于装卸作业中的堆码、交接和配装,一批零担货物的件数,不得超过 300 件。第三,不易计算件数的货物、运送中有特殊要求的货物、易于污染其他物品的货物,不得按零担办理。第四,托运人应在每件零担货物上标有清晰的标记(即货签),以便作业中识别。第五,货物的重量由铁路确定,但对于标准重量、标记重量的零担货物,允许由托运人确定重量,但铁路可进行复查和抽查。承运零担货物一般情况下不允许派押运人。

3)集装箱货物。凡能装入集装箱并不对集装箱造成损坏的货物,以及根据规定可按集装箱运送的危险货物,均可按集装箱办理,集装箱货物以每张货物运单为一批。集装箱货物运输的基本条件主要有:第一,每批必须是同一箱型,使用不同箱型的货物不得按一批托运。第二,每批至少一箱,最多不得超过铁路一辆货车所能装运的箱数。以上两项内容都是为了保证一张运单托运的一批集装箱货物能用一辆货车同时装运。第三，铁路按箱承运，不查点箱内货物。

需要注意，铁路运输的货物种类繁多，性质各异。其中，特殊的货物有阔大货物、危险货物和易腐货物。这些货物在运输的过程中有特殊的要求，需要采取不同于一般货物的方式运输。阔大货物包括超长货物、超限货物和笨重货物。阔大货物多用平车和长大货物车运输。为了保证行车安全，阔大货物的装载必须符合下列技术条件：第一，一般情况下，货物装车后的重心或总重心（一车装几件货物时）应能垂直投影到车底板纵横中心线的交点上，简称落在车辆中央。第二，特殊情况下需偏离车辆中央时，横向偏离（即离开车底板纵中心线）不得超过100mm，超过时需采取配重措施；纵向偏离（即离开车底板横中心线）要保证车辆两承重点承受的货物重量不超过车辆最大载重的1/2，同时一般情况下要保证车辆两承重点的负重差不大于10t。第三，一车装载两件或多件货物时，要避免对角装载。第四，重车重心高从轨面算起，一般不得超过2m，超过时应采取配重措施或限制重车的运行速度。

3. 大陆桥运输

（1）大陆桥运输（Land Bridge Transport）是指利用横贯大陆的铁路（公路）运输系统，作为中间桥梁，把大陆两端的海洋连接起来的集装箱连贯运输方式。简单来说，就是两边是海运，中间是陆运，大陆把海洋连接起来，形成海—陆联运，而大陆起到了"桥"的作用，所以称为"陆桥"。

陆桥运输

（2）大陆桥运输的特点。

1）属大陆桥运输范畴，采用海—陆联运方式，全程由海员段和陆运段组成。

2）比采用海运缩短路程，但增加了装卸次数。

3）比全程海运运程短，但需增加装卸次数。

在某一区域，大陆桥运输能否存在和发展，主要取决于它与全程海运相比在运输费用和运输时间等方面的综合竞争力。

（3）运输优势。

经过与首个亚欧大陆桥的比较，新陆桥在交通运输、运输速度、清关能力、信息服务能力方面均具有较大优势。

1）缩短运输路程。

2）减少运输时间。

3）整个大陆桥在高寒地区处于优越的地理位置并拥有良好的气候条件。因为东部处在良好的地理位置，拥有温和的气候，所以港口无封冻期，可以不间断地全年运行并保持一定的吞吐量。

4）操作模式便捷，以至于无须再从他国进行海—铁联运。

三、国际陆运进出口基本流程

（1）接受客户询价。根据客户提供的运输方式、发送站和运往的国家及到站、货物的品名和数量、预计运输的时间、客户单位相关信息等运输需求，为客户提供报价服务。

（2）接受委托。客户一旦确认报价，同意各公司代理运输后，需要客户以书面形式委托货运公司。

（3）运输单证。客户需要按要求提供运输委托书、报关委托书、报检委托书、报关单、报检单（加盖委托单位的专用章）、合同、箱单、发票、商检放行单、核销单等相关单证。

（4）填写相关联运票据。如通过铁路开展国际货物运输的需要填报国际铁路联运大票。

（5）报关。客户可以自理报关，也可以委托某些货运公司报关，如果在发货地报关不方便，可以将单证备齐在相关口岸报关，即在国际联运报关中海关要求一车一份核销单，同时客户需要在相应的出口口岸的海关、商检办理注册备案手续。

（6）发车。根据运输计划安排通知，客户送货发运时，在发货当地报关的货物需要将报关单、合同、箱单、发票、关封等单据与国际联运单一同随车带到口岸。在口岸报关的需要将合同、箱单、发票、报关单、商检证等单据快递给货运公司的口岸代理公司。货物发运后将运单第三联交给发货人。

（7）口岸交接。货物到达口岸后需要办理转关换装手续，待货物换到外方车发运后，货运公司将口岸该货物的换装时间、外方换装的车号等信息通知发货人。

（8）退客户单据。货物换装交接后，海关将核销单、报关核销联退给货运公司，由货运公司根据运费的支付情况再退给客户。

（9）收费。国际联运运费一般是以美元报价，客户需向货运公司支付美元运费，如客户要以人民币支付需在询价时提前告知货运公司。运费一般应在发车后的10天内支付完毕。

国际陆运进出口基本流程如图2-2所示。

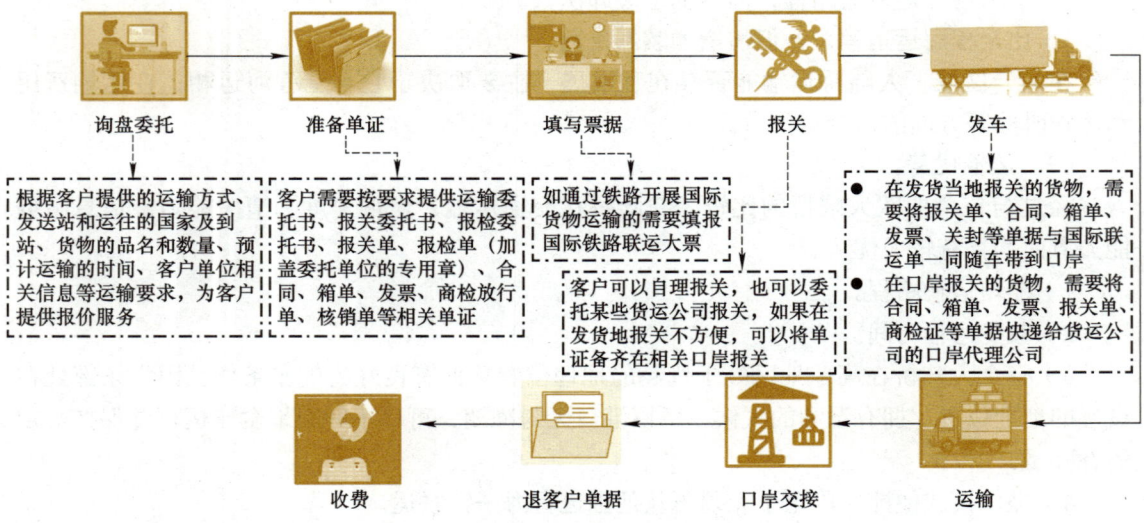

图2-2 国际陆运进出口基本流程

任务发布

吴某所在的上海A物流有限公司日前承揽了一个运输项目，客户有150辆轿车从辽宁出口哈萨克斯坦。

任务操作

步骤1:请你与吴某一起分析这项业务选择哪种具体的陆运方式更合理,并向客户出具确认函,得到客户的同意。

步骤2:为客户设计具体的运输方案,并告之大体路线与业务流程安排。

任务评价

项目二任务二评价考核表见表2-2。

表2-2 项目二任务二评价考核表

序 号	考 核 内 容	满 分	得 分
1	掌握国际陆运方式的优缺点	20	
2	正确向客户出具确认函	20	
3	运输方案科学合理	30	
4	能够通过PPT向客户说明方案	30	
	合 计	100	

学习任务三 了解国际空运业务

学习目标

知识目标
- 掌握国际空运的概念
- 熟悉班机运输的含义和特点
- 熟悉包机运输的含义和特点

能力目标
- 能够用思维导图分析适用国际空运业务的主要货物类型
- 能够通过网络查询国际贸易主要空运航线
- 能够设计制定合适的国际空运方案

素养目标
- 培养学生自学、自律、自控的学习习惯和规则意识
- 培养学生爱国爱党情操,树立正确的国家观和价值观
- 引导学生追求认真精细、勤勉敬业的职业操守

知识储备

一、国际空运的概念

国际空运以其迅捷、安全、准时的效率赢得了相当大的市场,大大缩短了交货期,具有快速、机动的特点,是国际贸易中贵重物品、鲜活货物和精密仪器运输不可或缺的方式。

二、国际空运的主要方式

(一)班机运输

所谓班机运输,是指在固定航线上定期航行的航班。班机运输一般有固定的始发站、到达站和经停站。货运航班只是由某些规模较大的专门的航空货运公司或一些业务范围较广的综合性航空公司在货运量较为集中的航线开辟。对于前者,一般的航空公司通常采用客货混合型飞机,在搭乘旅客的同时也承揽小批量货物的运输。由于班机运输有固定的航线、挂靠港、固定的航期,并在一定时间内有相对固定的收费标准。对进出口商来讲可以在贸易合同签署之前预期货物的启运和到达时间,核算运费成本,合同的履行也较有保障。因此,成为多数贸易商的首选航空货运形式。近年来,随着货运业竞争加剧,航空公司为体现航空货运的快速、准确的特点,不断加强航班的准班率(航班按时到达的比率),强调快捷的地面服务,在吸引传统的鲜活易腐货物、贵重货物、急需货物的基础上,又提出为企业特别是跨国企业提供后勤服务的观点,努力成为跨国公司分拨产品、半成品的得力助手。但是,班机运输由于多采用客货混合机型,航班以客运服务为主,货物舱位有限,不能满足大批量货物及时出运的要求,往往只能分批运输。此外,不同季节同一航线客运量的变化也会直接影响货物装载的数量,使得班机运输在货物运输方面存在很大的局限性。

集中托运

(二)包机运输

由于班机运输形式下货物舱位常常有限,因此当货物批量较大时,包机运输就成为重要方式。包机运输通常可分为整机包机和部分包机。所谓整机包机,是指航空公司或包机代理公司按照合同中双方事先约定的条件和运价将整架飞机租给租机人,从一个或几个航空港装运货物至指定目的地的运输方式。部分包机则是指由几家航空货运代理公司或发货人联合包租一架飞机,或者是由包机公司把一架飞机的舱位分别卖给几家航空货运代理公司的货物运输形式。相对而言,部分包机适合于运送一吨以上但货量不足整机的货物,在这种形式下货物运费较班机运输低,但由于需要等待其他货主备妥货物,因此运送时间要长。包机运输满足了大批量货物进出口运输的需要,同时包机运输的运费比班机运输低,且随国际市场供需情况的变化而变化,给包机人带来了潜在的利益。但包机运输是按往返路程计收费用,存在着回程空放的风险。与班机运输相比,包机运输可以由承租飞机的双方议定航程的起止点和中途停靠的空港,因此更具灵活性,但由于各国政府出于安全的需要,也为了维护本国航空公司的利益,对他国航空公司的飞机通过本国领空或降落本国领土往往大加限制,复杂烦琐的审批手续大大增加了包机运输的营运成本,因此,目前使用包机业务的地区并不多。

三、国际空运基本业务流程

（1）接受货主询价。应向询价货主问明一些信息，如：①目的地（最好能知道港口的英文拼写及国家，三字代码）；②启运港，如杭州、上海、北京、广州等；③毛重和体积，体积重量为体积除以 0.006 或者体积乘 167；④询问出运时间或者能送货大概时间，以便考虑适配的航班，对航程有无特殊要求，如是不是一定要直达航班等；⑤运费预付还是到付，是否为门到门（如果是门到门，需提供收货人详细地址才能报价）；⑥货名，是否为危险品，是否需要商检，磁钢要做磁检，有些化工品要提供非危保函和化工品鉴定书（正本）。

（2）接受货主委托。接到货主托单后，仔细审核托单，主要检查基本的信息是否齐全；确认取货时间和送货方式及保险金额。

（3）订舱。缮制委托书；制单时应最大限度地保证原始托单的数据正确、相符性，以减少后续过程的频繁更改，一般发货人、收货人（详细名称、地址、电话等）和品名要填写正确；将委托书传真给代理，并确认有没有收到，如有特殊要求，再叮嘱一遍，并取得进仓编号和进仓图。

（4）进仓。客户自己送进机场的，一般要提前给客户传进仓单，告知进仓编号和进仓地址，单证随货需告知承运方。

（5）报关。了解常出口货物报关所需资料；填妥对应装箱单、发票，所显示的毛重、净重、件数、包装种类、金额、体积，审核报关单的正确性（单证一致）。特别指出，报关单上的"指运港"一栏，如果不能显示为港口，而只能跳出国家，务必在报关单上的"标记唛码及备注"栏打上"指运港：××××××"，否则影响退税；显示报关单所在货物的"中文品名"，对照海关编码大全，查阅商品编码，审核两者是否相符，按编码确定计量单位，并根据海关所列之监管条件点阅所缺乏报关要件；寄单证或随货单证都必须在装封前仔细核对有没有单证缺失或数据错误；跟踪报关放行情况，确保配载上机。

（6）提单确认和修改。同客户确认提单内容的显示，品名需与资料一致。

（7）签单。报关放行后，承运方即传真主单和分单，根据主单和分单的信息，缮制提单并传真给客户。

（8）费用结算。在应收应付明细里录入发生的费用后，到"运费确认单"界面打印传真费用清单，确认回传，开票结款（现金、托收、月结、转账）。

（9）财务交接。

任务发布

吴某所在的国际货代公司日前承揽到一批医疗设备的运输项目，客户要求将 2 000 箱口罩和 1 500 箱防护服从南京运往匈牙利。

任务操作

步骤1：请你与吴某一起分析国际空运业务的特点，为客户设计最合理的运输方案。
步骤2：通过绘制流程图的方式告之客户国际空运的主要流程。

任务评价

项目二任务三评价考核表见表2-3。

表2-3 项目二任务三评价考核表

序号	考核内容	满分	得分
1	掌握国际航空运输方式的特点	20	
2	运输方案科学合理	30	
3	正确绘制航空业务流程图	20	
4	能够通过PPT向客户说明方案	30	
	合　计	100	

学习任务四　了解国际多式联运业务

学习目标

知识目标
- 掌握国际多式联运的概念
- 熟悉国际多式联运具备的条件
- 了解国际多式联运的优缺点

能力目标
- 能够讲述多式联运与一般运输的区别
- 会绘制分析国际多式联运的思维导图
- 能够通过网络查询国际贸易中常用的联运方式

素养目标
- 培养学生自学、自律、自控的学习习惯和规则意识
- 培养学生爱国爱党情操，树立正确的国家观和价值观
- 引导学生追求认真精细、勤勉敬业的职业操守

知识储备

一、国际多式联运的概念

国际多式联运（International Multimodal Transport）简称多式联运，是在集装箱运输的基础上产生和发展起来的，是指按照国际多式联运合同，以至少两种不同的运输方式，由多式联运经营人将货物从一国境内的接管地点运至另一

中欧班列的发展

国境内指定交付地点的货物运输。国际多式联运适用于水路、公路、铁路和航空多种运输方式。在国际贸易中，由于85%～90%的货物是通过海运完成的，故海运在国际多式联运中占据主导地位。

二、国际多式联运具备的条件

（1）多式联运经营人与托运人之间必须签订多式联运合同，以明确承、托双方的权利、义务和豁免关系。多式联运合同是确定多式联运性质的根本依据，也是区别多式联运与一般联运的主要依据。

（2）必须使用全程多式联运单据。该单据既是物权凭证，也是有价证券。

（3）必须是全程单一运价。这个运价一次收取，包括运输成本、经营管理费和合理利润。

（4）必须由一个多式联运经营人对全程运输负总责。他是与托运人签订多式联运合同的当事人，也是多式联运单据签发者或多式联运提单者，他承担自接受货物起至交付货物止的全程运输责任。

（5）必须是两种或两种以上不同运输方式的连贯运输。如为海—海、铁—铁、空—空联运，虽为两程运输，但仍不属于多式联运，这是一般联运与多式联运的一个重要区别。同时，在单一运输方式下的短途汽车接送也不属于多式联运。

（6）必须是跨越国境的国际货物运输。这是区别国内运输和国际运输的限制条件。

三、国际多式联运的优缺点

国际多式联运是一种比区段运输高级的运输组织形式，20世纪60年代末美国首先试办多式联运业务，受到货主的欢迎。随后，国际多式联运在北美、欧洲和远东地区开始采用；20世纪80年代，国际多式联运已逐步在发展中国家实行。当前，国际多式联运已成为一种新型的、重要的国际集装箱运输方式，受到国际航运界的普遍重视。1980年5月，在日内瓦召开的联合国国际多式联运公约会议上产生了《联合国国际货物多式联运公约》。该公约在30个国家批准和加入一年后生效。它的生效对国际多式联运的发展产生了积极的影响。

（一）国际多式联运的优点

（1）简化托运、结算及理赔手续，节省人力、物力和有关费用。在国际多式联运方式下，无论货物运输距离有多远，由几种运输方式共同完成，且不论运输途中货物经过多少次转换，所有一切运输事项均由多式联运经营人负责办理。而托运人只需办理一次托运，订立一份运输合同，一次支付费用，一次保险，从而省去托运人办理托运手续的许多不便。同时，由于多式联运采用一份货运单证，统一计费，因而也可简化制单和结算手续，节省人力和物力。此外，一旦运输过程中发生货损货差，由多式联运经营人对全程运输负责，从而也可简化理赔手续，减少理赔费用。

（2）缩短货物运输时间，减少库存，降低货损货差事故，提高货运质量。在国际多式联运方式下，各个运输环节和各种运输工具之间配合密切，衔接紧凑，货物所到之处中转迅速及时，大大减少货物的在途停留时间，从而从根本上保证了货物安全、迅速、准确、及时地运抵目的地，因而也相应地降低了货物的库存量和库存成本。同时，多式联运系通过集装箱为运输单元进行直达运输，尽管货运途中须经多次转换，但由于使用专业机械装卸，且不涉及槽内货物，因而货损货差事故大为减少，从而在很大程度上提高了货物的运输质量。

（3）降低运输成本，节省各种支出。由于多式联运可实行门到门运输，因此对货主来说，在货物交由第一承运人以后即可取得货运单证，并据以结汇，从而提前了结汇时间。这不仅有利于加速货物占用资金的周转，而且可以减少利息的支出。此外，由于货物是在集装箱内进行输的，因此从某种意义上来看，可相应地节省货物的包装、理货和保险等费用的支出。

（4）提高运输管理水平，实现运输合理化。对于区段运输而言，由于各种运输方式的经营人各自为政，自成体系，因而其经营业务范围受到限制，货运量相应也有限。而一旦由不同的经营人共同参与多式联运，经营的范围可以大大扩展，同时可以最大限度地发挥其现有设备作用，选择最佳运输线路，组织合理化运输。

（5）其他作用。从政府的角度来看，发展国际多式联运具有以下重要意义：有利于加强政府部门对整个货物运输链的监督与管理；保证本国在整个货物运输过程中获得较大的运费收入分配比例；有助于引进新的先进运输技术；减少外汇支出；改善本国基础设施的利用状况；通过国家的宏观调控与指导职能保证使用对环境破坏最小的运输方式，达到保护本国生态环境的目的。

（二）国际多式联运的缺点

（1）管理模式混乱。在运输中，若信息更新不及时，双方的人员不能对接，可能造成运输暂停，延长收货的时间。

（2）全程单一运价。这个运价一次收取，包括运输成本、各段运杂费的总和、经营管理费和合理利润，可能存在不合理的因素。

四、国际多式联运与一般国际货物运输的区别

国际多式联运极少由一个经营人承担全部运输，往往是接受货主的委托后，联运经营人自己办理一部分运输工作，而将其余各段的运输工作再委托其他的承运人。但这又不同于单一的运输方式，这些接受多式联运经营人负责转托的承运人，只是依照运输合同关系对联运经营人负责，与货主不发生任何业务关系。因此，多式联运经营人可以是实际承运人，也可以是"无船承运人"。国际多式联运与一般国际货物运输的主要不同点有以下几个方面：

（1）货运单证的内容与制作方法不同。国际多式联运大多为门到门运输，故货物于装船或装车或装机后应同时由实际承运人签发提单或运单，多式联运经营人签发多式联运提单，这是多式联运与任何一种单一的国际货运方式的根本不同之处。在此情况下，海运提单或运单上的发货人应为多式联运的经营人，收货人及通知方一般应为多式联运经营人的国外分支机构或其代理；多式联运提单上的收货人和发货人则是真正的、实际的收货人和发货人，通知方则是目的港或最终交货地点的收货人或该收货人的代理人。多式联运提单上除列明装货港、卸货港外，还要列明收货地、交货地或最终目的地的名称以及第一程运输工具的名称、航次或车次等。

（2）多式联运提单的适用性与可转让性与一般海运提单不同。一般海运提单只适用于海运，从这个意义上说，多式联运提单只有在海运与其他运输方式结合时才适用，但它也适用于除海运以外的其他两种或两种以上的不同运输方式的连贯的跨国运输（国外采用"国际多式联运单据"就可避免概念上的混淆）。多式联运提单把海运提单的可转让性与其他

运输方式下运单的不可转让性合二为一，因此多式联运经营人根据托运人的要求既可签发可转让的也可签发不可转让的多式联运提单。如属前者，"收货人"一栏应采用指示抬头；如属后者，"收货人"一栏应具体列明收货人名称，并在提单上注明不可转让。

（3）信用证上的条款不同。根据多式联运的需要，信用证上的条款应有以下三点变动：①向银行议付时不能使用船公司签发的已装船清洁提单，而应凭多式联运经营人签发的多式联运提单，同时还应注明该提单的抬头如何制作，以明确可否转让。②多式联运一般采用集装箱运输（特殊情况除外，如在对外工程承包下运出机械设备则不一定采用集装箱），因此，应在信用证上增加指定采用集装箱运输条款。③如不由银行转单，改由托运人或发货人或多式联运经营人直接寄单，以便收货人或代理能尽早取得货运单证，加快在目的港（地）提货的速度，则应在信用证上加列"装船单据由发货人或由多式联运经营人直寄收货人或其代理"之条款。如由多式联运经营人寄单，发货人出于议付结汇的需要应由多式联运经营人出具一份"收到货运单据并已寄出"的证明。

（4）海关验放的手续不同。一般国际货物运输的交货地点大都在装货港，目的地大都在卸货港，因而办理报关和通关的手续都是在货物进出境的港口。而国际多式联运货物的启运地大都在内陆城市，因此，内陆海关只对货物办理转关监管手续，由出境地的海关进行查验放行。进口货物的最终目的地如为内陆城市，进境港口的海关一般不进行查验，只办理转关监管手续，待货物到达最终目的地时由当地海关查验放行。

任务发布

吴某是某货代公司的业务人员，客户询问国际多式联运的优势和具体操作过程。

任务操作

步骤1：请你与吴某一起为客户讲解国际多式联运的特点。
步骤2：绘制国际多式联运费用的思维导图。

任务评价

项目二任务四评价考核表见表2-4。

表2-4 项目二任务四评价考核表

序 号	考核内容	满 分	得 分
1	掌握国际多式联运的特点	20	
2	正确理解国际多式联运的业务流程	20	
3	绘制国际多式联运费用的思维导图	30	
4	能够通过PPT进行展示	30	
	合　计	100	

项目三

合理报价

学习任务一 ▶ 选择运输方式

学习目标

知识目标
- 准确阐述运输方式的定义
- 准确说出现代运输方式

能力目标
- 能够准确阐述各种运输方式的特点及优缺点
- 能够使用思维导图梳理总结运输方式
- 能够根据实际情况选择合适的运输方式

素养目标
- 培养学生求真务实、实践创新、精益求精的工匠精神
- 培养学生严谨求实、爱岗敬业、追求卓越的职业精神,树立时代担当意识
- 提高学生"双商",使之形成为他人着想、为客户着想的优秀品质
- 提升学生的民族自信,热爱祖国,鼓励学生有为国家争光、努力奋斗、敢于奉献的精神追求

知识储备

一、运输方式的概述

运输方式是运输业中采用不同设备线路、使用不同的运输工具,通过不同的组织管理形成的运输形式。在使用动力机械以前,运输方式主要以人力、风力、水力、畜力为主,动力机械使用后,才使得运输方式现代化。出现了以铁路运输、公路运输、水路运输、航空运输和管道运输为主的现代运输。现代运输

了解运输功能

还有索道运输、输送带运输等。随着科学技术的进步，还将出现新的运输方式。

二、现代运输方式的种类

国际货代企业作为代理人接受委托办理业务，应当与进出口收货人、发货人签订书面委托协议。根据其经营范围，国际货代按运输方式（见图3-1）分为铁路运输代理、公路运输代理、水路运输代理、航空运输代理、管道运输代理、国际多式联运代理等。

图3-1 现代运输方式的种类

1. 铁路运输

国际上，铁路运输是指在两个或两个以上国家铁路运送中，使用一份运送单据，并以连带责任办理货物的全程运送，在一国铁路向另一国铁路移交货物时，无须发货人、收货人参加的运输方式。与其他运输方式相比，铁路运输的特点是运输速度快、运载量大、安全可靠、运输成本低、运输的准确性和连续性强，并且受气候因素影响较小等。铁路运输适用于大宗、笨重货物的长途运输。

2. 公路运输

公路运输是在公路上运送旅客和货物的运输方式。公路运输是交通运输系统的重要组成部分，主要承担短途客货运输。现代所用公路运输工具主要是汽车。公路运输具有机动灵活、简捷方便、应急性强、投资少、收效快的运输优势。

3. 水路运输

水路运输是以船舶为主要运输工具，通过海上航道在不同的国家和地区的港口之间运送货物的一种运输方式。水路运输的特点是运输量大、通过能力大、运费低廉、对货物的适应性强等。水路运输中的海洋运输是国际物流中最主要的运输方式。

4. 航空运输

航空运输是使用飞机、直升机及其他航空器运送人员、货物、邮件的一种运输方式，具有快速、机动的特点。它是国际贸易中贵重物品、鲜活货物和精密仪器的运输不可缺少的一种运输方式。航空运输具有较快的运输速度，适用于鲜活、季节性强的货物，能够节省包装、保险、利息等费用，不受地面条件限制，安全性高。

5. 管道运输

管道运输是用管道作为运输工具的一种长距离输送液体和气体物资的运输方式，是一种专门由生产地向市场输送石油、煤和化学产品的运输方式，是统一运输网中干线运输的特殊组成部分。

6. 国际多式联运

国际多式联运简称多式联运，是在集装箱运输的基础上产生和发展起来的。按照国际多式联运合同，以至少两种不同的运输方式，由多式联运经营人将货物由一国境内的接管地点运至另一国境内指定交付地点的货物运输。多式联运适用于水路、公路、铁路和航空等多种运输方式，最显著的优点便是快速的运输、优质的服务，不仅为货主节省了时间、降低了成本，还提高了多式联运企业的效益。

> **小贴士**
>
> 港口是具有水陆联运设备和条件，供船舶安全进出和停泊的运输枢纽；是水陆交通的集结点和枢纽；是工农业产品和外贸进出口物资的集散地；是船舶停泊、装卸货物、上下旅客、补充给养的场所。由于港口是联系内陆腹地和海洋运输（国际航空运输）的一个天然界面，因此，人们也把港口作为国际物流的一个特殊结点。
>
> **港口的作用**
>
> （1）水陆运输的枢纽。港口是水运的起点和终点，是海上和内陆交通之间最重要的交通枢纽。
>
> （2）外贸货流的出入口。港口是世界各国货物的集散地。
>
> （3）巨大的生产单位。世界上许多大的港口也是工业中心。

三、运输方式的优缺点比较

各种运输方式都有其优点与缺点（见表3-1），在充分发挥它们各自优势的同时，需注意相互补充与共同协作，以满足国民经济发展对运输业的要求。不同属性货物适用国际货运运输方式对比见表3-2。

表3-1 运输方式对比

运输方式	优点	缺点
铁路运输	铁路网四通八达，运输速度快，运输能力大，在运输的过程中受自然环境的因素影响较少	缺少灵活性，由于物流成本一直居高不下，因此与海运相比，全铁路运输的费用较高
公路运输	机动灵活、简捷方便、应急性强、投资少、收效快	运输能力小，运输耗能高，运输成本高，不适合大量运输；费用成本较海运和铁路运输高；容易受环境、气候的影响
水路运输	通过能力大、运输量大、运费低廉、对货物的适应性强、平均运距长	受自然条件影响较大，运输时间长，货物的装卸成本高，无法承运到内陆国家和地区
航空运输	运输时间短，机动性能好，在运输的途中对货物的震动和冲击较少，适合货量较少且要求时间紧的货物	运输费用高，运输能力小，气候环境的影响大
管道运输	运输量大，成本低，受环境因素影响小，运输工程量小，占地少，安全可靠，无污染	专业性强，只能运输液体或气态的产品，不能用来运输固态的产品，运输适用性受到一定的限制
国际多式联运	以集装箱运输为基础，可实现"整箱货"（堆场到堆场）和"拼箱货"（货运站到货运站）及"门到门"的概念，对于紧急转运的货物或者高额货物比较划算	手续较其他运输方式稍显烦琐，价格较高

表 3-2　不同属性货物适用国际货运运输方式对比

货物属性	空运	海运	铁路运输	公路运输
时限	短	无要求	长	中
货物价值	高价值	低价值	均可	均可
体积/重量	轻货	均可	均可	均可
运输距离	600km 以上	长距离	200km 以上	中短程

在实际业务中，货主在进行多式联运选择时，多数会从运输时间和运输费用的角度去考虑。对于紧急的货物，首选运输时间满足要求的；对于时间宽裕的货物，首选运输费用较低的。当然，这些都需建立在航线、停靠港口等其他条件满足的基础上。

任务发布

上海 A 国际货运代理有限公司是一家大型的国际物流企业，安某是该公司的新员工，销售部主管刘经理要求安某根据货物信息，结合运力、运距、运量、运速及运费方面选择合适的运输方式。

王某打算从重庆运输 100t 土豆到上海，他应该选择哪种运输方式？为什么？请从运力、运距、运量、运速及运费方面制作表格，比较几种运输方式的优缺点。

任务操作

根据运力、运距、运量、运速及运费填写表 3-3。

表 3-3　运输方式综合对比

运输方式	铁路运输	公路运输	水路运输	航空运输	管道运输	国际多式联运
运力						
运距						
运量						
运速						
运费						

任务评价

1. 学生能否自主说出六种运输方式的不同特点，并可以对其进行横向对比。
2. 对于讨论，学生可否掌握分析方法，进行有理有据的分析。

项目三任务一评价考核表见表 3-4。

表 3-4　项目三任务一评价考核表

序号	考核内容	满分	得分
1	准确阐述运输方式的定义	15	
2	准确说出现代运输方式	20	
3	准确阐述各种运输方式的特点及优缺点	25	
4	能够熟知各种货运运输方式对比情况	20	
5	根据具体情况选择最合适的运输方式	20	
	合计	100	

学习任务二　选择集装箱

学习目标

知识目标
- 掌握集装箱的概念
- 掌握国际标准集装箱的主要规格及集装箱的种类
- 熟知集装箱货物装箱方式及交接方式，掌握集装箱运费构成

能力目标
- 能够准确描述国际标准集装箱的主要规格及集装箱的种类
- 能够根据实际情况选择合适的集装箱
- 能够利用货品规格计算集装箱最大装载量

素养目标
- 加强学生理想信念教育，树立时代担当意识
- 提高学生"双商"，使之形成为他人着想、为客户着想的服务意识
- 加强学生专业职业素养教育，把专业职业素养教育同课程教学内容紧密结合

知识储备

一、集装箱的概述

集装箱（Container）又称货柜或货箱。集装箱运输是以集装箱作为运输单位进行货物运输的一种现代化运输方式。它可适用于一种或多种运输方式，中途无须倒装；可实现快速装卸，便于货物的装卸。

集装箱最大的成功在于其产品的标准化以及由此建立的一整套运输体系。根据货物种类及运输要求，按货物的种类、性质、体积、重量、形状来选择合适的集装箱，确定集装箱类型以及数量，是货运代理在国际运输方式选择、运输计划制订以及费用计算等综合能力的体现。

集装箱装箱数量计算方法

二、集装箱尺寸

国际标准化组织推荐了3个系列14种规格的集装箱,在国际运输中常用的集装箱规格为20ft(1ft≈0.304 8m)和40ft。目前国际上均以20ft柜为衡量单位,又称20ft换算单位,是计算集装箱箱数的换算单位,也是国际标准箱单位,以标箱(Twenty-foot Equivalent Unit,TEU)来表示。不同型号的集装箱,一律折成TEU加以计算。一般20ft的集装箱为1个TEU,则40ft的集装箱为2个TEU。集装箱尺寸重量见表3-5。

表3-5 集装箱尺寸重量

类型	大小	内长/m	内宽/m	内高/m	门高/m	门宽/m	容积/m³	载重/t	皮重/t
普通箱	20GP	5.898	2.352	2.385	2.280	2.343	28.00	18	2.3
	40GP	12.032	2.352	2.385	2.280	2.343	57.00	28	3.4
高箱	40HC/HQ	12.032	2.352	2.690	2.585	2.343	67.00	28	4.0
	45HC/HQ	13.556					83.00		

在实际操作中,集装箱的最大载货重量和容积需要以集装箱实际情况为准,在集装箱的箱门上会对该集装箱实际最大载重和容积进行标注。

三、集装箱分类

(1)按所装货物种类分,有干货集装箱、散货集装箱、液体货集装箱、冷藏集装箱,以及一些特种专用集装箱。

(2)按制造材料分,有钢制集装箱、铝合金集装箱、玻璃钢集装箱,此外还有木集装箱、不锈钢集装箱等。

(3)按结构分,有固定式集装箱、折叠式集装箱、薄壳式集装箱。

(4)按规格尺寸分,国际上通常使用的干货柜(DRYCONTAINER)有:外尺寸为20ft×8ft×8.5ft,简称20尺货柜;外尺寸为40ft×8ft×8.5ft,简称40尺货柜;外尺寸为40ft×8ft×9.5ft,简称40尺高柜。

(5)按用途分,有冷冻集装箱、挂衣集装箱、开顶集装箱、框架集装箱、罐式集装箱、冷藏集装箱、平台集装箱、通风集装箱、保温集装箱、隔热集装箱、台架式集装箱。

常用集装箱的分类见表3-6。

表3-6 常用集装箱的分类

集装箱类型	特点	适用范围
干货集装箱	通常为封闭式,在其一端或者侧面设有箱门,用来运输无须控制温度的件杂货	通常用来装运文化用品、化工用品、电子机械、工艺品、医药、日用品、纺织品以及仪器零件等
冷藏集装箱	以运输冷冻食品为主,能保持设定温度的保温集装箱	专门运输如鱼、肉、新鲜水果、蔬菜等食品
隔热集装箱	通常用于干冰制冷剂,保温时间为72h左右,具有充分隔热结构的集装箱	装运水果、蔬菜等货物,防止温度上升过大,以保持货物鲜度
通风集装箱	在其端壁和侧壁上有通风口,如将通风口关闭,也可以将其作为集装箱使用	装运水果、蔬菜等不需要冷冻而具有呼吸作用的货物

（续）

集装箱类型	特点	适用范围
罐式集装箱	顶部的装货口设有水密性良好的盖，以装运其他液体（包括危险物品）的集装箱	专门用于装运酒类、油类（如动植物油）、液体食品以及化学品等液体的货物
台架式集装箱	没有箱顶和侧壁，甚至连端壁也被去掉而只有底板和4个角柱。这种集装箱可以从前后、左右及上方进行装卸作业	装载大件和重货件，如重型机械、钢材、钢管、木材及钢锭等
开顶集装箱	没有刚性箱顶的集装箱，但有可折叠式或可折式顶梁支撑的帆布、塑料布或涂料布制成的顶篷，其他结构与通用集装箱类似	装载大型货物和重物，如钢铁、玻璃板等易碎的重物（可利用吊车从顶部吊入箱内）

> **小贴士**
>
> 　　选择集装箱需要从三个方面考虑：一是集装箱限重；二是集装箱尺寸；三是集装箱的种类。
> 　　限重可分为航线限重和箱体限重，而箱体本身限重是确定的。尺寸因素是考虑集装箱的内侧尺寸和装箱货物的总尺寸是否匹配。根据货物的特性选择集装箱时，一般文化用品、日用百货、医药、纺织品、工艺品、化工制品、五金交电、电子机械、仪器及机器零件等选用普通集装箱，而新鲜蔬果、动物、海鲜、汽车、高档服装等特殊产品需要选用特殊的集装箱。
> 　　具体流程如下：
> 　　第一步：考虑货物品性，属于普通货物还是特殊货物，属于大宗货物还是散装货物，属于液体、气体还是危险品，属于干货还是需冷藏货物等。
> 　　第二步：充分考虑货物托运要求，是否需要特殊方法进行装卸和保管，对运输工具的温度有无特殊要求等。
> 　　第三步：选择合适的集装箱类型，认识集装箱种类并合理选择适用集装箱。

四、集装箱货物装箱方式及交接方式

（一）集装箱货物装箱方式

在集装箱货物的流转过程中，其流转形态分为两种，一种为整箱货，另一种为拼箱货。

（1）整箱货（FCL）是指发货人或其代理人把经报关、检验的货物自行装箱、签封后，以箱为单位进行托运和交付。

（2）拼箱货（LCL）是指承运人或货运代理人接受货主托运的数量不足整箱的小票货运后，根据货类性质和目的地进行分类整理，把去同一目的地的货集中到一定数量，拼装入箱。

（二）交接地点及方式

1. 集装箱货物的交接地点

（1）门（Door）。门是指收发货人的工厂、仓库或双方约定收交集装箱的地点。它在多式联运中使用较多。

（2）船边或吊钩（Ship Side or Hook/Tackle）。船边或吊钩是指装货港或卸货港在装卸货物的船边或码头集装箱装卸吊具，并以此为界，区分运输装卸费用的责任界限。

（3）集装箱堆场（Container Yard，CY）。集装箱堆场是指集装箱码头内或码头周边地区，用于交接和保管集装箱的场所，也是集装箱换装运输工具的场所。

（4）集装箱货运站（Container Freight Station，CFS）。集装箱货运站是指拼箱货交接和保管的场所，也是拼箱货装箱、拆箱和配载积载的场所。集装箱堆场和集装箱货运站也可以同处于一处。

在四种交接地点中，门、集装箱堆场和吊钩主要作为整箱货的交接场所，而集装箱货运站则作为拼箱货的交接场所。

2. 集装箱货物的交接方式

按货物装箱方式的不同，集装箱的交接方式主要有：
（1）FCL/FCL 整箱交、整箱拆，简称"整装整拆"。
（2）FCL/LCL 整箱装、拼箱拆，简称"整装拼拆"。
（3）LCL/FCL 拼箱装、整箱拆，简称"拼装整拆"。
（4）LCL/LCL 拼箱装、拼箱拆，简称"拼装拼拆"。

按交货地点的不同，集装箱的交接方式常用的有 9 种（见图 3-2）：门到门（Door to Door）；门到场（Door to CY）；门到站（Door to CFS）；场到门（CY to Door）；场到场（CY to CY）；场到站（CY to CFS）；站到站（CFS to CFS）；站到场（CFS to CY）和站到门（CFS to Door）。以上交接方式中，应用最广泛的是场到场，最方便货主并体现集装箱运输优越性，其次是门到门，而场到站则极少应用，这是因为承运人整箱从发货人手中接货后，到目的地拆箱交付收货人，若有货损情况出现，不易分清是承运人的责任还是发货人的责任。

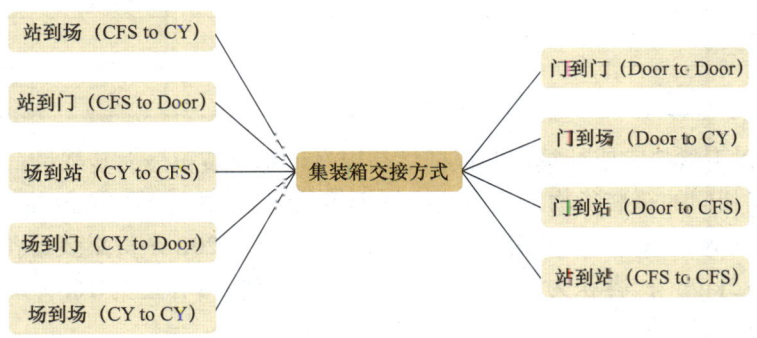

图 3-2　集装箱交接方式

五、集装箱运费构成

集装箱运价（Freight Rate）指的是集装箱运输费用的单位价格，包括费率标准、计收办法、承托双方责任、费用、风险划分等的一个综合价格体系。

$$运费 = 运价 \times 运量$$

海上货物运输中，托运人支付给承运人的报酬称为集装箱运费。它一般包括货物从装运港到目的港的运输费，以及附加费、装卸费和港务费。运费分为预付运费和到付运费，预付运费在承运人接受货物或签发提单前交付；到付运费在船舶到达目的港后交付货物时支付。预付运费不论船舶与货物灭失与否，概不退还，运费的风险在托运人；到付运费如货物中途灭失，托运人不承担支付的义务，运费的风险在船舶所有人。

任务发布

上海 A 国际货运代理有限公司是一家大型的国际物流企业，主营国际海运整箱、国际海运拼箱、国际空运、国际铁路、国际多式联运等进出口代理业务，提供仓储、陆运、订舱、代理报关报检、制单等多项服务。

安某是该公司的新员工，销售部主管刘经理要求安某根据货物信息选择合适的集装箱，同时根据题目 2 中货品规格计算集装箱最大装载量。

1. 请根据以下货物的种类、性质、体积、重量、形状来选择合适的集装箱（见表 3-7）。

表 3-7　选择合适的集装箱

序　号	货品名称	选择集装箱	备　注
1	玻璃板		
2	大米		
3	肉蛋奶制品		
4	化学品		
5	危险品液体		
6	猪、羊、鸡等家畜、家禽		
7	小型货车		
8	兽皮		

2. 请根据以下材料完成计算，并根据货品规格计算集装箱最大装载量。

有一批规格相同的箱装货物，是用波纹纸板箱包装的冰柜，共 1 000 箱，单箱货物体积为 $1m^3$，单箱重量为 96kg，箱容利用率为 100% 容重。已知 20ft 杂货集装箱容重为 100% 时，单位容重为 $656.3kg/m^3$，容积为 $33.2m^3$，而 40ft 杂货集装箱容重为 100% 时，单位容重为 $407.5kg/m^3$，容积为 $67.8m^3$。

要求：（1）计算货物密度；（2）根据货物密度确定选用哪种集装箱箱型；（3）计算该集装箱对该货物的最大装载量；（4）计算所需的集装箱箱数。

任务操作

集装箱计划见表 3-8。

表3-8 集装箱计划

答题题目	答 案	分 值
1. 计算货物密度		
2. 选择集装箱		
3. 该集装箱对货物的最大装载量		
4. 所需集装箱箱数		
合 计		

选择原因（请写出具体的计算过程）

（1）货物密度为 96kg/1m³=96kg/m³

（2）20ft 杂货集装箱容重为 100% 时，单位容重为 656.3kg/m³，而 40ft 杂货集装箱容重为 100% 时，单位容重为 407.5kg/m³，应选择单位容重与货物密度相接近的集装箱，故选择 40ft 杂货集装箱

（3）容重为 100% 时，40ft 杂货集装箱容积为 67.3m³，故 67.8m³/1m³=67.8，即 1 个集装箱可以装 67 箱冰柜

（4）1 000/67=14.9，即需要 15 个 40ft 杂货集装箱

任务评价

项目三任务二评价考核表见表3-9。

表3-9 项目三任务二评价考核表

序 号	考 核 内 容	满 分	得 分
1	能够掌握集装箱的概念	10	
2	准确描述国际标准集装箱的主要规格及集装箱的种类	15	
3	能够熟知集装箱尺寸及分类	15	
4	能够熟知集装箱货物装箱方式及交接方式	20	
5	能够熟知集装箱运费构成	20	
6	能够根据实际情况选择合适的集装箱，利用货品规格计算集装箱最大装载量	20	
	合 计	100	

学习任务三 选择船公司、航空公司

学习目标

知识目标
- 了解世界主要的船公司及航空公司
- 熟知国际海运托运订舱及排载流程
- 熟知国际航空托运订舱及排载流程

能力目标
- 能够充分考虑选择承运人的因素
- 能够根据货物实际情况选择合适的船公司、航空公司

> **素养目标**
> → 树立学生积极自主的学习态度，提升学生自学、自省、自控的能力
> → 加强新发展理念教育，把"创新、协调、绿色、开放、共享"的五大发展理念融入课程教学，引导学生树立科学的社会发展观和人生发展观
> → 提升学生的民族自信，热爱祖国，鼓励学生有为国家争光、努力奋斗、敢于奉献的精神追求

知识储备

货代公司选择合适的船公司、航空公司，操作对象都是货物，最终都是为货主服务。特别是在国际物流中，船公司和港口、航空公司和航空货运站，共同构成了四通八达的货物运输网络。

一、国际海运船期表及主要船公司

1. 海运班轮船期表含义

船期表是指船公司对船舶使用的安排计划，船舶航行停泊时间表，即对船名航次、起航时间、装运港、卸货港的安排，也称为班期表。

2. 海运船期表的查询方法

随着互联网的发展，可以直接到船公司网站查询，也可以到船期查询网站查询相关船期。查询海运船期表的常用方法有三种：按起止港查询、按离港日查询、按船名查询。

（1）船期表范例如图3-3所示。

\	\	连云港至中东班轮航线船期表	
		LIANYUNGANG-MIDDLEEAST LINE SCHEDULE	
航线 LINE	装货港 LOAD PORT	卸货港 DISCHARGE PORT	受载期 LAYCAN
红海 RED SEA	LIANYUNGANG	SUDAN PORT,Sudan(苏丹的苏丹港) JEDDAH,Saudi Arabia(沙特阿拉伯的吉达) AQABA,Jordan(约旦的雅克吧)	5TH-10TH/SEP,2012
	LIANYUNGANG	SUDAN PORT,Sudan(苏丹的苏丹港) JEDDAH,Saudi Arabia(沙特阿拉伯的吉达) AQABA,Jordan(约旦的雅克吧)	20TH-30TH/SEP,2012
北非、地中海 NORTH AFRICA & MED SEA	BAYUQUAN/XINGANG/LIANYUNGANG/ SHANGHAI	DAMIETTA,Egypt(埃及的达米埃塔) ALEXANDER,Egypt(埃及的亚历山大) DJENDJEN,Algeria(阿尔及利亚的津津) BENGHAZI,Libya(利比亚的班加西)	BAYUQUAN 10TH-15/SEP,2012 XINGANG 15TH-20TH/SEP,2012 LIANYUNGANG 20TH-28TH/SEP,2012 SHANGHAI 28TH/SEP-3RD/OCT,2012
	XINGANG/LIANYUNGANG/SHANGHAI	MISURATA,Libya(利比亚的米苏拉塔) TRIPOLI,Lebanon(黎巴嫩的黎波里)	10TH-20TH/OCT,2012

图3-3 船期表范例

(2) 查询船期表的注意事项。
1) 依照客户的要求（包括航行时间和运费等），选定相应船公司的对应航线进行查询。
2) 根据客户货物出口的时间及船公司路线，选择适合该批货物出口的正确船期。
3) 了解船期表上的启运港、中转港、途经港口和目的港。
4) 提供准确的船名信息和船期时间（包括开船时间、中转时间及航行全程天数）给客户。

3. 国内外主要船公司

国内外主要船公司见表3-10。

表3-10 国内外主要船公司

序号	公司名称
1	马士基航运有限公司
2	地中海航运公司（MSC）
3	达飞轮船有限公司（CMA-CGM）
4	长荣海运
5	美国总统轮船公司
6	中远集装箱运输有限公司
7	中海集装箱运输股份有限公司（CSCL）
8	韩进海运有限公司（HANJIN）
9	日本邮船公司（NYK）
10	商船三井株式会社（MOSK）

小贴士

"甩箱"与"爆舱"

（1）甩箱是集装箱物流中常见事件。这主要是承运人由于一些原因（如船只运力有限、计划更改等），对集装箱做出滞留港区的计划，使集装箱无法正常出运的情况。

在实际业务中，甩箱与爆舱往往在整箱货出口中出现较为频繁，因为整箱货订舱随机性较大；拼箱货多为货代公司先订舱后接货配柜，所以被甩箱的风险相对较小。

（2）当某船某航次在某港口的实际订舱的箱数超过该船该航次在该港口预订的箱位配额，或者实际订舱货物重量超过该船该航次在该港口的预订的货重限额时，即可认为该船该航次在该港口爆舱。

面对爆舱，货代公司的应对办法是：及时与船公司联系要求加舱位，若实在没有舱位，可推迟到下一航次、选择其他船公司或安排其他航线中转等，并对客户做好相关解释工作。

二、国际空运航班时刻表及主要航空公司

航空公司根据实际业务情况安排航班和舱位，目前大多数航空公司已采用网上订舱的方式。

1. 填写订舱单

货代企业操作业务人员收到发货人的发货预报后，在航空公司网站或综合网站进行网上订舱。航空物流信息服务查询如图3-4所示，航班时刻表范例如图3-5所示。

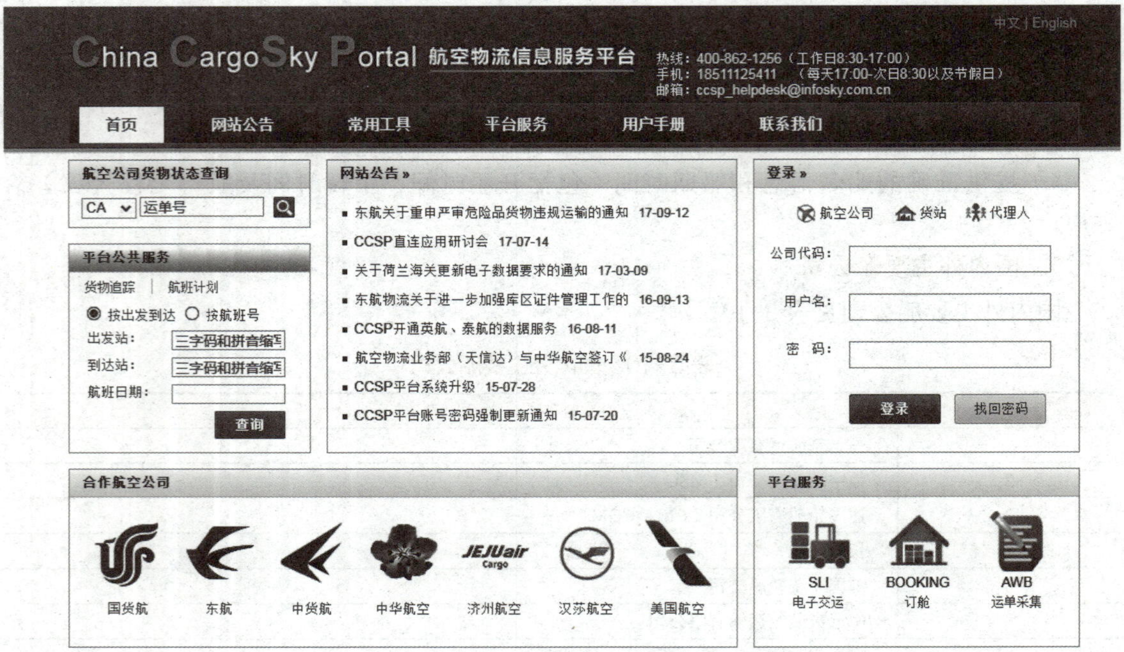

图 3-4　航空物流信息服务查询

航班号	路线	航班时刻	航班频率
LH729	上海—法兰克福	00:30 — 05:30	每周四、六
LH728	法兰克福—上海	18:10 — 11:50+1	每周一、三
LX189	上海—苏黎世	09:50 — 15:30	每周二
LX188	苏黎世—上海	12:55 — 07:55+1	每周日
OS076	上海—维也纳	11:15 — 16:00	每周日
OS075	维也纳—上海	13:20 — 06:50+1	每周五
LH721	北京—法兰克福	11:20 — 15:25	每周四（10月29日起）
LH720	法兰克福—沈阳	16:50 — 10:00+1	每周二（10月27日起）
LH781	南京—法兰克福	12:50 — 17:55	每周二
LH780	法兰克福—南京	17:30 — 11:25+1	每周日
LH797	香港—法兰克福	23:45 — 05:45+1	每周一、四、六（11月30日前） 每周一、二、四、五、日（12月、1月）
LH796	法兰克福—香港	22:15 — 17:05+1	每周三、五、日（11月30日前） 每周一、三、四、五、日（12月、1月）
LX139	香港—苏黎世	02:30 — 08:20 00:20 — 06:10	每周一、四、六（11月30日前） 每周一、二、四、六、日（12月、1月）
LX138	苏黎世—香港	16:05 — 10:45+1 21:30 — 16:10+1	每周二、四、六（11月30日前） 每周二、四、五、六、日（12月、1月）

图 3-5　航班时刻表范例

查询航班时刻表的注意事项如下：

（1）需要掌握航空公司的英文两字代码，如 CZ 开头的航班号代表的是中国南方航空公司的航班，以 MF 开头的代表的是厦门航空公司的航班。

（2）航期代表的是周几有该航班。航期中的 DAILY 代表每天都有，航期中的 2/3/5 代表周二、周三、周五 3 天有该航班。

（3）航班时刻表中的交接时间是指该航班截止接收国际货物的放行资料的时间。

（4）需要掌握常见的机型代码，如 A321 代表的是空客 321 的机型，B737 代表的是波音 737 的机型，MD11 代表的是麦道 11 的机型。

2. 客户向货代企业提供相应信息

客户应提供货物准确的名称、体积（必要时提供单件尺寸）、重量、件数、目的地、要求储运的时间、其他运输要求（如温度、装卸要求、货物到达目的地时限等）。

3. 货代公司将航班信息输入系统

航空公司根据实际情况安排航班和舱位，货运代理在获取航班号后，将确认的航班信息输入本公司的航空货运代理信息系统。

4. 货代公司通知客户备单、备货

订舱后，航空公司签发舱位确认书（舱单），同时给予装货集装器领取凭证，表示舱位已订妥。航空货运代理应及时通知客户（发货人）备单、备货。

航空货运代理订舱时，可依据发货人的要求选择最佳的航线和最佳的承运人，同时为发货人争取最低、最合理的运价，这需要货代与航空公司保持良好的合作关系。

> **小贴士**
>
> 与海运订舱类似的是，能够向航空公司直接订舱的货代企业，一般都是有资格直接向航空公司领取主单的一级代理。
>
> 按规定，客户必须通过代理订舱，可向一级代理订舱，也可向二级代理订舱。
>
> 订货机还是客机由订舱代理根据情况进行安排，运价基本一致。一般来说，客机上有客人，航班时间比较准，但是由于机舱先满足客人的行李存放需求，因此舱位有时不能保证。货机舱位一般不会有问题，但是有晚点或取消的可能。
>
> 航空公司对于在自己公司配货较多的代理，对于舱位和价格通常会有一定的优惠，特别是在旺季舱位紧张的时候，会先保证这些代理的货物。

5. 世界主要的航空公司

世界主要的航空公司见表 3-11。

表 3-11 世界主要的航空公司

序号	航空公司	代码	优势航线
1	中国国际航空公司	CA	欧美地区
2	中国东方航空公司	MU	欧美及日本地区
3	中国南方航空公司	CZ	东南亚地区
4	厦门航空公司	MF	世界各地
5	中国港龙航空公司	KA	东南亚各地
6	国泰航空公司	CX	东南亚各地及欧美
7	新加坡航空公司	SQ	新加坡及美国，全货机直飞美国
8	卢森堡国际货运航空公司	CV	欧洲，全货机直飞欧洲卢森堡
9	马丁航空公司	MP	欧洲，全货机直飞荷兰阿姆斯特丹
10	全日空航空公司	NH	日本地区

三、国际海运托运订舱及排载流程

国际海运托运订舱及排载流程如图 3-6 所示。

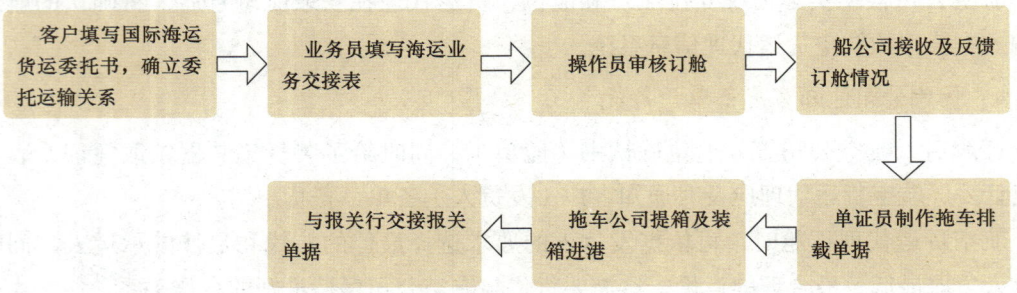

图 3-6 国际海运托运订舱及排载流程

四、国际空运托运订舱及排载流程

国际空运托运订舱及排载流程如图 3-7 所示。

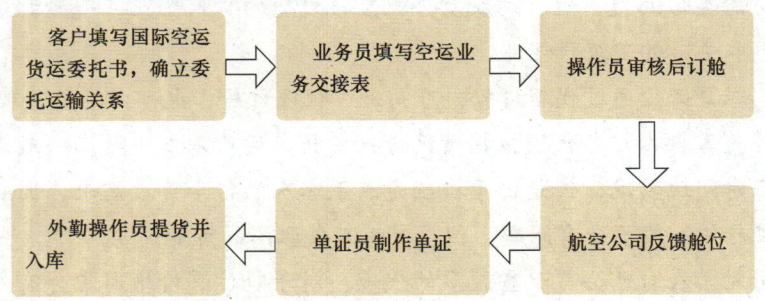

图 3-7 国际空运托运订舱及排载流程

五、选择承运人的考虑因素

1. 装运日期

货物买卖双方在签订贸易合同时，通常都会约定装运日期。选择承运人时，发货方应依照合同，根据各船公司或航空公司发布的船期表及航班时刻表，选择适宜的开航日期。

2. 运输速度

托运人为了满足货物在规定日期前运到的需求，还应考虑运输速度问题。例如，货物从中国出发，以全水运方式运抵美国东海岸需 35 天左右，若以陆桥方式运抵，则只需 22 天左右，若以空运方式运抵，则只需要 3～4 天。

3. 运输费用

运输费用的高低是托运人选择承运人时考虑的最重要的因素。

4. 服务质量

良好的服务可以减少运输事故的发生。在选择一家船公司或航空公司之前，考察一下它的服务质量是必要的做法，从班期的准时率到公司员工的服务态度、信息反馈速度等都需考虑周全。

5. 公司的信誉和实力

一个公司的信誉决定了它遇到意外情况时解决问题的速度和方法，公司的经营状况决定了它所能承担的责任。针对承运人的实力调查可以降低运输风险。

任务发布

2021 年 2 月 3 日，上海 A 贸易有限公司（以下简称"A 公司"）计划从上海出口一批耐火砖到纽约。A 公司委托上海 B 国际货运代理有限公司（以下简称"B 公司"）办理出口相关业务，并向其发送了本票业务的销售合同，合同签订日期为 2021 年 2 月 10 日。A 公司希望 B 公司能尽量安排于 2021 年 3 月 24 日 24 点前抵达纽约港的船期。

安某是 B 公司的新员工，销售部主管刘经理要求安某根据货物信息，按照客户要求筛选合适的船期，并选择最佳的船公司，简述选择原因。

任务操作

请根据客户要求筛选合适的船期，并选择最佳的船公司，简述选择原因。

船公司提供的时间表如图 3-8 所示，据此选择合适的船期并填在表 3-12 中。

CUT OFF DATE	DEPART DATE	ARRIVAL DATE	LOAD PORT	DISCHARGE POPT	LOAD SERV	LOAD VESSEL	DISCHARGE VESSEL	TRANSIT TIME(DAYS)	ACTION
截港日	开航日	到达日	装货港	卸货港	航线	装运船名航次	卸船船名航次	航程（天）	注意
2021/02/23	2021/02/25	2021/03/23	SHANGHAI	NEW YORK	CE2	CMA CGM MELISA 341	CMA CGM MELISA 341	26	DETAILS BOOK
2021/03/02	2021/03/04	2021/03/31	SHANGHAI	NEW YORK	CE2	COSCO PRINCE RU 329	COSCO PRINCE RU 329	27	DETAILS BOOK
2021/03/09	2021/03/11	2021/04/07	SHANGHAI	NEW YORK	CE2	CMA CGM BLANC 333	CMA CGM BLANC 333	27	DETAILS BOOK
2021/03/16	2021/03/18	2021/04/14	SHANGHAI	NEW YORK	CE2	CSCL ASLA 337	CSCL ASIA 337	27	DETAILS BOOK
2021/02/28	2021/03/02	2021/03/26	SHANGHAI	NEW YORK	NP2	HYUNDAI LOYALTY 043	HYUNDAI LOYALTY 043	24	DETAILS BOOK
2021/03/07	2021/03/09	2021/04/02	SHANGHAI	NEW YORK	NP2	APL ANTWERP 026	APL ANTWERP 026	24	DETAILS BOOK
2021/03/21	2021/03/23	2021/04/16	SHANGHAI	NEW YORK	NP2	BREMEN EXPRESS 054	BREMEN EXPRESS 054	24	DETAILS BOOK
2021/03/14	2021/03/16	2021/04/09	SHANGHAI	NEW YORK	NP2	OOCL CANADA 047	OOCL CANADA 047	24	DETAILS BOOK
2021/03/17	2021/03/19	2021/04/10	SHANGHAI	NEW YORK	YLX	COSCO OCEANIA 079	COSCO OCEANIA 079	22	DETAILS BOOK
2021/03/03	2021/03/05	2021/03/27	SHANGHAI	NEW YORK	YLX	COSCO TAICANG 075	COSCO TAICANG 075	22	DETAILS BOOK
2021/03/10	2021/03/12	2021/04/03	SHANGHAI	NEW YORK	YLX	COSCO EUROPE 077	COSCO EUROPE 077	22	DETAILS BOOK

图 3-8　船公司时间表

表 3-12　船公司信息表

船公司名称	
航　线	
船　名	
航　次	
航　程	
预计开船日期	
预计到港日期	
海运成本	
选择原因	

任务评价

项目三任务三评价考核表见表 3-13。

表 3-13　项目三任务三评价考核表

序号	考核内容	满分	得分
1	了解世界主要的船公司及航空公司	25	
2	能够熟知国际海运托运订舱及排载流程	20	
3	能够熟知国际航空托运订舱及排载流程	20	
4	根据实际情况选择合适的船公司、航空公司	25	
5	能够掌握选择承运人的考虑因素	10	
	合　计	100	

学习任务四　制作报价表

学习目标

知识目标
- 了解报价表包含的各种费用
- 初步学会货代公司对外报价运作机制
- 掌握国际海运、国际空运运价与运费方法

能力目标
- 能够掌握国际海运报价，学会基本运价的计算和制作
- 能够掌握国际空运报价，学会基本运价的计算和制作
- 能够掌握计算方法并且完成报价表的填报

项目三 合理报价

> **素养目标**
> - 在知识传授、能力培养中，弘扬社会主义核心价值观，传播爱党、爱国、积极向上的正能量，培养科学精神、工匠精神等
> - 培养学生热爱劳动、爱岗敬业、严谨细致、追求卓越的职业精神
> - 重视价值引导和优秀传统文化的传承，引导学生自觉弘扬和践行社会主义核心价值观，不断增强"四个自信"

知识储备

制作报价单

班轮运费的计算

一、报价表的概述

报价表是对产品价格进行汇总报价的一种表格，以表格的形式进行报价。国际货代的海运报价表范例见表 3-14。

表 3-14 国际货代的海运报价表范例

TO:						
启运港 Port of loading	天津			目的港 Port of Discharge		巴拿马
船公司 Shipping Schedule	海运费（美元）			船期 Shipping Schedule	中转港 Port of Discharge	预计航程（天） Estimated Voyage
	20GP	40GP	40HQ			
EMC			11 707	周日		34
海运费有效期到 8 月 1 日						
国内港口费用（元）						
项目	20GP	40GP	40HQ	备注		
港杂费 Port Surcharge			314	/柜		
集装箱码头装卸作业费 THC			1 180	/柜		
安保费 ISPS			30	/柜		
铅封费 Seal Fee			50	/柜		
集装箱操作费 CHC			25	/柜		
舱单传输 EDI			100	/票		
称重费 VGM			20	/柜		
文件费 Document Fee			450	/票		
报关费 Customs Clearance Fee			100	/票		
陆运费			3 000	/柜		
电放费			450	/票		
保险费 Insurance				投保金额×110%×0.1%		

二、海运整箱业务报价

国际货代的海运报价表范例（整箱报价）见表3-15。

表3-15　国际货代的海运报价表范例（整箱报价）

船东	启运港	目的港	运价（美元）			截关时间	开航时间	全程时间（天）	价格有效期
			20GP	40GP	40HQ				
WAN HAI	FOC	BANGKOK	350	760	700	周四/周六	周五/周日	7～12	2021年8月15日
		HOCHIMINH	380	730	750	周四/周六	周五/周日	9	2021年8月15日
OOCL	FOC	BANGKOK	370	750	730	周三/周五	周四/周日	11～13	2021年8月15日
		HOCHIMINH	390	700	760	周三/周五	周四/周日	8～10	2021年8月15日

以集装箱为运输单元业务，经常涉及集装箱运输的报价，按照集装箱的操作流程，可能涉及的费用包括海运费用（O/F）、订舱费、舱单费等。

1. 海运费用（O/F）

海运费用（O/F）即基本海运费（Ocean Freight）。海运费用是按照班轮运价表的规定计算的，为垄断性价格。不同的班轮公司或不同的轮船公司有不同的运价表，但它都是按照各种商品的不同性质、不同积载系数和不同的价值结合不同的航线加以确定的。

2. 订舱费

订舱所产生的费用就是订舱费。多数船公司会收订舱费，订舱费按照集装箱箱数收取，20GP和40GP收费标准一样。近几年，船公司陆续取消了订舱费这个费目，但是货运代理公司接受客户委托代为订舱，原则上货代公司也可收取订舱费作为其服务费。

3. 舱单费

舱单（Manifest）主要是船公司传输给始发地与目的地海关进行货物信息查证使用。舱单费通常有以下几种：

（1）设备交接单费。设备交接单（Equipment Interchange Receipt，EIR）即集装箱设备交接单，在出口集港和进口提箱时必备的单据，是对集装箱状态的真实记录，如集装箱所在船舶和集装箱有无破损等说明。集装箱设备交接单费俗称打单费。

（2）装箱费。集装箱在出口时，一般会在仓库或者货运站安排货物装箱，负责装箱单位会按照货物装箱要求以及技术要求对集装箱进行收费。

（3）封志费。集装箱在装箱完毕之后，不仅要关闭集装箱箱门，并且要对集装箱加封条，也叫封志。集装箱封条就是集装箱的一个锁，是一次性的。上面有独一无二的封号，如果客户拿到的集装箱封条上的号码与提单上一致，就代表集装箱没有打开过，货物完好无损。所以集装箱在运输过程中，每一个箱子都需要加封条，从而会产生封志费，按照集装箱箱数收取，20GP和40GP收费标准相同。

（4）VGM申报费。VGM是"Verified Gross Mass"的缩写，俗称集装箱称重，即货物总重以及集装箱皮重的总和，包括包装以及垫料。集装箱称重的目的是增加海上运输安全，提升海上安全运输的系数。减少因为不实的集装箱重量造成不合理配载，进而引起的岸上、海上人员伤亡和货物灭失的风险。

（5）码头操作费。码头操作费（Terminal Handling Charge，THC）是指把集装箱拉到码头后，在装船过程中产生的操作，例如需要船公司用吊车装船，中间产生的费用。

（6）文件费（DOC）。文件费是船东的行为，用以提高承运人与订舱者的效率，以及弥补单证中心的运营成本。按照业务收取，一个委托就会收一个文件费。

（7）保险费。一般投保海运一切险，投保金额通常为发票或合同金额加成10%，即110%。保单受益人一般为发货人或收货人。保险费率一般是0.1%，各保险公司最低收费标准有所不同，所以会有些差异。

4. 海运整箱费用计算

整箱货物海运费用的计算，首先要确认集装箱的数量，在客户明确集装箱数量的前提下，费用的计算较为简单。只要梳理清楚各项费用的收费标准，按照费目逐一进行计算。如果客户只给了货物的数量和尺寸，关键的是集装箱箱型和需求数量的计算，此时费用的计算较为复杂。

三、海运拼箱业务报价

海运拼箱报价见表3-16。

表3-16　海运拼箱报价

目的港	开航时间	截关时间	中转码头	全程时间（天）	海运费（RT）	价格有效期
BANGKOK	周日	周五	HONGKONG	13	15美元	2021年8月15日
PENANG	周日	周五	HONGKONG	15	20美元	2021年8月15日
HOCHIMINH	周日	周五	HONGKONG	19	23美元	2021年8月15日

（一）拼箱业务费用

不满一整箱的货物都是选用拼箱进行运输的，该方式通常是由承运人分别揽货并在集装箱货运站或内陆站集货，而后将货物根据货物性质和目的地进行分类整理，把去同一目的地的两票或两票以上的货物拼装在一个集装箱内，同样要在目的地的集装箱货运站或内陆拆箱分别交货。拼箱业务中可能涉及的费用包含进仓费、报关费、检验检疫费、海运拼箱亏舱费、卸货港拆箱费、分拨费等。

1. 进仓费

进仓费是指上船前，工厂把货送到货代指定的仓库，之后由货代负责装箱、进港、报关。货代收取进仓费。

2. 报关费

报关费是进出口报关时，报关行收取的代理报关服务费用。

3. 检验检疫费

检验检疫费是国检局按照法定检验检疫商品及包装实施检验检疫收取的法定费用。

4. 海运拼箱亏舱费

海运拼箱亏舱费是指在海运拼箱出口过程中，在截单、截货日前一个工作日的中午11:00以后，因订舱人原因造成货物无法及时出运，导致拼箱公司舱位空置，拼箱公司由此向订舱人收取的弥补该损失的费用，亏舱费计算以空置舱位的成本为标准。

5. 卸货港拆箱费

卸货港拆箱费到达目的港后，承运人需根据收货人将集装箱货物进行拆箱，产生的费用需收货人承担。

6. 分拨费

承运人拆箱并将货物分开在保税仓库，产生分拨费，通常按照计费吨（重量吨或者立方米）计算，有些还有最低计费标准。

（二）拼箱注意事项

各拼箱公司的附加费用差别很大，加上目的港还有一些费用是收货人支付的，因此在拼箱操作中，运费方面要注意的是：

（1）确认所有的收费项目，看报价是不是包干价，防止承运人事后乱加附加费用。常见费用有 CFS（仓库拼箱费）、卸车费、报关费、O/F、拆箱费、DOC 等。

（2）将货物的重量和尺码计算清楚，防止做手脚。在实际操作中，有的拼箱公司虽然报价较低，往往都以丈量货物尺码的手段来获取额外利润。有托盘的货物，托盘要与货物大小相当，因为仓库是以托盘的底面积乘以高度来计算体积的。

（3）找一家专业做拼箱的公司，这种公司直接拼装货柜，他们收取的运价和附加费都比中间公司低一些，船期也能保障。所以货主在选择货代公司时，除考虑价格因素外，更重要的是看其服务的可靠性。

（三）海运拼箱费用计算

海运拼箱按照货物的体积和重量两种方式计费。
（1）按体积计算，$F=$ 单位基本运费（MTQ）× 总体积。
（2）按重量计算，$F=$ 单位基本运费（TNE）× 总毛重。
两者比较，取其中较大者。

海运中的附加运费

（四）附加费用

根据船公司不同收取不同的附加费用，具体要看船公司报价。

四、空运业务报价

（一）航空运价与运费

1. 航空运价

航空运价又称费率，指承运人对所运输的每一重量单位（kg 或 lb）的货物所收取的自始发地机场至目的地机场的航空费用。航空运价一般采用始发地货币表示，如人民币 CNY。航空运价应为制单日的有效运价。

2. 航空运费

航空运费是指航空承运人将一票货物自始发地机场运至目的地机场所收取的航空运输费用。计算公式为

$$航空运费 = 航空运价 \times 计费重量$$

每票货物是指使用同一份航空货运单的货物，航空运费不包括其他费用。

3. 其他费用

其他费用是指除航空运费外，与航空货物运输有关的费用，包括地面运输、仓储、制单、清关等费用。

（二）航空运输计费重量与报价

1. 航空运输计费重量

计算空运货物运费时要考虑三个因素：计费重量、运价和货物的声明价值。

计费重量（Chargeable Weight）是指用以计算航空运费的重量。货物的计费重量可能是取货物的实际毛重，或者是货物的体积重量，也可能是取较高重量分界点的重量（见图 3-9）。

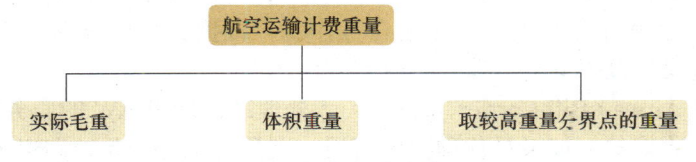

图 3-9　航空运输计费重量

（1）实际毛重。实际毛重指包括货物包装在内的货物重量。由于飞机最大起飞全重及货舱可用业载的限制，一般情况下，对于高密度货物，应考虑货物实际毛重可能会成为计费重量。

（2）体积重量。按照国际航协规则，将货物的体积按一定的比例折合成的重量，称为体积重量。由于货舱空间的限制，一般对于低密度的货物，即轻泡货物，考虑其体积重量可能成为计费重量。

（3）计算规则。不论货物的形状是否为规则长方体或正方体，计算货物体积时，均应以最长、最宽、最高的三边的厘米长度计算。长、宽、高的小数部分按四舍五入取整，体积重量的折算，换算标准为每 6 000cm³ 折合 1kg。

$$体积重量（kg）= \frac{货物体积（cm^3）}{6000cm^3/kg}$$

一般的，货物的实际毛重与货物的体积重量两者比较取高者；但当货物按较高重量分界点的较低运价计算的航空运费较低时，则此较高重量分界点的货物起始重量作为货物的计费重量。

国际航协规定，国际货物的计费重量以 0.5kg 为最小单位，重量尾数不足 0.5kg 的，按 0.5kg 计算；0.5kg 以上不足 1kg 的，按 1kg 计算。

当使用同一份运单，收运两件或两件以上可以采用同样种类运价计算运费的货物时，其计费重量规定为：计费重量为货物总的实际毛重与总的体积重量两者较高者。同上所述，较高重量分界点重量也可能成为货物的计费重量。

2. 航空运价报价

根据《2020 年国际贸易术语解释通则》，不同的成交方式划分了买方和卖方具体的权利和义务。不同的成交方式，导致不同的运杂费。所以，进出口货运代理人在报价之前，应首先明确成交方式，然后根据成交方式所确定的权利和义务进行报价。

下面以空运出口"门到门"报价（DDP）为例，介绍空运出口报价的常见费用项目。

（1）提货费（P/U Charge）也叫陆运费，根据具体的提货地点、送货地点和货物的件数/毛重/尺码报价。客户也可以自己送货，通常有最低收费标准。

（2）出口报关费（Export Customs Declaration）。根据海关总署2016年第20号公告，新版报关单每页项数从5项增加到8项，一票报关的商品项指标组上限由20项调整为50项。一页报关单只能报8个品名，一份报关单（即一票）最多可以报50项，超过50项，必须分票报关。

（3）包装费（Repacking Charge）（如有）。如果客户要求打托盘、套纸箱、缠膜、做木箱，以及包装破损要给客户重新打包装等，则产生此项费用。

（4）空运费（Air Freight）。如20元/kg All IN，All IN运价包含了燃油附加费（MYC）和安全附加费（SEC）；或者20元/kg++，++运价不包含燃油附加费和安全附加费。

空运费可以包含操作费，也可以不包含操作费，根据具体情况而定。操作费通常根据货物种类、包装种类以及不同的监管库，收费有所不同。

（5）制单费（Airway Bill Carrier，AWC）。处理制作运单AW的服务费用，AWC表明这个费用是承运人收取的。如果是代理收取费用，则是AWA（Airway Bill Agent）。

（6）操作费（Handling Charge，HC）。如所报空运费中不包含操作费，则要单独报操作费。

（7）保险费（Cargo Insurance）。一般投保空运一切险，投保金额一般为发票或合同金额加成10%，即110%。保单受益人一般为发货人或收货人。保险费率一般是0.1%，各保险公司最低收费标准有所不同。计算方法为

保险金额 =CIF 货值×（1+10%）

保险费 =CIF 货值×1.1×0.1%

（8）目的国清关费（Import Customs Clearance）是进口国目的港的清关费用。

（9）目的国机场操作费（Airport Handling Fee）是目的港机场的操作费用。

（10）目的国送货费（Delivery Charge）。根据具体的送货地点和货物的件重尺报价。收货人也可能自己提货。

（11）目的国仓储费（Warehousing Fee）是目的港逾期提货产生的仓储费。

（12）目的国其他费用（Other Charge）。根据货物、不同运输方式，可能有一些特殊费用。

（13）目的国关税增值税等（Customs Duties/VAT）。卖方承担目的港进口关税、增值税等费用。计算方法为

关税 =（货值 + 空运费 + 保险）× 目的国关税税率 =CIF 货值 × 目的国关税税率。

增值税 =（货值 + 空运费 + 保险 + 关税）× 目的国增值税税率

＝（关税 +CIF 货值）× 目的国增值税税率

小贴士

航空运费计算

（1）先计算出货物的体积，除以 6 000cm³ 折合成体积重量。

（2）体积重量与实际毛重比较，取较高者作为计费重量。

（3）如果第2步计算的较高重量临近运价等级重量分界点，则和分界点重量比较，遵守"从高原则"，取二者中较高者作为计费重量。

（4）计算：航空运费 = 计费重量 × 费率。

五、报价技巧

（1）速度快。短时间快速反应是制胜第一法宝。

（2）定位准。对市场的准确了解是争取报价主动权的重要前提。

（3）价位好。知己知彼，百战不殆！在对市场有充分了解的情况下为自己争取最大利润。

（4）规范报价格式，形成自己的一套格式，尤其是给国外代理的报价，尽量给人以专业、一目了然的感觉。

（5）报价时，客人非重点关心部分不必太过详细，例如船东信息等，以避免因为航次价格变动带来的被动局面。

（6）报价时应注明有效期，尽量掌握主动。如果对运价有效期无确切把握，可以 SUBJECT TO FINAL CONFIRM 来做出声明。

（7）在报错价格的情况下，如果差价较小，可先不做处理。如果客户进一步询价，可以有效期或者附加费变动为由做出调整；如果差价过大，则需立即以更正后的价格向客户再报一次价，并合理解释自己的失误。

任务发布

上海 A 国际货运代理有限公司是一家大型的国际物流企业，主营国际海运整箱、国际海运拼箱、国际空运、国际铁路、国际多式联运等进出口代理业务，提供仓储、陆运、订舱、代理报关报检、制单等多项服务。

安某是该公司销售岗的新员工，销售部主管刘经理将一票海运出口业务的相关信息通过邮件发出，要求安某根据货物信息选择合适的运输路线，计算海运运费并报价。

该票海运出口业务信息如下：

嘉兴 B 有限公司有一批货物需要从嘉兴出运到荷兰鹿特丹，品名是钢板，10 件货物（长宽刚好可以放入集装箱内），总毛重 24 000kg，总体积 38m^3，预计 8 月 5 日完成货物，需要在 8 月 31 日内交货，希望以最优成本和时效安排发货，海运成本想控制在 1 500 美元内，请安排合适的海运路线并进行运费计算完成报价。

进过查询获得以下信息，供选择方案使用：

（1）宁波到鹿特丹，航程 25 天，海运费：800 美元 /20GP、1 000 美元 /40GP、1 000 美元 /40HQ、1 200 美元 /45HQ。

（2）嘉兴乍浦港是内陆港，不具有装卸远洋货轮的能力，没有直达洛杉矶的船舶。

（3）乍浦港到宁波港，驳船航程：2～5 天，驳船费是：100 美元 /20GP、200 美元 /40GP、200 美元 /40HQ、250 美元 /45HQ。

（4）集装箱重量有要求，20GP 不能超过 16t，40GP 和 40HQ、45HQ 不能超过 20t，超出限额会有超重费 100 美元 / 柜。

（5）嘉兴工厂到宁波港区集装箱卡车拖车费用是：800 元 /20GP、1 600 元 /40GP、1 600 元 /40HQ、1 600 元 /45HQ，当天可以送达宁波港。

任务操作

在课堂上,货代(各小组业务员)向货主(任课教师)递交书面的报价方案,货主(任课教师)对报价方案提出意见和建议,货代公司业务员向船东(班长、学习委员)进行交涉,争取优惠的条件,之后再次向货主报价。综合评分表见表 3-17。

表 3-17 综合评分表

与客户沟通联系的能力与技巧(30分)	确定报价方案,基本运价的计算和制作的准确性(50分)	向客户报价的技巧(20分)

任务评价

项目三任务四评价考核表见表 3-18。

表 3-18 项目三任务四评价考核表

序号	考核内容	满分	得分
1	初步学会货代公司对外报价运作机制,掌握国际海运、国际空运运价与运费	25	
2	能够了解报价表包含的各种费用	20	
3	掌握国际海运报价,学会基本运价的计算和制作	20	
4	掌握国际空运报价,学会基本运价的计算和制作	25	
5	学会向客户报价的技巧	10	
	合计	100	

学习任务五 ▶ 签订货代协议、审核托单

学习目标

知识目标

- 了解协议包含的内容
- 正确理解货代双方签订协议的法律效力
- 理解订舱委托书中涉及的内容

项目三
合理报价

> **能力目标**
> - 能够阐述订舱委托书的概念
> - 能够填写订舱委托书
> - 能够熟练审核托单及掌握审核托单的注意事项
>
> **素养目标**
> - 培养学生热爱劳动、爱岗敬业、严谨细致、追求卓越的职业精神
> - 将价值导向与知识传授相融合,明确课程教学目标,在知识传授、能力培养中,弘扬社会主义核心价值观
> - 在专业课教学过程中,重点培育学生求真务实、实践创新、精益求精的精神,使学生成长为心系社会并有时代担当的技术型人才

知识储备

一、我国国际货代的法律地位

《中华人民共和国国际货物运输代理业管理规定实施细则》第2条规定,国际货运代理企业既可以作为进出口货物收货人、发货人的代理人,也可以作为独立经营人从事国际货运代理业务。

由此可见,我国法律规定的国际货代的法律地位可以分为两类:第一类是作为代理人的法律地位,第二类是作为当事人的法律地位。货代所处的法律地位不同,其所承担的法律责任也就有着巨大的差异。

在国际货代合同中,明确约定国际货代企业的代理事务内容或独立经营事务内容,同时分别对国际货代企业承担法律责任的范围进行明确的约定。如:

(1)揽货、订舱、托运、仓储、包装。
(2)货物的监装、监卸、集装箱装拆箱、分拨、中转及相关的短途运输服务。
(3)明确报关、报检、报验、保险。
(4)缮制签发有关单证、交付运费、结算及交付杂费。
(5)国际展品、私人物品及过境货物运输代理。
(6)国际多式联运、集运(含集装箱拼箱)。
(7)国际快递(不含私人信函)。
(8)咨询及其他国际货运代理业务。

二、货代协议的法律效力

货代协议就是有关货物运输、转运、仓储、装卸等事宜接受委托方的委托,为保障各自的合法权益,经双方共同协商达成一致后签订的书面材料。口头协议一律无效;书面协议有三种形式,即合同中的条款、独立的协议书和信函、电报、传真、电子邮件等其他书面形式。

货代与货物托运人订立运输合同,同时又与运输部门签订合同,对货物托运人来说,他又是货物的承运人。签订货代协议是为了更好地从制度上乃至法律上,把双方所承担的责

任固定下来。作为一种能够明确彼此权利与义务、具有约束力的凭证性文书，货代协议对当事人双方（或多方）都具有制约性，它能监督各方信守诺言、约束轻率反悔行为。签订货代协议后，完成订舱委托，开启后续的货代工作。

三、货代协议的内容

货代协议范例如图 3-10 所示。

合同
CONTRACT

合同号：
NO.

甲方：　　　贸易有限公司
乙方：　　　货运代理有限公司（税号：　　　）

甲乙双方经过友好协商就货物运输事宜达成如下协议：

一、服务内容 Service Content

甲方委托乙方为其提供国际货运代理服务，包括海运、陆运、报关报检、仓储等相关业务。

二、双方的责任和义务 Responsibilities and Obligations

1. 甲方将货物全部交至乙方指定地点，并保证其所发货物的合法性和真实性；甲方将出口货物的品名、件数、重量、尺寸、启运港、目的港、货源地等信息以委托书的形式，通过纸质、传真、邮件、其他网络方式交给乙方，并根据进出口货物通关的要求，按时提供所需的单据。

2. 乙方根据甲方委托，负责承办甲方交送货物的进出口业务，及时承办订舱、制单、报关、报验、装箱、陆运、仓储及其他相关业务，与甲方保持信息沟通，密切合作，使运输顺利完成。

3. 在办理国际货运业务中，双方必须遵守我国及过境国（地区）、到达国（地区）政府的法令和有关规定。

4. 甲方按照协议规定的时间，向乙方指定账号支付所有费用。

5. 货物启运后，乙方将正本提单邮寄给甲方，电放或者另有约定的除外。

三、结算方式 Settlement Method

1. 甲方应在货物启运后 30 日内将所有相关费用汇至乙方指定账户。

2. 费用结算以双方确认的费用确认单为准，如果甲方对费用有异议，应该在收到乙方费用确认单 2 个工作日内对乙方提出异议，否则视为认可费用。

3. 如所发生费用需要以其他币种支付时，折算汇率由乙方确定。

四、违约责任 Liabilities for Breach of Contract

1. 如因甲方提供托运人及货物信息不真实造成相关方损失的，由甲方承担损失和赔偿责任。

2. 如甲方未能按时付费，乙方有权扣留相关单据或者货物，由此产生的一切损失和责任，由甲方负责。

3. 任何一方违反本协议约定，造成对方未能履行本协议约定事项的，其后果和责任由违约方自行承担，由此给双方带来的损失，应承担赔偿责任。

4. 由于乙方原因造成货物损失的，由乙方赔偿，其他不可抗力造成的货物损失（包括但不限于地震、海潮、暴雨、洪水、飓风、政府行为、战争、疫情及其他不可抗力等），乙方无责。

五、管辖和争议的解决 Jurisdictions and Dispute Resolution

凡因履行本协议所发生的一切争议，双方友好协商，协商不成者，双方同意提交运输始发地有管辖权的人民法院起诉。

六、有效期限 Validity Period

本协议自双方签订之日起正式生效。此协议有效期为一年，双方如无异议可自动顺延。

甲方：　　　贸易有限公司
签字盖章：
日期：2022 年 10 月 9 日

乙方：　　　货运代理有限公司
签字盖章：
日期：2022 年 10 月 9 日

图 3-10　货代协议范例

（1）标题由双方单位名称、事由和协议书三部分组成。

（2）服务代理范围。乙方作为甲方的国际货物运输代理，接受甲方委托承办国际运输事宜，包括商品名称、品质、数量、包装、价格、始发地、目的地、运输方式、运期、其他服务（订舱、报关、报检、拖车、仓储）运杂费、付费方式、索赔、仲裁等。

（3）双方责任和义务。

（4）结算方式。

（5）违约责任。

（6）管辖和争议的解决。

（7）有效期限。

（8）落款（签署）。

（9）签署日期。

> **小贴士**
>
> 国际货代企业作为代理人接受委托办理相关业务,应当与进出口收货人、发货人签订书面委托协议。双方发生业务纠纷,以所签书面协议作为解决争议的依据。根据其经营范围,国际货代按运输方式分为海运代理、空运代理、汽运代理、铁路运输代理、联运代理、班轮货运代理、不定期船货运代理、液散货货运代理等;按委托项目和业务过程分为订舱揽货代理、货物报关代理、航线代理、货物进口代理、货物出口代理、集装箱货运代理、集装箱拆箱装箱代理、货物装卸代理、中转代理、理货代理、储运代理、报检代理和报验代理等。
>
> 货主订舱委托,即货主与货代的委托契约。货代审核委托单,为货主选择合适的船期航次;同时货代缮制订舱委托书,向船公司订舱;船公司给货代订舱确认书、配载回单,确认船名、航次、提单号等信息。

四、接受托运委托并审核托单

接受货主的委托,接到货主的托单后,仔细审核托单,主要检查信息是否齐全;确认取货时间和送货方式及保险金额。仔细审核托单信息,为后续订舱工作的顺利开展提供坚实基础。

如何审核托单

1. 订舱委托书的概念

订舱委托书(Booking Note,B/N),简称托书,是进/出口商(即货代企业客户)为了买卖商品,确认双方委托运输关系的单据,此单据是国际货代企业为客户安排订舱及出口排载的重要依据。订舱委托书是出口企业向外运公司提供出口货物的必要资料。

2. 订舱委托书包含的内容

订舱委托书没有固定格式,不同进出口公司缮制的委托书不尽相同,但主要内容都要包含在内。订舱委托书范例如图 3-11 所示。

_____(公司名称)
订舱委托书

公司编号:			日期:	
1)发货人	4)信用证号码			
	5)开证银行			
	6)合同号码		7)成交金额	
	8)装运口岸		9)目的港	
2)收货人	10)转船运输		11)分批装运	
	12)信用证有效期		13)装船期限	
	14)运费		15)成交条件	
	16)公司联系人		17)电话/传真	
3)通知人	18)公司开户行		19)银行账号	
	20)特别要求			
21)标记唛头	22)货号规格	23)包装件数	24)毛重	25)净重
26)数量	27)单价	28)总价	29)总件数	30)总毛重
31)总净重	32)总尺码	33)总金额		
34)备注				

图 3-11 订舱委托书范例

（1）托运人（Shipper，即发货人）的名称和营业场所。此栏填写出口企业，也就是信用证中的受益人。如果信用证要求以第三者为托运人，则必须按信用证的要求予以缮制。

（2）收货人或指示（Consignee or Order）的名称。收货人的指定关系到提单能否转让，以及货物的归属问题，收货人的名称必须按信用证的规定填写。

（3）被通知人（Notify Party）。按信用证规定，被通知人一般是货物的进口人或其代理。被通知人地址一定要详细。如果来证未说明哪一方为被通知人，那么将信用证中的申请人名称、地址填入副本海上运输提单中，正本先保持空白。

（4）收货地（Place of Receipt）。填船公司或承运人的收货地。本栏只有在运输时填写。

（5）海运船只（Ocean Vessel）。本栏按实际情况填写承担本次运输货物的船舶名称和航次。

（6）航次（VOYAGE NO.）：本栏填写承担本次运输任务的航次名称。

（7）装货港（Port of Lading）。本栏填写货物的启运港，实际装船的港口名称，要填具体的装货港口。

（8）卸货港（Port of Discharge）。本栏填写海运承运人终止承运责任的港口名称。

（9）交货地（Place of Delivery）。本栏只有在转船运输时填写，填船公司或承运人的交货地。

（10）托单号码（D/__）是承运人或其代理人按承运人接受托运货物的先后次序或按舱位入货的位置编排的号码。提单的名称（B/L NO.）一般在提单右上角，必须注明提单字样。

（11）标志和号码（Marks and Nos.）又称唛头，是提单与货物联系的主要纽带，是收货人提货的重要依据，必须按信用证或合同的规定填写。如无唛头，则注：NO MARKS（N/M）。

（12）货物包装及件数（Nos.&Kinds of Packages）。按货物装船实际情况填写包装情况及总外包装件数。用大写表示集装箱或其他形式最大外包装件数。

（13）货物描述（Description）。"UCP500"允许使用货物的统称，但要与信用证用字相符。

（14）货物毛重及尺码（Gross Weight/Measurement）。订舱委托书上的货物毛重及尺码要与装箱单上货物的总毛重和总尺码一致。

（15）提单签发的时间与地点。时间指货物实际装运的时间或已接受船方监管的时间；地点指的是货物实际装运的港口或接受监管的地点。

（16）NO.of ORIGINAL B/L 正本提单签发的份数必须符合信用证规定的份数。

（17）装船批注的日期和签署（Date, By）。

其中，托运人、收货人、装货港、卸货港、唛头、货物描述、货物毛重、货物体积、运费的支付方式、所订船期、运输条款、运输装箱方式、乙方公司联系方式及其他需求要在订舱委托书中体现。

五、审核托单注意事项

在国际海运货物出口业务中，货代收到委托书后，首先要对客户委托书上所有与出货有关的信息进行审核，即"审单"。需要审核的要点主要有：

（1）托运信息，包括托运人、收货人、通知人等是否正确。

（2）订舱要求，包括船名航次、启运港、卸货港、委托日期、运输方式、订舱要求以及提单份数等是否正确。

（3）确认委托书所载品名是否是危险品、是否是液体，查明货物是否对该产品存在海关监管条件。

（4）货物信息，包括标记与号码、件重尺、品名等是否正确。

（5）确认件数，集装箱数量与件数合计是否正确。确认货物尺寸、体积是否超过装载装箱能力，确认重量是否有单件货物超过3t。如果超过3t，则需要和仓库确认是否有装箱能力。

另外，每份托运委托书须加盖客户单位的业务章。如遇到客户对装箱时有特殊要求（如熏蒸、打托缠膜、换单、监装等），需要建议客户在托运单上注明或书面通知。

委托书是预配舱单以及提单确认的初步依据，如果一次性正确，则可为提单确认省去许多麻烦。

任务发布

根据情境导入填写订舱委托书，完成制作后，按照审核托单注意事项审单。

任务操作

1. 根据资料查询订单委托书信息。
2. 缮制订舱委托书。
3. 复核订舱委托书，确保无差错。

任务评价

项目三任务五评价考核表见表3-19。

表3-19　项目三任务五评价考核表

序号	考核内容	满分	得分
1	能够正确理解货代双方签订协议的法律效力	15	
2	能够了解协议包含的内容	20	
3	能够准确阐述订舱委托书的概念	15	
4	能够正确理解订舱委托书中涉及内容	30	
5	能够熟练审核托单及掌握审核托单的注意事项	20	
合计		100	

项目四

订舱、拖车

学习任务一 了解海陆空运输公约及法规

学习目标

知识目标
- 了解国际海陆空运输公约及相关法律
- 认识海商法地位并深入学习海商法及相关理论

技能目标
- 能够熟知国际海陆空运输公约及相关法律
- 能够对货代实际案例根据相关公约及法律知识进行责任划分
- 能够使用思维导图梳理和总结海陆空运输公约及法规

素养目标
- 培养学生爱岗敬业、严谨细致、追求卓越的职业精神
- 在货代课程中渗透法治教育,增强学生的法治意识、规则意识、程序意识、平等意识、权利意识、法治思维,坚定学生的法治信念
- 提高学生"双商",使之形成为他人着想、为客户着想的服务意识

知识储备

学习海陆空运输公约与法规,知晓法律,才可以更好地完成国际交易往来。了解海上运输关系、船舶关系,维护当事人各方的合法权益,促进海上运输和经济贸易的发展,海陆空运输公约和海商法都是伴随国际贸易的兴起而产生和发展起来的。我们要在学习法律的基础上加深对国际货代法律的理论认知。

海陆空运输公约与法规

一、国际海上运输公约

目前涉及班轮运输的国际公约主要有三个，即《海牙规则》《维斯比规则》和《汉堡规则》（见图4-1）。

《海牙规则》全称为《统一提单的若干法律规则的国际公约》。由于该公约第一次是1924年在海牙起草的，因此又被称为《海牙规则》。

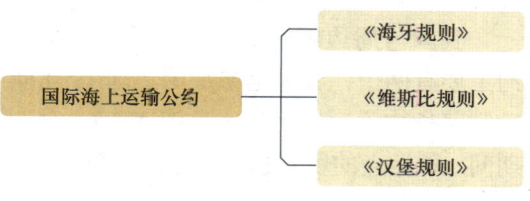

图4-1　国际海上运输公约

《海牙规则》于1931年6月2日生效。该公约共有16条规定，其主要内容有适航义务、管货、承运人的责任期间、承运人的免责、赔偿责任限额、托运人的义务和责任、索赔通知与诉讼时效、公约的适用范围等。

《维斯比规则》全称为《修改统一提单的若干法律规则的国际公约的议定书》。《海牙规则》签订时承运人势力强大，使它带有偏袒承运人利益的倾向。因此，海运发达国家也认为应对《海牙规则》进行修改。1968年产生了《维斯比规则》，该规则于1977年生效。《维斯比规则》的内容主要是对《海牙规则》的补充和修改。该规则的主要内容有明确规定提单对于善意受让人是最终证据、承运人的责任限制、承运人的雇用人或代理人的责任限制、诉讼时效、公约的适用范围等。

《汉堡规则》的全称为《联合国海上货物运输公约》。《汉堡规则》于1978年签订，已于1992年11月生效。《汉堡规则》第一次在一定范围内承认了保函的效力。公约的主要内容有承运人的责任基础、承运人的免责、承运人延迟交货的责任、承运人的责任期间、承运人的责任限额、关于承运人与实际承运人的关系、货物的适用范围、索赔通知和诉讼时效、公约的适用范围。

二、国际航空运输公约

目前有关国际航空货物运输的国际公约主要有《华沙公约》《瓜达拉哈拉公约》和《海牙议定书》（见图4-2）。《华沙公约》的全称为《统一国际航空运输某些规则的公约》，于1929年签订，1933年12月生效。我国在1958年加入了该公约，它是目前国际上有关航空运输最主要的也是最基本的公约，已有100多个国家和地区加入了该公约。

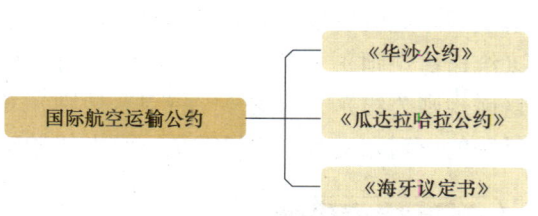

图4-2　国际航空运输公约

随着国际航空运输的不断发展，《华沙公约》的部分内容已不适应时代货运需求，于是各国代表对其进行了修改，产生了《瓜达拉哈拉公约》，其全称为1961年《统一非缔约承运人所办国际航空运输某些规则以补充华沙公约的公约》。它规定了"缔约承运人"和"实际承运人"的概念和责任，是对《华沙公约》的补充。

我国于1975年加入了修改《华沙公约》的《海牙议定书》。《华沙公约》是基础，《海牙议定书》和《瓜达拉哈拉公约》是对《华沙公约》的修改和补充，但均未改变《华沙公约》的基本原则。

三、国际陆路运输公约

我国与周边国家的贸易货品多数采用铁路货物运输方式。关于国际铁路货物运输的公约主要有两个，我国是参加国，即1961年《关于铁路货物运输的国际公约》和1951年《国际铁路货物联运协定》（见图4-3），其主要内容有运输合同的订立、承运人的责任及责任期间、承运人的留置权、承运人的免责、承运人的赔偿责任、发货人和收货人的权利和义务、诉讼时效等。

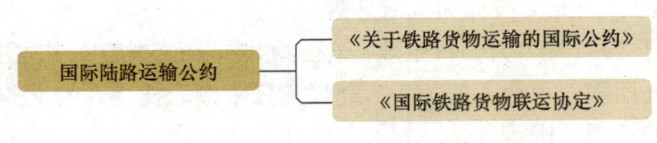

图4-3　国际陆路运输公约

四、国际货物多式联运公约

1980年5月24日，在日内瓦举行的联合国国际联运会议第二次会议上，84个参会成员国一致通过《联合国国际货物多式联运公约》。该公约在结构上分为总则、单据、联运人的赔偿责任、发货人的赔偿责任、索赔和诉讼、补充规定、海关事项和最后条款等8个部分。

五、海商法

1. 海商法概述

海商法是伴随航海贸易的兴起而产生和发展起来的。在我国，狭义的海商法一般特指1993年7月1日起施行的《中华人民共和国海商法》（以下简称《海商法》），在性质上属于民商法的特别法；海商法属于国内民事法律，在民商法分立的国家属于商法范畴；但为解决国际通航贸易中的船货纠纷，多年来已签订了许多国际公约和规则，主要有《海牙规则》《维斯比规则》《汉堡规则》《统一有关海上救助的若干法律规则的国际公约》《国际海上避碰规则公约》《约克—安特卫普规则》《国际防止海上油污国际公约》。它们分别对承运货物的权利和义务、责任豁免、海上船舶碰撞、海上救助、共同海损等做了详细规定。

> **小贴士**
>
> 　　海商法（Maritime Law，Law of Admiralty）的概述，可根据不同的语境灵活使用。狭义海商法的调整对象应定义为"海上运输中发生的特定社会关系"和"与船舶有关的其他特定社会关系"，广义海商法的调整对象既包括平等主体之间的海商法律关系、海运服务贸易法律关系，又包括非平等主体之间的纵向海事行政关系、海上刑事法律关系。广义海商法含有多个部门法属性，可以作为独立的法律部门。

2. 海商法的主要内容

（1）海商法的适用范围是调整海上运输关系和船舶关系。海上运输是指海上货物运输和海上旅客运输，包括海江之间、江海之间的直达运输。

（2）海商法全面详细规定海上货物运输合同、海上旅客运输合同、船舶租用合同、海上拖航合同、海上保险合同的成立条件，以及双方当事人的权利和义务、违约责任等。

（3）海商法实行海事赔偿责任限制原则，即船舶所有人、救助人，可依法规定限制赔偿责任。

3. 海商法的性质

我国没有单独的商法典，所以《海商法》可以认为是民法的特别法。两者的规定相冲突时，《海商法》优于民法而适用；《海商法》没有规定，而民法有规定的，以民法为主。

4. 海商法的特点

（1）涉外性强。
（2）技术性强。
（3）风险特殊、法律制度特殊。

任务发布

案例1：中国甲公司与德国乙公司于2019年10月签订了购买300t化肥的合同，由德国某航运公司"NEW FUTURE"号将该批货物从法国马赛港运至中国青岛。"NEW FUTURE"号在航行途中遇小雨，因货舱舱盖不严使部分货物遭受雨淋，受到损失。

根据《海牙规则》的规定，承运人应否赔偿货物因遭受雨淋的损失？为什么？

案例2：托运人泰国某粮食公司出口一批大米，由承运人墨西哥某海运公司班轮运输。货物装船后，承运人向托运人签发了海运提单，提单背面订有适用《海牙规则》的条款。但船开航前发生火灾，致使货物受到损害。经调查，火灾是船长授权的雇佣人员在对排水管道加温时疏忽所致。托运人对未能交货造成的损失要求承运人赔偿。

根据《海牙规则》的规定，承运人是否承担赔偿责任？为什么？

任务操作

学生上网查找《海牙规则》中案例有关内容，本案涉及承运人对承运货物的责任范围问题。

学生梳理案例情况，根据《海牙规则》对案例进行责任划分，基于自己的理解用自己的话进行解释，做到有理有据。

任务评价

学生在实训过程中注意了解运输公约和法规，对于海运及相关运输中出现的海事损失进行责任的划分，讨论与案例分析内容可以分组进行，每组派代表进行阐述，老师予以点评。

项目四任务一评价考核表见表 4-1。

表 4-1 项目四任务一评价考核表

序 号	考 核 内 容	满 分	得 分
1	能够了解国际海陆空运输公约及相关法律	35	
2	能够深入学习海商法及相关理论	35	
3	能够根据实际案例进行责任划分	30	
	合　　计	100	

学习任务二 租船订舱

学习目标

知识目标
- 准确阐述租船订舱的概念
- 了解租船订舱和拼箱业务订舱的流程

技能目标
- 能够掌握租船订舱所需单据——出口十联单
- 能够阐述租船订舱和拼箱业务订舱的流程

素养目标
- 加强实践教学资源建设,使之与理论教学互补共振
- 提高学生"双商",使之形成为他人着想、为客户着想的服务意识
- 将价值导向与知识传授相融合,明确课程教学目标,在知识传授、能力培养中,弘扬社会主义核心价值观,传播爱党、爱国、积极向上的正能量,培养科学精神、工匠精神等

知识储备

货代在出口合同履行过程中,以口头或订舱函电进行预约,洽订舱位装货、申请运输。承运人对这种申请给予承诺的行为称为订舱。货、证、船的衔接是一项极其细致而复杂的工作。结合运输能力和货源的具体情况准备,货代需要分清轻重缓急,力求做到证、货、船三方面的衔接和平衡。

订舱

一、租船订舱的概念

租船订舱指的是租船和订舱。在货物交付和运输过程中，如货物的数量较大，可以租下整船甚至多船来装运，这就是"租船"；如果货物量不大，就需要租赁部分舱位来装运，这就是"订舱"。

租船运输又称不定期船（Tramping Ship）运输。船舶没有预定的船期表、航线和港口。船期、航线及港口均按租船人和船东双方签订的租船合同规定的条款行事。租船运输没有固定的航线、固定的装卸港口和固定的船期，没有固定的运价。租船运输一般是整船租赁并以装运货值较低、成交数量较多的大宗货物为主。

> 📁 **小贴士**
>
> 租船订舱决定了按合同及信用证规定的时间能否及时将货物出运的关键，那么租船订舱秉承的原则就显得尤为重要。
>
> （1）出口方根据船公司提供的船期表掌握船和货的情况，在船舶抵达港口或截止签单前，及时办理托运手续。
>
> （2）出口公司办理订舱手续时，力求准确无误，尽量避免加载（增加订舱数量）、退载和变载的突发情况，以免影响承运人和船、货代理人以及港务部门的工作。
>
> （3）对于特殊货物，如散装油类、冷藏货和鲜活货物的订舱，出口公司应事先通知承运人或船、货代理人，并列明要求。

二、租船订舱流程

租船订舱流程如图4-4所示。

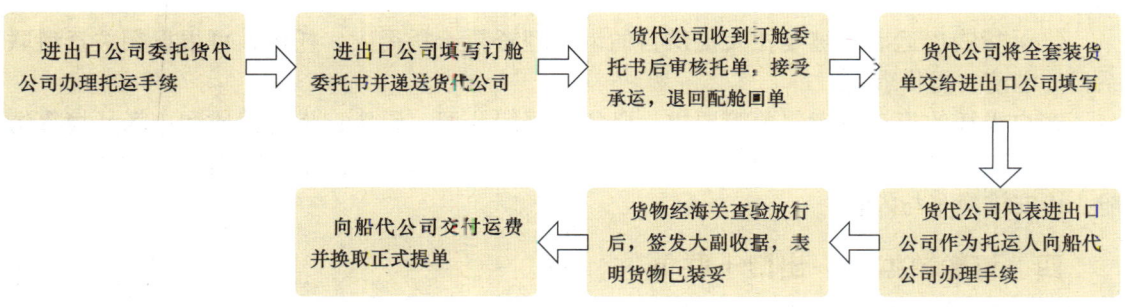

图4-4　租船订舱流程

（1）进出口公司委托货代公司办理托运手续，填写托运单（Shipping Note），亦称"订舱委托书"，递送货代公司作为订舱依据。订舱委托书是指托运人（发货人）根据买卖合同和信用证内容填写的向承运人或其代理人办理货物托运的单证。

（2）货代公司收到订舱委托书后，经审核确定接受承运，即将托运单的配舱回单退回，并将全套装货单（Shipping Order）交给进出口公司填写，然后由货代公司代表进出口公司作为托运人向船代公司办理货物托运手续。

（3）货物经海关查验放行后，即由船长或大副签收"收货单"（又称大副收据，Mate's

Receipt）。收货单是船公司签发给托运人的表明货物已装妥的临时收据。托运人凭收货单向船代公司交付运费并换取正式提单。

三、拼箱业务订舱流程

拼箱业务订舱流程如图 4-5 所示。

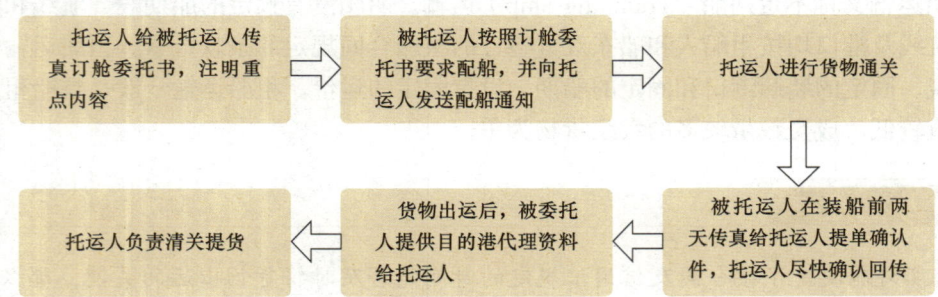

图 4-5　拼箱业务订舱流程

（1）托运人给被托运人传真订舱委托书，内容上必须注明发货人、提单收货人、通知人、具体目的港、件数、毛重、尺码、运费条款（预付、到付、第三地付款）、货物品名、出货日期，以及其他要求如熏蒸、报关、报验等。

（2）被托运人按照托运人订舱委托书上的要求配船，并发送配船通知给托运人。配船通知上会注明船名、提单号、送货地址、联系电话、联系人、最迟送货时间、入港时间，并要求托运人必须按所提供信息送货，在最迟送货时间以前入货。

（3）托运人进行货物通关，确保货物能够顺利出运。

（4）被托运人在装船前两天传真提单确认件给托运人，托运人尽量在装船以前确认回传，否则可能影响正常签发提单。开船以后，被托运人在收到托运人提单确认件一个工作日内签发提单，并结清相关费用。

（5）货物出运后，被委托人提供目的港代理资料给托运人，托运人可根据相关资料联系目的港清关提货事宜。

客户委托的拖车或者报关等要求，必须根据船公司、码头、货物性质和市场环境等情况予以预先审核，对于存在隐患的不合理安排尽量与客户协商调整并告知理由和风险。先订舱，再安排拖车与内装。

四、订舱单据——出口十联单

第一联：集装箱货物托运单（货主留底）（B/N）。

第二联：集装箱货物托运单（船代留底）。

第三联：运费通知（1）。

第四联：运费通知（2）。

第五联：场站收据（装货单）（S/O）。

第五联副本：缴纳出口货物港务费申请书。

第六联：大副联（场站收据副本）。

第七联：场站收据（D/R）。

第八联：货代留底。

第九联：配舱回单（1）。
第十联：配舱回单（2）。

任务发布

2021年3月20日，杭州A公司收到德国公司传真，告知货物将于4月15日前备妥。A公司随即与中外运汉堡公司进行接洽，于4月10日传真进口租船订舱联系单，预订舱位。作为上海B货代公司的业务人员，请根据相关单据进行租船订舱。

任务操作

请根据订舱委托书相关内容进行租船订舱流程，进行小组角色模拟，小组互评，教师点评。

任务评价

项目四任务二评价考核表见表4-2。

表4-2 项目四任务二评价考核表

序号	考核内容	满分	得分
1	能够准确阐述租船订舱的概念	35	
2	学会租船订舱和拼箱业务订舱的流程	35	
3	能够了解租船订舱所需单据——出口十联单	30	
	合计	100	

学习任务三　安排拖车、内装

学习目标

知识目标
- 了解拖车与内装的含义
- 区分拖车与内装的区别
- 区分整箱货与拼箱货的不同

技能目标
- 能够阐述集装箱内装的步骤及相关操作流程
- 能够阐述拖车安排的操作步骤
- 能够阐述提取集装箱空箱步骤

> **素养目标**
> → 培养学生踏实严谨、耐心专注、吃苦耐劳、追求卓越等优秀品质
> → 培育学生求真务实、实践创新、精益求精的工匠精神
> → 宣传我国国际贸易货代产业的建设、技术发展等方面的成就,激发学生爱国主义情怀和民族自豪感

知识储备

一、什么情况下安排拖车?

当货主提出货物交接地点为"门(Door)"时,(门到门或门到港)即需要货代来安排货物运输。一般来说,集装箱需要通过拖车行(又称拖车公司)的集卡车队来完成运输,因此,这种情况下,货代就必须要寻找一家合适的拖车行来安排拖车,委托其进行集装箱运输。

拖车作业流程

拖车安排操作步骤如图 4-6 所示。

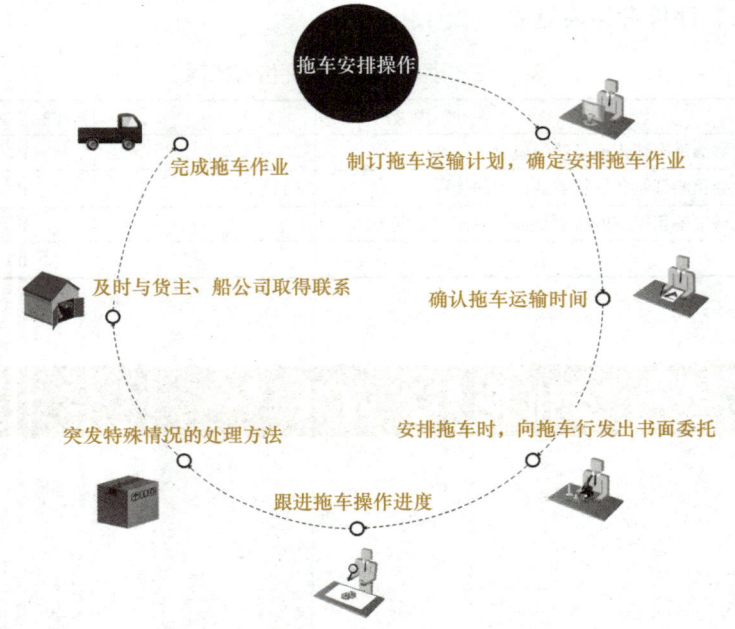

图 4-6 拖车安排操作步骤

出口和进口时都可能需要安排拖车,出口安排拖车前应先完成申请用箱,进口安排拖车前则需要先完成申请提货。

1. 制订拖车运输计划,确定安排拖车作业

(1)严格按照客户委托书上要求的装柜时间安排装箱时间。
(2)结合订舱单上开舱与交货时间留出时间余量。
(3)考虑拖车运输公司下单时间差。

（4）考虑季节因素。

（5）考虑运输距离长短。

（6）如遇突发情况，要留出紧急处理特殊情况的时间。

2. 确认拖车运输时间

（1）依据船公司、航线和码头等情况，选择合适的拖车时间；若与客户具体情况发生冲突，必须与客户友好协商并告知可能存在的风险。

（2）根据前期约定的拖车服务时间，提前2个工作日再次联系客户确认装柜时间及地点。

（3）同客户确认时间要求后，在当天及时把信息告知拖车行，落实服务要求。

3. 安排拖车时，向拖车行发出书面委托

拖车排载单（见图4-7）是国际货代企业操作员依据客户托运委托书的数据及船公司放箱单数据制定的，用于拖车公司向集装箱码头提取空箱及安排装箱的单据。

×× 国际货运代理有限公司
TEL:　　　　　　FAX:

派车通知单

TO:　　　×× 国际货运代理有限公司　　　编　号：T2210２700070
ATTN:　　　　　　　　　　　　　　　　　日　期：2022-10-27
订舱号：　　　　　　　　　　　　　　　　柜　量：20GP=1
船名／航次：CMA CGM SORBONNE/OFLDHW1MA　　启运港：XINGANG PORT IN CHINA
提单号：SJZS202826　　　　　　　　　　　卸货港：MRNKC
船公司：CMA　　　　　　　　　　　　　　目的地：NOUAKCHOTT PORT, MAURITANIA
预计离港：2022-11-04
提柜地点：　　　　　　　　　　　　　　　报关资料转交：
还柜地点：　　　　　　　　　　　　　　　拖车费：2700.000
开港时间：

1	装卸单位	××××						
	装卸地址	×××××××						
	装卸时间	2022-10-30 07:00	联系人	××	电话	×××××××	手机	

注意事项

请提干净无损无异味箱子，1*20GP，无85章货物，货重21t
10月30号中午到厂装箱

我司工作单号：SH××××　　我司联系人：××　　电话：×××××××

提示：司机提柜时，请自带船公司封条，并请务必验柜，若有破（污）损，工厂会拒绝装柜。如有特殊情况，请立即告知我司。请务必准时到工厂装货，到工厂前须和工厂联系人联系，谢谢！封关后，请司机务必检查司机本、司机纸中是否盖章齐全，否则如发生额外费用将由贵公司负责。谢谢合作！

请务必准时到工厂装货！

图4-7 拖车排载单

拖车运输委托书应包括以下内容：
（1）订舱单号、柜型、柜量、提柜要求。
（2）提柜时间、装柜时间、还柜时间。
（3）装柜的工厂地点。
（4）还柜的地点。
（5）特殊要求及注意事项。
（6）工厂联系人及联系电话、协议费用。

4. 跟进拖车操作进度

（1）向拖车公司调度索取柜号和船封，做好补料准备工作。
（2）确认拖车是否已到工厂。
（3）与工厂确认装货开始时间及结束时间。
（4）跟进并提醒司机交货时间和交货地点。
（5）与工厂确认装柜清单。

5. 突发特殊情况的处理方法

（1）排载后货主更改柜型柜量。更改船名、航次、提单号、箱主、箱型、尺寸、用箱数量等，先到出口排载部门更改确认后到箱管部办理相应更改手续。更改提箱和回箱地点，到箱管部办理。

（2）退载。需要支付排载后的货物产生的订舱费。领取设备交接单后未到堆场提箱，因故退载，需持全套设备交接单到船代办理退载。

（3）在提柜时，没有拖车拖柜。先与货主取得联系，是否可以将拖装时间稍做推迟，若时间急迫，则临时安排另一家拖车公司前去拖柜延迟进场。

（4）因货主原因来不及按时进场，申请延迟进场。及时与船东联系，并告知预计进场时间，船东向海关监管的码头申请，并附上延迟进场申请，注明船名、航次、提单号、箱号、卸货港、交货地点等。

二、提取空箱

提取空箱是指在整箱货的情况下货运代理代表托运人持承运人或其代理人签发的有关提箱凭证（提箱联系单）向堆场提取空箱的过程。

提取空箱中，空箱的来源有三个：一是码头提取；二是从船公司的仓库提取；三是货主自己拥有。

1. 提取空箱的主要流程

（1）货代将提箱联系单交给提货人（货主/拖车公司）。
（2）缴纳押箱费，凭提箱联系单换取设备交接单和正式提箱单。
（3）持正式提箱单和设备交接单到堆场提箱。
（4）仔细检查空箱情况，提箱出场。

> **小贴士**
>
> 在集装箱运输业务中，集装箱一般掌握在船公司手中，并存放于各集装箱码头。在整箱货运输下，由发货人到集装箱码头堆场提取空箱。与整箱货不同的是，拼箱货运输是由集装箱货运站负责提取并在指定的仓库装柜。

2. 集装箱设备交接单

在由发货人到集装箱码头堆场提取空箱时，发货人与集装箱码头对应空箱办理交接，并填制集装箱设备交接单。

（1）集装箱设备交接单的含义。集装箱设备交接单（Equipment Interchange Receipt，EIR）简称设备交接单（Equipment Receipt，E/R）是集装箱进出港区、场站时，用箱人或运箱人与管箱人或其代理在集装箱装卸区、中转站或内陆站交接集装箱及承运设备的凭证。

（2）集装箱设备交接单的作用如图 4-8 所示。

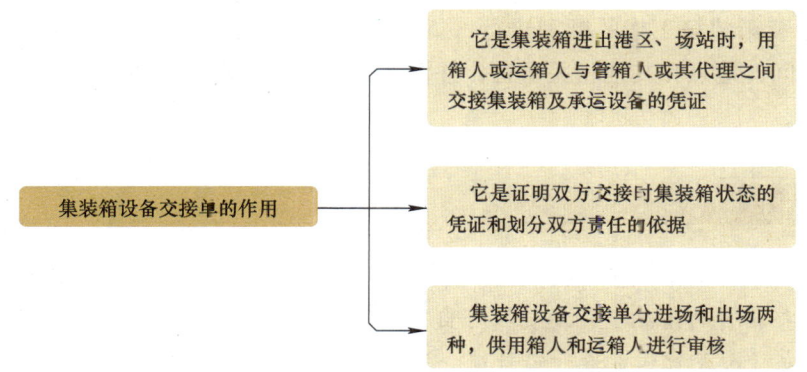

图 4-8　集装箱设备交接单的作用

3. 集装箱设备交接单的具体使用

集装箱设备交接单一式六联，前三联是设备出场交接单，印有 OUT 字样，后三联是进场交接单。进出场交接单各联分别为：第 1 联箱管留底联，第 2 联码头、堆场联，第 3 联用箱人、运箱人联。各联采用不同颜色以示区别。

4. 提取空箱时应注意事项

（1）客户需更改船名、航次、提单号、箱主、箱型、尺寸、用箱数量等信息时，货代应及时向船公司重新订舱或做订舱信息变更，以便船公司及时更改放箱信息并通知堆场。

（2）托运人或货代在拿到船公司签发的集装箱放箱通知书（或订舱确认通知书）和集装箱设备交接单后，认真核对单据信息是否与原订舱内容、数据等相一致，以防出现放箱信息不准确，提不了箱或提错箱型的情况。

（3）设备交接单使用时，应按照有关制度规定进行，要求做到"一箱一单、箱单相符、箱单同行"。

（4）发货人或拖车公司在堆场提取空箱出码头时，必须与堆场就集装箱的外表状况进行交接，确保提取的空箱符合装货和运输要求，保证集装箱的载货安全和质量，并需在设备交接单上注明交接状况，以划分相应的责任。

三、集装箱内装的步骤

集装箱内装的步骤（整箱货）如图4-9所示。

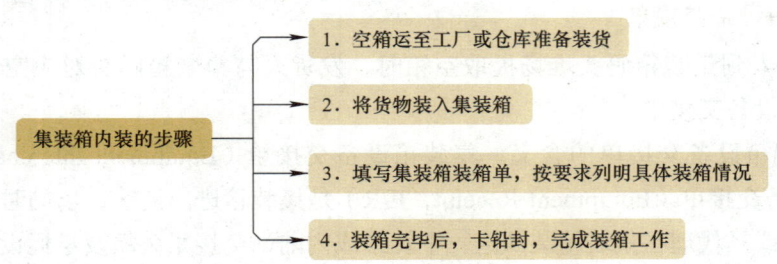

图4-9　集装箱内装的步骤（整箱货）

为确保集装箱装箱工作的顺利进行，货代应做好装箱前的联络工作，及时与客户沟通具体的装箱时间、地点和其他相关事宜，并根据整箱货与拼箱货的不同装箱方式，及时缮制集装箱装箱单。

> **小贴士**
>
> 整箱货与拼箱货装箱方式的不同之处：
> （1）在整箱货的情况下，发货人可自行装箱或由货代委托理货人员现场监装。装箱完毕后，由发货人或货代负责卡铅封锁，并缮制集装箱装箱单。
> （2）在拼箱货的情况下，由货代事先将未缮制好的装箱单带到集装箱货运站，各个发货人分别将货物送至货运站，由货运站的装箱人员进行装箱，发货人或货代可派人监装。装箱完毕后，由货运站操作人员卡铅封锁并缮制集装箱装箱单。

四、集装箱内装的操作流程

（1）依据船公司、码头和航线等情况，前瞻选择合适的装箱时间，如与客户具体情况有冲突，必须与客户友好协商并告知可能存在的风险。

（2）根据前期约定的到货时间，提前1～2个工作日与客户再次核实送货时间和预计到达时间。

（3）向仓库做内装委托，需向仓库发出书面委托。清晰显示配船信息（包括船公司、船名航次、订舱号/提单号、箱型箱量、启运港、中转港代码、目的地等）、装柜时间、货物数据（包括件数、毛重、体积）、协议费用等。

（4）向仓库告知委托时间，一般最迟必须在预约货物装箱时间的前一工作日的中午之前，并在当日下午4点前确认安排（包括仓库是否已经领取设备交接单、提箱点的确认、空箱状况确认）。

（5）向仓库委托时，应注明提空柜的时间要求。

（6）跟踪货物实时情况。

（7）跟踪装箱、装箱单、进港。

集装箱内装的操作流程（整箱货）如图 4-10 所示。

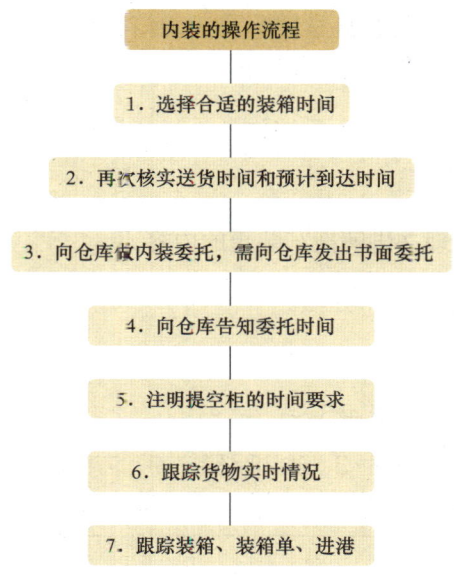

图 4-10　集装箱内装的操作流程（整箱货）

五、内装和拖车的区别

海运中，内装和拖车的区别，也就是内装和产装的区别。

（1）内装是指由发货人（Shipper）把货物送到订舱货代指定的场站或仓库，由场站或仓库装箱，并集港的操作方式。一开始，内装仅限于海运拼箱（LCL），后来内装的含义扩展到了整箱（FCL），即发货人把货送到指定场站，由场站安排订单、提箱、装箱、集港等。

（2）与"内装"对应的一个概念是"产装"，即直接把空集装箱拉到产地（工厂）进行装箱的操作方式。这种方式不需要发货人先把货送到场站，而是直接把货柜拉到工厂进行装箱。发货人可以自己找车队拖柜到工厂装货（"三自"就是这种方式），也可以委托订舱货代安排拖车去工厂装货。

（3）产装，就是我们平常所说的"拖车"。因为产装都是用拖车先去港口堆场提取船公司的空箱，然后把空箱直接拖到货物的产地（工厂）装货，装完货后，再拖回港口堆场，等待报关、装船、出运。

所以，内装和拖车的区别，也就是内装和产装的区别。另外，海运整箱基本是拖车（产装）为主，内装为辅。因为拖车（产装）是直接把空箱拉到工厂，一次性装箱。内装则要进行两次装箱和一次卸货——先在工厂装车，到了内装地点卸车，然后再装到集装箱里——多了一次装车和卸车，增加了成本，多次装卸也更容易导致货损。

任务发布

上海 A 国际货运代理有限公司是一家大型的国际物流企业，主营国际海运整箱、国际海运拼箱、国际空运、国际铁路、国际多式联运等进出口代理业务，提供仓储、陆运、订舱、代理报关报检、制单等多项服务。

安某是该公司操作部的员工，自学国际海运装箱与集港的相关知识，为缮制订舱单的工作做好准备：如何安排拖车提取空箱并装箱？

任务操作

学生根据所学内容，梳理并讲解拖车装箱的内容。

任务评价

项目四任务三评价考核表见表 4-3。

表 4-3 项目四任务三评价考核表

序 号	考 核 内 容	满 分	得 分
1	能够了解拖车内装的含义	25	
2	能够掌握拖车安排的操作步骤	25	
3	能够掌握集装箱内装的步骤及操作流程	25	
4	能够区分内装与拖车的区别	25	
	合 计	100	

项目五

投保、装船

学习任务一　了解国际货运风险

学习目标

知识目标
- 掌握国际货运中会面临的风险
- 掌握风险防范措施

能力目标
- 能够在操作中有效预知风险
- 能够有效适用防范措施防范风险
- 能够面对风险提出解决之策

素养目标
- 培养学生积极的态度和自学、自省、自控的能力
- 加强学生为他人着想、为客户着想的服务意识
- 培养学生热爱劳动、爱岗敬业、严谨细致、追求卓越的职业精神
- 提高学生风险防范、居安思危的意识，使之遇事沉稳、处事全面

知识储备

由于国际货物运输中货运路途遥远、运输时间长，并且涉及不同国家和地区，使得国际货运业务面临巨大的风险。例如，政策风险、战争风险、汇率风险等一系列系统风险，同时还存在着运费回收风险、提单风险、结算风险、欺诈风险等非系统风险。

一、国际货运中面临的系统风险

1. 政策风险

政策风险是指政府有关国际货运的政策发生重大变化或是有重要的

了解国际货运风险

举措、法规出台，引起市场的波动，从而给国际货运带来的风险。政府对某行业的发展通常有一定的规划和政策，用以指导市场的发展和加强对市场的管理。在尊重国际货运发展规律的基础上，充分考虑本行业在本国经济中的地位、与社会经济其他部门的联系、整体经济发展水平及政治形势等多方面因素后制定的规划和政策应该是长期稳定的。但是，在某些特殊的情况下，政府也可能会改变发展本行业的战略部署，出台一些扶持或抑制市场发展的政策，制定出新的法规或交易规则，从而改变市场原先的运行轨迹。这些都对国际货运业务产生重大的影响。

2. 战争风险

当今世界战争风险的定义已经由传统的狭义战争风险逐渐向恐怖主义和海盗风险转变，最终形成新的广义的战争风险定义。在国际货运行业中，航运企业和船舶所有人所面临的战争风险要比其他企业所面临的战争风险程度要高。国际货运业务中，像伊拉克战争、阿富汗战争，以及船舶所需要穿越的关键性区域如索马里、马六甲海峡等一系列海盗横行的地方，这些地区的局部战争或者小规模的动乱，都给国际货运业务带来非常大的风险。

3. 汇率风险

在国际货运业务中，从签订合同到最终收付货款要隔一段时间。在这段时间里，各种计价货币价值的波动使交易中所用的计价结算货币用本币或用其他外币来衡量，期初与到期时的价值不一致。这样，对国际货运业务中交易的任何一方来说，在结算时可能发生不利于自己一方的变动。有时交易双方需使用第三国货币进行计价结算，这样，汇率的变动会使双方都承担汇率风险。

二、国际货运中面临的非系统风险

1. 运费回收风险

由于国际货运行业竞争激烈，货运公司迫于保住客户的压力，一般不再要求货主付款赎单，而是采用风险较大的月度结算或者季度结算方式。在这种操作模式下，货物装船出运后货运公司须先向船运公司或者订舱的其他公司付款赎取正本提单后直接交付给货主。在货主取得正本提单的情况下，货运公司就失去了追索运费的控制权和主动权。如果货主拒绝支付运费，货运公司通常只能选择通过法律途径解决。客观来说，在货主为买方市场的情况下，货运公司的这种运费结算方式所带来的风险无法控制。货运公司只能从与货主委托合同的签署、及时进行运费确认等业务环节加大控制力度，避免因缺乏相关合同等证据而输了官司的情况发生。

2. 连带责任风险

有一些国外的货运公司在国内没有办事机构。它们通常在支付一定代理费的情况下，委托国内货运公司代它们操作指定货物，并代为签发国外货代提单，这些在国内没有办事机构的国外货运公司的提单，在中国交通运输部没有缴纳相应保证金和备案的情况，一般都被称为非法提单。在货代公司签发国外非法提单的情况下，一旦发生目的港无单放货或者其他涉及提单的海运欺诈事件，货代公司就要根据相关规定承担连带赔偿责任。

3. 提单风险

提单是指用以证明海上货物运输合同和货物已经由承运人接收或装船，以及承运人保证据以交付货物的单证。由于提单对货物所有权的转移具有决定性的作用，由提单引起的风险值得国际货运业务公司予以关注。

首先，从提单本身内容、条款所引起的风险看，这些风险形式主要包括提单日期签署不当引起的风险、提单填写不当引起的风险、提单转让和提单费用引起的风险、伪造提单引起的风险等。其次，从实际业务操作中海运提单的风险看，风险主要表现在以下三个方面：①海运提单在签发时，有倒签和预借提单的风险；②海运提单在流转时，银行存在难以收款的风险；③海运提单在提货时，有提货落空、无单放货的风险。同时，一些主观因素也引起了一定的风险，比如承运人给出口商签发保函，采用以保函换取清洁提单，进口商套用无单放货进行欺诈，造成不必要的损失。

> **小贴士**
>
> **无 单 放 货**
>
> 无单放货主要是指承运人或者其他代理人等在没有回收正本提单的情况下，依照提单上记载的收货人或通知人凭借副本提单或提单复印件加保函放行货物。
>
> 所以，在外贸交易中要警惕"无单放货"，降低海运风险。

4. 结算风险

国际货运结算在国际贸易中具有很高的地位和重要的作用。双方当事人的权利和义务最终都需要通过款项的支付来解决清偿。国际货运结算具有的国际性使得国际贸易结算问题更为复杂，涉及的实务问题和法律问题远远多于国内货运结算。一笔款项的支付至少涉及两个国家，涉及两种不同的法律制度。随着我国外贸事业的发展，当前在对外贸易中国外不法商人对我国货运企业的欺诈行为已经成为货运企业最头痛、最棘手的问题，巨额资金被欺诈，不仅使企业、国家蒙受巨大的经济损失，而且扰乱了国际贸易秩序。

5. 买方自谋与卖方自谋的欺诈风险

（1）买方自谋。买方自谋欺诈是指买方利用无提单提货进行欺诈。根据国际航运惯例，承运人必须在目的港凭正本提单交付货物。在实践中，主要是提单尚未到收货人之手的情况，致使收货人无法在货物到港后凭正本提单将货物及时提走。买方自谋欺诈有两种情况：一是提货人不是收货人而冒充收货人骗取货物；二是提货人本是该批货物的买主，但由于提货人提取货物之后没有到银行付款赎单，造成卖方或银行收不到货款却持有提单。

（2）卖方自谋。卖方自谋对国际货运业务造成经济上和信誉上的严重损害，国际货运企业必须重视这一类欺诈风险。所谓卖方自谋，是指受益人或他人以受益人的名义，用伪造或具有欺诈性陈述的单据或假货，对开证行及开证申请人等当事人进行诈骗，以骗取信用证项下的银行款项。由于在国际货运过程中，人们越来越依赖银行信用，使用跟单信用证形式支付货款非常普遍，而信用证制度存在着让欺诈者钻空子的漏洞。信用证是纯粹的单据业务，有关各方所处理的是单据而不是货物。只要受益人提交了表面上完全符合信用证的单据，开证行就有义务付款，而不管单据的真伪。

三、主要的风险防范措施

虽然国际货运业务存在上述风险，但是通过采取一系列的防范措施，国际货运业务风险的防范和规避还是能够实现的。

1. 风险转移

国际货运的经营风险可以说是层出不穷，防不胜防，必要的防范手段只能在某种程度上减少风险发生的概率，但不能完全避免它的发生。在实践中，投保货运代理责任险是转移经营风险较为行之有效的方法，通过这种方式可以转化一些无法预料和无法规避的经营风险，减少重大或突发事件给国际货运业务企业带来的冲击和影响。但是，不能将防范风险的全部希望都寄托在保险公司身上，风险防范措施要以加强自身风险防范能力为主，投保货运代理责任险为辅，多管齐下，才能安全地生存和发展。

2. 风险预防与挽救

（1）风险预防。采取一些预防性措施，可以有效降低风险。比如，加强对人员的培训，使他们熟悉有关国际货运业务的标准交易条件、接单条款及相关行业术语等，并能处理索赔和进行迅速有效的追偿；在使用单证时，确保使用正确、规范、字迹清楚的单证；保证在国际货运代理协会标准交易条件下，其经营能够被客户及其分包人所理解和接受；雇佣的分包人、船舶所有人、仓库保管人、公路运输经营人等应为胜任职务和可靠的，国际货运业务应通知他们投保足够的和全部的责任保险；如果经营仓储业、汽车运输业，还应做好防止偷窃、失火等安全工作。

（2）风险挽救。挽救性措施分为：拒绝索赔并通知客户向货物保险人索赔；在协定期限内通知分包人或对他们采取行动；在征得保险人同意后，只要有可能的情况下，与货主谈判，友好地进行和解。如果有可能造成经济损失，应及时将每一事故、事件以书面形式通知保险公司，即使当时尚未发生索赔。在挽救过程中，注意保存下列资料：事故、事件发生的时间与地点；有关被保险人的姓名；发生或未发生的事情，今后可能提出何种索赔；有关交易的文件副本，包括事故、事件发生前所收到的指示内容、服务条款与条件，以及此笔交易中所使用的提单。及时、适当地通知有关空运、海运、驳运、陆运承运人，包括其他的货运业务、货物拼装人、报关人及与事故／事件有关的保险公司，并及时提供法律上所要求的事故通知书。

3. 做好交易伙伴的资信调查

掌握和了解客户的资信情况是防止上当受骗的最根本措施。买卖双方在签订合同前要弄清对方的地位和信誉，坚持同那些在国际贸易和航运中建立了良好信誉的公司开展贸易往来，为此必须做好资信调查。资信调查应包括以下主要内容：①公司资本状况，公司资本多少是决定其信誉高低的要素，特别要警惕皮包公司。②公司组成人员情况，主要是公司董事长及业务主管的资历、地位与资产等。③公司盈利亏损情况，包括资产负债表以及付款、财务和企业变更情况等。④公司业务内容，包括营业范围、公司性质以及来往厂商等。⑤公司设备设施或船只情况，包括设备、船只数量、新旧程度等。⑥公司创业资历及开户银行的地址、电话、账号。

4. 运输环节实施严格监管

运输环节是国际货运所有流程中最核心的一个环节，大多数风险如提单风险、欺诈风险在这一环节都有体现，只有对运输环节实施严格的控制和监管，才能将国际货运的风险降到最小。

（1）派人监装监卸。对于对方派船或对方装封的集装箱货物或成套设备或批量大或价格昂贵的货物，最好派人监装监卸，或委托装港代理进行监装，有时甚至还需委托当地检验机构进行装船前的货物检验，这对防止海运欺诈很有效。

（2）掌握船舶动态。通过货运业务、船务代理等机构，合理安排运输。随时掌握载货船舶的动态，不断监督船舶位置有助于早日察觉欺诈意图。如有怀疑，应立即采取措施。

（3）加强保险措施。保险人在不减少业务的情况下，坚持较严格的船级条款、特约条款和其他类似的防止欺诈的措施，还可以加强信息收集和情报交流工作，并从长远利益考虑，制定精密、完善的对付索赔的办法。

（4）减少中间环节。国际货运涉及面广，环节多，多一道环节便多一份风险。为此，在交易中应尽量避免中间商。中间商一多，成分复杂，欺诈分子很容易浑水摸鱼，从中作案。

任务发布

前面我们提到了无单放货，无单放货不仅包含凭副本提单＋保函放货，还包含记名提单下无单放货、指示提单下无单放货等。

在南美许多国家，如巴西、尼加拉瓜、危地马拉、洪都拉斯、萨尔瓦多、哥斯达黎加、多米尼加、委内瑞拉等，都允许无单放货。在这些国家，对进口货物实施单方面放货政策，由海关决定是否放货给收货人。船东对正本提单的操控被限制。

还有一些国家，比如美国、加拿大、英国等国家，对记名提单副本提货是允许的。这也就意味着，如果没有能够及时回收货款，即使出口企业掌握正本提单也无济于事，不能保证安全收款。

请思考，无单放货如何预防？

任务操作

1. 了解无单放货。
2. 了解无单放货的风险。
3. 掌握无单放货的预防措施。

（1）无论客户新老、公司大小，都要做自己认为安全的收款方式。尽量使用 CIF 的贸易条款，尽可能避免 FOB，做到货权掌握在手中。

（2）尽可能出具船公司正本提单，避免海运单、货代提单而衍生的无单放货。

（3）了解常见实行无单放货的国家，警惕出口至这些国家的货物，必须要在货款收全后才发提单扫描件，避免无单放货陷阱。

（4）遇到客户指定的货代联系出运事宜时，应做到以下五点：

1）事先了解对方资质与行业信誉，避免与不良货代合作。

2）与指定货代签订正式的运输合同。

3）传真托单给指定货代后，令其在托单上加盖公章回传并寄正本。

4）保留好一切与货代往来的资料文件。

5）报关时要如实申报货物价值，有些客户会让出货方少申报货物价值，这是不妥的，一旦出现无单放货，国家海事法院是以申报的海关报单价值为准，不以客户的形式发票为准。

（5）货物出运后，及时向指定货代索要正本提单，如是整柜，要船公司的正本提单。同时，及时向指定货代索要正本的费用发票。

（6）货物出运后，及时跟踪货物状况，在跟踪网站只需要输入集装箱号或提单号即可查询，不要因为工作忙而疏忽跟踪货物。

（7）得到提单传真后，及时通知客户汇余款。要以公司的名义发正式的公文，多次催要无结果后，告知将安排退运。

4. 试想"无单放货"发生后怎么办？

根据跟踪网站或船公司网站可以查询到货物的具体动态。如果出现货物已被提走的情况，而主运单还在收货人手中，那么可以参照以下两点措施：

（1）货代第一时间和发货人取得联系并告知，同时让律师给指定货代发律师函，告知货物已被收货人提走，要求其在规定时间内赔偿发货人损失。

（2）如指定货代在限定的时间未做赔偿，把原来与指定货代一切来往传真记录及正本费用发票准备好，找专门负责海事方面的律师，准备起诉指定货代。

任务评价

1. 学生是否了解国际货运中会出现的风险。
2. 学生是否掌握风险防范的措施。

项目五任务一评价考核表见表5-1。

表5-1 项目五任务一评价考核表

序 号	考 核 内 容	满 分	得 分
1	准确阐述国际货运风险	20	
2	准确阐述国际货运风险防范措施	30	
3	会跟踪货物	30	
4	能够分析货代风险案例	20	
	合 计	100	

学习任务二 掌握保险范围和种类

学习目标

知识目标
- 掌握国际货运保险所涉及的风险、损失和费用
- 掌握国际海陆空保险内容
- 了解货运保险的法律法规

能力目标
- 能够正确分析国际货运风险、损失和费用构成
- 能够根据货物特点准确选择合适的保险险别
- 能够合理划分单独海损和全损

素养目标
- 培养学生积极的态度和自学、自省、自控的能力
- 加强学生为他人着想、为客户着想的服务意识
- 培养学生热爱劳动、爱岗敬业、严谨细致、追求卓越的职业精神
- 培养学生务实求真、诚实守信的品质

知识储备

对外运输货物保险是以对外贸易货物运输过程中的各种货物作为保险标的的保险。外贸货物的运送有海运、陆运、空运以及通过邮政送递等多种途径。对外贸易运输货物保险的种类以其保险标的的运输工具种类相应分为四类：海洋运输货物保险、陆上运输货物保险、航空运输货物保险和邮包保险。

有时一批货物的运输全过程使用两种或两种以上的运输工具，这时，往往以货运全过程中主要的运输工具来确定投保何种保险种类。

一、国际货物运输保险涉及的风险、损失和费用

1. 风险

保险业把海上货物运输的风险分成海上风险和外来风险（见图5-1）。风险是造成损失的原因。

（1）海上风险。海上风险包括自然灾害和意外事故。自然灾害仅指恶劣气候、雷电、洪水、流冰、地震、海啸以及其他人力不可抗拒的灾害，而不是指一般自然力所造成的灾害。意外事故主要包括船舶搁浅、触礁、

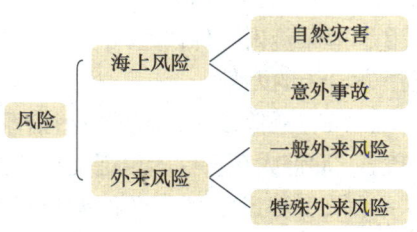

图 5-1 海上货物运输风险构成

沉没、碰撞、失火、爆炸以及失踪等具有明显海洋特征的重大意外事故。

（2）外来风险。外来风险是指海上风险以外的各种风险，分为一般外来风险和特殊外来风险。一般外来风险指偷窃、破碎、渗漏、沾污、受潮受热、串味、生锈、钩损、短量、淡水雨淋等。特殊外来风险主要是指由于军事、政治及行政法令等原因造成的风险，从而引起货物损失，如战争、罢工、交货不到、拒收等。

2. 损失

海上货物运输的损失又称海损（Average），指货物在海运过程中由于海上风险而造成的损失。海损也包括与海运相连的陆运和内河运输过程中的货物损失。海上损失按损失的程度可以分成全部损失和部分损失（见图5-2）。

（1）全部损失。全部损失又称全损，指被保险货物的全部遭受损失，有实际全损和推定全损之分。实际全损是指货物全部灭失或全部变质而不再有任何商业价值。推定全损是指货物遭受风险后受损，尽管未达实际全损的程度，但实际全损已不可避免，或者为避免实际全损所支付的费用和继续将货物运抵目的地的费用之和超过了保险价值。推定全损需经保险人核查后认定。

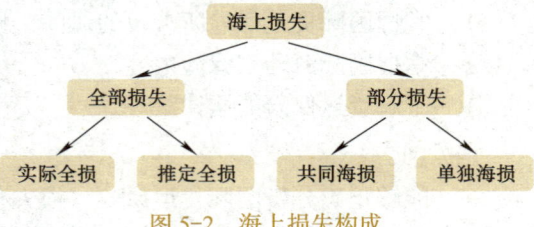

图5-2 海上损失构成

（2）部分损失。不属于实际全损和推定全损的损失，为部分损失。按照造成损失的原因可分为共同海损和单独海损。

> 📁 **小贴士**
>
> **共 同 海 损**
>
> 共同海损（General Average，GA）是指货船遇险，威胁到船、货等方共同的安全时，由船方有意识地、合理地采取措施所做出的某种特殊牺牲或支出某些额外费用，这种损失即为共同海损。共同海损必须具备如下条件：
> （1）危难真实存在。
> （2）危难必须威胁共同的安全。
> （3）牺牲和费用必须是合理的、额外的。
> （4）挽救措施一定要有效果。

3. 费用

费用是指被保险货物遇险时，为防止损失的扩大而采取措施所支出的费用。承保的费用是指保险人（保险公司）在保险标的物因遭遇保险责任范围内的事故而产生的费用方面的损失给予的赔偿。

（1）施救费用。施救费用指保险标的物遇到保险责任范围内的灾害事故时，被保险人或其代表、雇佣人员和保险单证受让人为抢救货物，以防止其损失扩大所采取的措施而支出的费用。

（2）救助费用。救助费用指保险标的物遇到上述灾害事故时，由保险人和被保险人以外的第三者采取救助行为而向其支付的费用。

（3）特别费用。特别费用指运输工具遭受海难后在避难港卸货所引起的费用，以及由于卸货、存仓、运送货物所产生的费用。特别费用支出必须是合理的。

二、海洋运输货物保险

海洋运输货物保险，按照国家保险习惯，可将各种险别分为基本险和附加险（见图5-3）。

1. 基本险

基本险主要分为平安险、水渍险和一切险。

（1）平安险（FPA）。平安险这一名称在我国保险行业中沿用甚久，其英文原意是指单独海损不负责赔偿。根据国际保险界对单独海损的解释，它是指部分损失。因此，平安险的原来保障范围只赔全部损失。但在长期实践的过程中，对平安

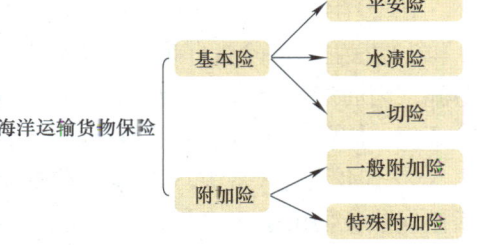

图5-3　海洋运输货物保险构成

险的责任范围进行了补充和修订，当前平安险的责任范围已经超出只赔全损的限制。概括起来，这一险别的责任范围主要包括：

1）在运输过程中，由于自然灾害和运输工具发生意外事故，导致被保险货物的实际全损或推定全损。

2）由于运输工具遭搁浅、触礁、沉没、互撞（见图5-4），与其他物体碰撞以及失火、爆炸等意外事故造成被保险货物的部分损失。

图5-4　船舶搁浅、触礁等意外事故

3）只要运输工具曾经发生搁浅、触礁、沉没、焚毁等意外事故，不论这个事故发生之前或者以后曾在海上遭恶劣气候、雷电、海啸等自然灾害（见图5-5）所造成的被保险货物的部分损失。

图5-5　海上雷电、海啸等自然灾害

4）在装卸转船过程中,被保险货物一件或数件落海所造成的全部损失或部分损失。

5）运输工具遭自然灾害或意外事故,在避难港卸货所引起被保险货物的全部损失或部分损失。

6）运输工具遭自然灾害或意外事故,需要在中途的港口或者在避难港口停靠,因而引起的卸货、装货、存仓以及运送货物所产生的特别费用。

7）发生共同海损所引起的牺牲、公摊费和救助费用。

8）发生了保险责任范围内的危险,被保险人对货物采取抢救、防止或减少损失的各种措施,因而产生合理施救费用。但是,保险公司承担费用的限额不能超过这批被救货物的保险金额。施救费用可以在赔款金额以外的一个保险金额限度内承担。

(2) 水渍险(WPA)。水渍险的责任范围除包括上列"平安险"的各项责任外,还包括被保险货物由于恶劣气候、雷电、海啸、地震、洪水等自然灾害所造成的部分损失。

(3) 一切险(All Risks)。一切险的责任范围除包括上列"平安险"和"水渍险"的所有责任外,还包括货物在运输过程中,因各种外来原因所造成保险货物的损失。不论全损或部分损失,除对某些运输途耗的货物,经保险公司与被保险人约定在保险单上载明的免赔率外,保险公司都给予赔偿。

上述三种险别都有货物运输的基本险别,被保险人可以从中选择一种投保。

此外,保险人可以要求扩展保险期,例如,对某些内陆国家出口货物,如在港口卸货转运内陆,无法按保险条款规定的保险期内到达目的地,即可申请扩展。经保险公司出立凭证予以延长,每日加收一定保险费。

不过,在上述三种基本险别中,明确规定了除外责任。所谓除外责任(Exclusion),是指保险公司明确规定不予承保的损失或费用。

2. 附加险

(1) 一般附加险。

1）偷窃、提货不着险(TPND)。保险有效期内,保险货物被偷走或窃走,以及货物运抵目的地以后,整件未交的损失,由保险公司负责赔偿。

国际海运保险之附加险

2）淡水雨淋险(FWRD)。货物在运输中,由于淡水、雨水以及雪融水所造成的损失,保险公司都应负责赔偿。淡水包括船上淡水舱、水管漏水等。

3）短量险(Risk of Shortage)。本险承保保险货物数量短少和重量的损失。通常包装货物的短少,保险公司必须要查清外包装是否发生异常现象,如破口、破袋、扯缝等,如属散装货物,则以装船重量和卸船重量之间的差额作为计算短量的依据。

4）混杂、沾污险(Risk of Intermixture and Contamination)。本险承保保险货物在运输过程中,混进了杂质所造成的损失。例如,矿石等混进了泥土、草屑等,使质量受到影响。此外,保险货物因为和其他物质接触而被沾污,例如布匹、纸张、食物、服装等被油类或带色的物质污染而引起经济损失。

5）渗漏险(Risk of Leakage)。本险承保流质、半流质的液体物质和油类物质,在运输过程中因为容器损坏而引起的渗漏损坏。如以液体装存的货物,因为液体渗漏而使货物发生腐烂、变质等损失,均由保险公司负责赔偿。

6）碰损、破碎险（Rrisk of Clash and Breakage）。碰损主要是对金属、木质等货物来说的，破碎则主要是对易碎性物质来说的。前者是指在运输途中，因为受到震动、颠簸、挤压而造成货物本身的损失；后者是在运输途中由于装卸野蛮、粗鲁、运输工具的颠震造成货物本身的破裂、断碎的损失。

7）串味险（Rrisk of Odour）。例如，茶叶、香料、药材等在运输途中受到一起堆储的樟脑等异味的影响使品质受到损失。

8）受热、受潮险（Damage Caused by Heating and Sweating）。例如，船舶在航行途中，由于气温骤变，或者因为船上通风设备失灵等使舱内水汽凝结、发潮、发热引起货物的损失。

9）钩损险（Hook Damage）。保险货物在装卸过程中因为使用手钩、吊钩等工具所造成的损失，例如粮食包装袋因吊钩钩坏而造成粮食外漏的损失，保险公司在承保该险的情况下，应予以赔偿。

10）包装破裂险（Loss for Damage by Breakage of Packing）。本险承保因为包装破裂造成物资的短少、沾污等损失。此外，对于保险货物在运输过程中出于安全需要而产生的候补包装、调换包装所支付的费用，保险公司也应负责。

11）锈损险（Rrisk of Rust）。保险公司负责保险货物在运输过程中因为生锈造成的损失。不过这种生锈必须在保险期内发生，如原装时就已生锈，保险公司不负责任。

上述11种附加险，不能独立承保，它必须附属于主要险别下。也就是说，只有在投保了上述基本险别以后，投保人才允许投保附加险。投保"一切险"后，上述险别均包括在内。

（2）特殊附加险。特殊附加险也属附加险类内，但不属于一切险的范围之内。它与政治、国家行政管理规章所引起的风险相关联。目前中国人民保险公司承保的特殊附加险别有交货不到险（Failure to Delivery Risk）、进口关税险（Import Duty Risk）、黄曲霉素险（Aflatoxin Risk）等，此外还包括战争险（War Risk）和罢工险（Strikes Risk）等。

三、陆上运输货物保险

陆上运输货物保险是货物运输保险的一种，分为陆运险和陆运一切险两种。

1. 陆运险的责任范围

被保险货物在运输途中遭受暴风、雷电、地震、洪水等自然灾害，或由于陆上运输工具（主要是指火车、汽车）遭受碰撞、倾覆或出轨，如在驳运过程中，包括驳运工具搁浅、触礁、沉没或由于遭受隧道坍塌、崖崩或火灾、爆炸等意外事故所造成的全部损失或部分损失。保险公司对陆运险的承保范围大至相当于海运险中的"水渍险"。

2. 陆运一切险的责任范围

除包括上述陆运险的责任外，保险公司对被保险货物在运输途中由于外来原因造成的短少、短量、偷窃、渗漏、碰损、破碎、钩损、雨淋、生锈、受潮、发霉、串味、沾污等全部或部分损失，也负赔偿责任。

3. 陆上运输货物保险的除外责任

（1）被保险人的故意行为或过失所造成的损失。

（2）属于发货人所负责任或被保险货物的自然消耗所引起的损失。

（3）由于战争、工人罢工或运输延迟所造成的损失。

　　保险责任的起讫期限与海洋运输货物保险的仓至仓条款基本相同，是从被保险货物运离保险单所载明的启运地发货人的仓库或储存处所开始运输时生效，包括正常陆运和有关水上驳运在内，直至该项货物送交保险单所载明的目的地收货人仓库或储存处所，或被保险人用作分配、分派或非正常运输的其他储存处所为止。但如未运抵上述仓库或储存处所，则以被保险货物到达最后卸载的车站后，保险责任以60天为限。不过，在陆上运输货物保险中，被保险货物承保陆运险和陆运一切险外，经过协商还可以加保陆上运输货物保险的附加险，如陆运战争险等。陆运战争险与海运战争险，由于运输工具有其本身的特点，具体责任有一些差别，但就战争险的共同负责范围来说，基本上是一致的，即对直接由于战争、类似战争行为以及武装冲突所导致的损失，如货物由于捕获、扣留、禁制和扣押等行为引起的损失应负责赔偿。

四、航空运输货物保险

　　保险公司承保通过航空运输的货物，保险责任是以飞机作为主体来加以规定的。航空运输货物保险分为航空运输险和航空运输一切险两种。

　　航空运输一切险除包括航空运输险的全部责任外，还负责赔偿被保险货物在运输中由于被偷窃、短少等外来原因造成的全部或部分损失。

　　航空运输货物保险的责任起讫期限是自被保险货物运离保险单所载明启运地仓库或储存处所开始，在正常运输过程中继续有效，直至该项货物抵运保险单所载明目的地收货人仓库或储存处所为止。如保险货物未到达上述仓库或储存处所，则以被保险货物在最后卸货地卸离飞机后满30天为止。与上述陆运货物保险一样，被保险货物在投保航空运输险和航空运输一切险后，还可经协商加保航空运输货物战争险等附加险。

五、邮包保险

　　邮包保险承保通过邮政局邮包寄递的货物在邮递过程中发生保险事故所致的损失。

　　以邮包方式将货物发送到目的地可能通过海运，也可能通过陆上运输，或航空运输，或者经过两种或两种以上的运输工具运送。不论通过何种运输工具，凡是以邮包方式将贸易货物运达目的地的保险均属邮包保险。邮包保险按其保险责任分为邮包险（Parcel Post Risk）和邮包一切险（Parcel Post All Risk）两种。前者与海洋运输货物保险水渍险的责任相似，后者与海洋运输货物保险一切险的责任基本相同。

　　邮包的责任范围为：

（1）被保险邮包在运输途中由于恶劣气候、雷电、海啸、地震、洪水自然灾害或由于运输工具遭受搁浅、触礁、沉没、碰撞、倾覆、出轨、坠落、失踪，或由于失火爆炸意外事故所造成的全部或部分损失。

（2）被保险人对遭受承保责任内危险的货物采取抢救，防止或减少货损的措施而支付的合理费用，但以不超过该批被救货物的保险金额为限。邮包一切险的责任除上述邮包险的各项责任外，还负责被保险邮包在运输途中由于外来原因所致的全部或部分损失。邮包运输货物保险的责任起讫为自被保险邮包离开保险单所载启运地寄件人的处所运往邮局时开始生效，直至该项邮包运达本保险单所载目的地邮局，自邮局签发到货通知书当日午夜起算满

15 天终止。但是在此期限内，邮包一经交至收信人的处所，保险责任即行终止。

任务发布

1. "育航"船保险利益与保险费争议案

船名：育航

原告：某保险公司

第一被告：大连某航运贸易公司

第二被告：某海运学校

案情：

第二被告通过某货运代理公司将"育航"船光租给第一被告，约定由第一被告进行船舶保险，2021 年第一被告向原告进行投保，原告承保后，被告没有缴纳保险费。

第一被告辩称：虽然保险合同事实存在，但"育航"船出租人某货运代理公司并非船东，亦未经船东授权，且无合法的主体资格，其与第一被告签订的光租合同无效，因此第一被告对该船无保险利益，保险合同无效。

第二被告辩称：作为船东，与原告无保险合同关系，也未授权第一被告订立保险合同。

问题：

（1）第一被告、第二被告对船舶是否具有保险利益？

（2）保险费是由第一被告负担，还是由第二被告负担，或是由两者共同负担？

2. "TONY BEST"船告知义务争议案

船名：TONY BEST

原告：某船务有限公司

被告：某保险公司

案情：

2020 年 2 月 7 日，原告向被告投保一切险。2021 年 2 月，原告要求续保一年，被告同意续保。在投保和续保时，原告和其保险经纪人未将船舶的实际状况告知被告。2021 年 3 月，"TONY BEST"船装载货物从中国至吉大港途中搁浅。之后，船舶又先后四次搁浅，最终因机舱大量进水，船舶沉没。经调查，该船多次搁浅并最终沉没的主要原因是：船舶压载管严重锈蚀，阀门无法关闭，无法排出压载水；机舱只有一台发电机可以工作，其他设备也处于严重磨损状态；船舶机器缺乏备件。这些缺陷在续保甚至第一次投保前就已存在，船长、轮机长已将这些缺陷告知船舶管理人。

问题：

（1）双方签订的保险合同是否有效？

（2）保险公司是否应该赔偿？

3. "JOHNYC"船实际赔付与代位求偿权争议案

船名："JOHNYC"

原告：某保险公司

被告："JOHNYC"船船东

案情：

5月4日，广西某滑石开发有限公司（简称滑石公司）在湛江港由"JOHNYC"船装运245t滑石块运往阿姆斯特丹。同日，滑石公司就该批货物的运输向原告投保海洋运输货物一切险。6月10日，货物到港后经检验，发现部分货物水湿。原告向广州海事法院提起诉讼，诉称由于被告的过失，致使货物受损，原告因此就该货物的损失赔付了滑石公司，取得了代位求偿权。原告为证明其已取得代位求偿权，向法院提供了"收据及权益转让书"复印件和3份"特种转账借方传票"复印件。3份"特种转账借方传票"显示支付了129 391美元，但没有反映被支付的对象，而且金额与其原来的主张不同。

问题：

（1）保险公司是否取得了代位求偿权？

（2）船东是否应该向保险公司支付赔款？

4. 水渍险争议案

案情：

我国某外贸公司与澳大利亚某进口商签订了一份布匹合同，价格条件为CIF鹿特丹，向中国人民保险公司投保水渍险。货轮启航后不久突然遇到暴风雨，部分货物因雨淋而受潮，为避过暴风雨并对受潮布匹进行隔离，货轮驶进某港进行卸货重装。在此过程中，部分货物丢失，船方还支付了卸货工人的费用。

问题：

（1）部分货物因雨淋而受潮的损失由谁负责？

（2）卸货过程中部分货物丢失由谁负责？

（3）卸货工人的费用由谁负担？

5. 单独海损、共同海损争议案

案情：

一条载货船从大连港出发驶往日本，在航行途中货船起火，大火蔓延到机舱。船长为了船货的共同安全，命令采取紧急措施，往舱中灌水灭火。火扑灭后，主机受损无法航行。船长雇用拖轮将货船拖回大连修理，检修后重新将货物运往日本。此次事故造成损失如下：①5 000箱货物被火烧毁；②2 500箱货物因灌水灭火受到损失；③主机和部分甲板被烧坏；④拖船费；⑤额外增加的燃料费。

问题：上述损失哪些属于共同海损？哪些属于单独海损？为什么？损失如何处理？

任务操作

1. 本节任务1分析

（1）某货运代理公司是受第二被告委托将该船光租给第一被告的。第一被告是被保险人和船舶管理人，对船舶具有保险利益。因此，保险合同有效，第一被告应承担保险费。

（2）第二被告作为船东对船舶也具有保险利益，但在保单上未作为被保险人，因此，不承担保险费支付义务。同时，在保险事故发生后，船东也无权向被保险人请求船舶保险赔偿。

（3）两被告均声称"未授权"，显然不符合事实，不能作为抗辩的理由。

2. 本节任务2分析

（1）双方签订的保险合同合法有效。根据相关规定，只要原告发出了要约，被告履行了承诺，同意承保，只要不存在严重的欺诈，保险合同均算合法有效。

（2）海上保险的一个重要原则是最大诚信原则。任何一方当事人违反最大诚信原则，另一方即可宣告合同无效。根据该原则，被保险人在保险合同订立之前应向保险人披露有关保险标的所有重要情况，并履行自己的保证。本案中，船舶压载系统无法排出压载水，机舱只有一台发电机，其他设备也存在缺陷，应该认为是必须在订立合同时如实披露的重要情况。原告在订立本合同时没有披露这些情况，违反了最大诚信原则，保险公司有权宣告该合同无效，有权拒赔。

3. 本节任务3分析

（1）代位求偿权的取得以保险人向被保险人支付保险赔偿金为要件。

（2）保险人行驶代位求偿权，负有证明其已支付保险赔偿的举证责任，即要出示已实际赔付的证明原件。

（3）本案中，保险公司提供的"收据及权益转让书"和"特种转账借方传票"均是复印件，"特种转账借方传票"没有反映支付对象，且金额与其原来主张不同，因此这些不能作为证明其已向被保险人支付保险赔偿和已取得权益转让的证据。

（4）保险人没有合法证明其取得代位求偿权。

（5）船东无须向保险人支付赔款。

4. 本节任务4分析

（1）首先要明确雨淋是海水还是淡水造成的。如果是海水造成的，则由水渍险负责；如果是淡水造成的，且没有加保淡水雨淋的一般附加险，则保险人不负责。同时，还要考虑承运人是否存在管货过失的问题。

（2）货物丢失可能是被偷窃，或是目的港收货人提货不着。因此，只有在水渍险的基础上，加保了偷窃、提货不着险，保险人才负责，否则不负责赔偿。

（3）货轮驶进某港卸货重装，并支付卸货工人的费用，属于平安险承保范围内的"避难港损失和费用"。水渍险的责任范围包括平安险，因此，上述费用可在水渍险下获得赔偿。

5. 本节任务5分析

（1）以下损失属于共同海损：

1）2 500箱货物因灌水灭火受到损失。

2）拖船费。

3）额外增加的燃料费。

（2）以下损失属于单独海损：

1）5 000箱货物被火烧毁。

2）主机和部分甲板被烧坏。

（3）原因。

共同海损指在同一海上航程中，当船舶、货物和其他财产遭遇共同危险时，为了共同安全，有意地、合理地采取措施所直接造成的特殊牺牲、支付的特殊费用，由各受益方按比例分摊。

共同海损的表现形式为共同海损牺牲和共同海损费用。共同海损牺牲包括抛弃货物、为扑灭船上火灾而造成的货损船损、割弃残损物造成的损失、有意搁浅所致的损害、机器和锅炉的损害、作为燃料而使用的货物、船用材料和物料、在卸货的过程中造成的损害等。

单独海损指保险标的物在海上遭受承保范围内的风险所造成的部分灭失或损害，即除共同海损以外的部分损失。这种损失只能由标的物所有人单独负担。

依据上述定义以及特点，2 500 箱货物因灌水灭火受到损失、拖船费、额外增加的燃料费属于因灌水灭火而造成的共同海损，而5 000 箱货物被火烧毁、主机和部分甲板被烧坏属于涉及船舶或货物所有人单方面的利益的损失，即单独海损。

（4）损失的处理方式。

共同海损由所有的货主按比例共同承担，单独海损只能由该货主独自承担。

任务评价

1. 学生是否掌握国际货运的风险、损失、费用的构成。
2. 学生是否掌握海陆空货运保险。

项目五任务二评价考核表见表 5-2。

表 5-2 项目五任务二评价考核表

序 号	考 核 内 容	满 分	得 分
1	准确阐述国际货代的风险、损失和费用划分	20	
2	准确说出海运保险构成	20	
3	准确说出陆运保险构成	10	
4	准确说出空运保险构成	10	
5	案例分析能力	40	
	合　　计	100	

学习任务三　掌握国际货物运输投保与索赔

学习目标

知识目标
- 掌握国际货运保险程序
- 掌握国际货运保险合同的内容
- 掌握索赔的程序

能力目标
- 能够准确办理国际货运保险
- 能够看懂国际货运保险合同，并找出合同中的不合理之处
- 会操作索赔流程

项目五
投保、装船

> **素养目标**
> - 培养学生积极的态度和自学、自省、自控的能力
> - 加强学生为他人着想、为客户着想的服务意识
> - 提升学生的商务外语函电的阅读、写作能力,提升其回函、电邮交流的职业素养
> - 培养学生热爱劳动、爱岗敬业、严谨细致、追求卓越的职业精神
> - 提升学生协调沟通的能力

知识储备

一、国际货物运输保险程序

在国际货物买卖过程中,由哪一方负责办理投保,应根据买卖双方商订的价格条件来确定。例如,按 FOB 条件和 CFR 条件成交,保险应由买方办理;按 CIF 条件成交,保险应由卖方办理。办理货运保险的一般程序如下:

1. 确定投保的金额

投保金额是保险费的依据,又是货物发生损失后计算赔偿的依据。按照国际惯例,投保金额应按发票上 CIF 的预期利润计算。但是,各国市场情况不尽相同,对进出口贸易的管理办法也各有差异。向中国人民保险公司办理进出口货物运输保险,有两种办法:一种是逐笔投保;另一种是按签订预约保险总合同办理。

2. 填写投保单

保险单是投保人向保险人提出投保的书面申请,其主要内容包括被保险人的姓名、被保险货物的品名、标记、数量及包装、保险金额、运输工具名称、开航日期及起讫地点、投保险别、投保日期及签章等。

3. 支付保险费,取得保险单

保险费按投保险别的保险费率计算。保险费率是根据不同的险别、不同的商品、不同的运输方式、不同的目的地,并参照国际上的费率水平而制定的。它分为"一般货物费率"和"指明货物加费费率"两种。前者是一般商品的费率,后者系指特别列明的货物(如某些易碎、易损商品)在一般费率的基础上另行加收的费率。

交付保险费后,投保人即可取得保险单。保险单实际上已构成保险人与投保人之间的保险契约。在发生保险范围内的损失或灭失时,投保人可凭保险单要求赔偿。

4. 提出索赔手续

当被保险的货物发生属于保险责任范围内的损失时,投保人可以向保险人提出赔偿要求。

被保险货物运抵目的地后,收货人如发现整件短少或有明显残损,应立即向承运人或有关方面索取货损或货差证明,并联系保险公司指定的检验理赔代理人申请检验,出具检验报告,确定损失程度;同时向承运人或有关责任方提出索赔。属于保险责任的,可填写索赔清单,连同提单副本、装箱单、保险单正本、磅码单、修理配置费凭证、第三者责任方的签证或商务记录以及向第三者责任方索赔的来往函件等向保险公司索赔。

索赔应当在保险有效期内提出并办理，否则保险公司可以不予办理。

二、国际货物运输保险合同

1. 国际货物运输保险合同的订立

国际货物运输保险合同的订立是由被保险人以填制投保单的形式向保险人提出保险要求，即要约，经保险人同意承保，并就货物运输保险合同的条款达成协议后（即承诺后），保险合同即成立。投保单中须列明货物名称、保险金额、运输路线、运输工具及投保险别等事项。保险人应当及时向被保险人签发保险单或者其他保险单证，并在保险单或其他保险单证中载明当事人双方约定的合同内容。

国际货物运输保险合同的订立

2. 国际货物运输保险合同的内容

国际货物运输保险合同的主要内容包括当事人、保险标的、保险价值、保险金额、保险责任和除外责任、保险期间和保险费。

（1）国际货物运输保险合同的当事人。国际货物运输保险合同的当事人为保险人和被保险人。保险人是保险合同中收取保险费，并在合同约定的保险事故发生时，对被保险人因此而遭受的约定范围内的损失进行补偿的一方当事人。被保险人指在保险范围内的保险事故发生时受到损失的一方当事人。国际货物运输保险合同中的投保人一般也是被保险人。

（2）国际货物运输保险合同的保险标的。国际货物运输保险合同的保险标的主要是货物，包括贸易货物和非贸易货物。

（3）保险价值。保险价值是被保险人投保的财产的实际价值。投保人在投保时需说明所要投保的标的的价值，而准确地确定标的的实际价值是很困难的，因此，保险价值通常是由被保险人与保险人协商确定的。这个价值是估算形成的，因此它可以是标的的实际价值，也可以与实际价值有一定的距离。

（4）保险金额。保险金额指保险合同约定的保险人的最高赔偿数额。当保险金额等于保险价值时为足额保险；当保险金额小于保险价值时为不足额保险；当保险金额大于保险价值时为超额保险。财产保险中的保险金额通常以投保财产可能遭遇损失的金额为限，即不允许超额保险，因为保险是以损失补偿为原则的，如果允许超额保险就等于被保险人可以通过保险赚钱。正因为如此，法律规定保险金额不得超过保险价值，超过保险价值的，超过部分无效。

（5）保险责任和除外责任。保险责任是保险人对约定的危险事故造成的损失所承担的赔偿责任。"约定的危险事故"就是保险人承保的风险。保险人承保的风险可以分为保险单上所列举的风险和附加条款加保的风险两大类，前者为主要险别承保的风险，后者为附加险别承保的风险。

除外责任就是保险人不承保的风险。保险所承保的是一种风险，所谓风险就是可能发生，也可能不发生。如果该风险必然发生，则保险人是不承保的，因此，自然损耗这种必然发生的风险，保险人通常会约定不予承保。市价跌落引起的损失属于间接损失，保险人也往往将其列入除外责任的范围。此外，被保险人的故意行为或过失造成的损失、属于发货人责任引起的损失等不是由于自然灾害、意外事故或约定的人为风险引起的损失，保险人也不予承保。

（6）保险期间。保险期间也就是保险责任的期间。

> **小贴士**
>
> **保险责任的期间的确定方法**
>
> 1）以时间来确定，例如规定保险期间为1年，自某年某月某日起至某年某月某日止。
> 2）以空间的方法来确定，例如规定保险责任自货物离开启运地仓库起至抵达目的地仓库止。
> 3）以空间和时间两方面来对保险期间进行限定的方法，例如规定自货物离开启运地仓库起至货物抵达目的地仓库止，但如在全部货物卸离海轮后60日内未抵达上述地点，则以60日期满为止。

（7）保险费和保险费率。保险费率是计算保险费的百分率。保险费率有逐个计算法和同类计算法之分。船舶保险的保险费率通常采用逐个计算法来确定，每条船舶的保险费率由保险公司依该船舶的危险性大小、损失率高低及经营费用的多少来确定。同类计算法指对于某类标的，保险人均采用统一的保险费率的方法。保险费是投保人向保险人支付的费用。保险费等于保险金额乘以保险费率。

3. 国际货物运输保险合同的变更

国际货物运输保险合同的变更指在运输货物保险合同主体不变的情况下，对合同中原约定的某些内容进行的改变。国际货物运输保险合同的内容需要修改时，被保险人可以向保险人提出申请，由保险人出具保险批单，保险批单的效力大于保险单正文的效力。

4. 国际货物运输保险合同的终止

保险合同的终止可以有各种原因。

> **小贴士**
>
> **国际货物运输保险合同终止**
>
> （1）自然终止，指保险单的有效期限已届满。
> （2）义务已履行而终止，依保险单的规定，保险人已履行了赔偿责任，保险单的责任即告终止。
> （3）违约终止，指保险人因被保险人的违约行为而终止保险合同。
> （4）因危险发生变动而终止。
> （5）保险标的因保险事故之外的原因而灭失，从而使保险合同终止。

5. 委付与代位求偿权

（1）委付。委付发生在保险标的出现推定全损的情况下。当保险标的出现推定全损时，被保险人可以选择按部分损失向保险人求偿或按全部损失求偿。当被保险人选择后者时，则由被保险人将保险标的权利转让给保险人，而由保险人赔付全部的保险金额。这种转让保险标的权利的做法被称为委付。对于保险人来说，可以接受委付，也可以不接受委付。

（2）代位求偿权。如果保险标的的损失是由第三者的疏忽或过失造成的，保险人依保险合同向被保险人支付了约定的赔偿后，即取得了由被保险人转让的对第三者的损害赔偿请求权，也就是代位求偿权。我国保险法和海商法均规定了被保险人在保险人行使代位求偿权时应履行的义务，如提供必要的文件，协助保险人向第三者追偿，不得因放弃或过失而侵害保险人行使代位求偿权等。在代位求偿权的名义上，依《中华人民共和国海事诉讼特别程序法》第94条的规定，保险人应以自己的名义向第三人提起诉讼。

三、国际货物运输保险索赔

保险索赔是指被保险人就保险合同承保的危险而产生的损害要求保险人支付保险金的行为。因此，被保险人在索赔时需要履行索赔手续。

1. 索赔方式

（1）直接索赔。直接索赔分为直接责任索赔和转位责任索赔。前者指被保险人向保险人直接提出索赔；后者指被保险人首先向第三者提出索赔，然后向保险人、代理人索赔不足部分。

（2）间接索赔。间接索赔指被保险人委托其代理人以书面形式向保险人或其代理人提出索赔（见图5-6）。

图5-6　间接索赔

2. 索赔时效

《中华人民共和国海商法》第264条规定，根据海上保险合同向保险人要求保险赔偿的请求权，时效期间为2年，自事故发生之日起计算。

该法第266条规定，在时效期间的最后6个月内，因不可抗力或其他障碍不能行使请求权的，时效中止。自中止时效的原因消除之日起，有效期间继续计算。

该法第267条规定，时效因请求人提起诉讼、提交仲裁或者被请求人同意履行义务而中断。但是，请求人撤回起诉、撤回仲裁或者起诉被裁定驳回的，时效不中断。

3. 索赔程序

（1）损失通知。

（2）申请检验。

（3）向第三者责任方索赔。

（4）合理施救。

（5）索赔准备。①保险单或保险凭证正本；②运输合同；③发票；④重量单；⑤向承运人等第三者请求赔偿的函电或其他单证；⑥检验报告；⑦海事报告或海事申明书；⑧货损货差证明；⑨索赔清单；⑩索赔授权书。

（6）等候结案。被保险人在办妥有关索赔手续后，即可等待保险人最后审定责任，领取赔款。

> 📁 **小贴士**

索赔函（Statement of Claim）

May 2nd, 2021

Dear Sirs：

　　We enclose herewith our statement of claim in duplicate and other relevant documents as follows：

1. Bill of lading
2. Invoice
3. Loss or damages certificate
4. Survey report

Your early settlement of our claim will be appreciated.

Green Textile Company

> 📁 **小贴士**

同意索赔函

Dear Sirs：

　　In reply to your letter dated May 2nd, 2021, we are pleased to inform you that we are willing to accept your claim statement.

　　You will receive our final settlement of claim very soon as well as the remittance /cheque.

UAU Insurance Company

任务发布

1. 案情一

我国 A 公司以 CIF 汉堡出口食品 1 000 箱，即期信用证付款。货物装运后，A 公司凭已装船清洁提单和已投保一切险及战争险的保险单，向银行收妥货款，货物到目的港后经进口人复验发现下列情况：

（1）该批货物共有 10 个批号，抽查 20 箱，发现其中 2 个批号涉及 200 箱食品细菌含量超过进口国标准。

（2）收货人只实收 995 箱，短少 5 箱。

（3）有 10 箱货物外表状况良好，但箱内货物共短少 60kg。

试分析上述情况，进口人应分别向谁索赔？

2. 案情二

我国某外贸公司以 CFR 条件进口 4 000t 钢管，我方为此批货物向某保险公司投保我国海运保险条款水渍险。钢管在上海港卸下时发现有 500t 生锈，经查其中 200t 钢管在装船时就已生锈，但由于钢管外表有包装，装船时没有被船方检查出来。还有 200t 钢管因船舶在途中搁浅，船底出现裂缝，海水浸湿而致生锈，另有 100t 钢管因为航行途中曾遇雨天，通风窗没有及时关闭而被淋湿致生锈。

分析导致上述损失的原因，保险人是否应予赔偿，为什么？

任务操作

1. 本节任务 1 分析

（1）第一种情况应向卖方索赔，因为原装货物有内在缺陷。

（2）第二种情况应向承运人索赔，因承运人签发清洁提单，在目的港应如数交足。

（3）第三种情况应向保险公司索赔，属保险责任范围以内，但如进口人能举证原装不足，也可向卖方索赔。

2. 本节任务 2 分析

该批钢管以 CFR 条件进口，投保的是我国海运保险条款水渍险：

（1）在装船时就已生锈的 200t 钢管的损失发生在保险责任开始前，属于保险除外责任，因而保险公司不予赔偿。

（2）因船舶在途中搁浅，船底出现裂缝，海水浸湿而致生锈的 200t 钢管的损失是意外事故所致，属于水渍险保险责任，保险公司应予赔偿。

（3）因为航行途中曾遇雨天，通风窗没有及时关闭而被淋湿致生锈的 100t 钢管，损失由外来风险所致，不属于水渍险保险责任，保险公司不予赔偿。

任务评价

项目五任务三评价考核表见表 5-3。

表 5-3　项目五任务三评价考核表

序　号	考　核　内　容	满　分	得　分
1	了解国际货运保险程序	20	
2	了解国际货运保险合同构成	25	
3	掌握索赔的程序和原则	25	
4	案例分析能力	30	
	合　　计	100	

项目五
投保、装船

学习任务四 ▶ 编制集港运输计划

学习目标

知识目标
- 了解货物集港
- 掌握集港方法

能力目标
- 能够完成集港流程
- 能够完成集港计划表填制

素养目标
- 培养学生积极的态度和自学、自省、自控的能力
- 加强学生为他人着想、为客户着想的服务意识
- 培养学生热爱劳动、爱岗敬业、严谨细致、百折不挠、吃苦耐劳、诚实守信的职业精神
- 提升学生有效的沟通能力和职业礼仪素养

知识储备

一、货物集港

出口的货物本来由各个厂家运到港口的车队或堆场,船开的前一天或者前两天,每个船名项下的集装箱要分别运到船所对应的码头,等待装船。这些货物集中到码头堆放的行为,称为集港。

编制集港运输计划

二、集港方法

第一种是出口公司或者工厂自己送货到集装箱堆场,然后在集装箱堆场发送运抵报告,递交场站收据,把船名航次、集装箱号、海关铅封号、货物毛重等相关信息向海关传输,海关收到运抵报告以后,开始报关,通关放行,海关在下货纸上盖放行章,等待集港。

第二种是产地装箱,由集装箱堆场托空箱至客户工厂装箱,然后再运抵集装箱堆场,发送运抵报告,堆场递交传输下货纸,海关开始报关,通关放行,海关在下货纸上盖放行章,等待装船。

三、集港过程

集港由集装箱堆场专车或者专业车队携带入港证件往码头发送,将集装箱按照不同的船名航次往对应的码头发送,等待装船。注意集港过程有特定的时间限制,不能随便打乱集

111

港计划，一般是在船开前一天或者前两天，否则会产生额外费用。

特殊情况下也有例外，如下货纸张运抵晚发，下货纸晚交海关，先行集港，但是需要特定的申请。

> 📁 **小贴士**
>
> 下 货 纸
>
> 货运服务机构、船公司或其代理人在接受托运人的托运单证后，即发给托运人装货单（Shipping Order，S/O）。装货单俗称下货纸。

四、集港流程

集港流程见表5-4。

表5-4 集港流程

程 序		描 述	相关单位人员	单 据	备 注
集港	入港	集港货物经港口办理入港手续	采购单位/托运车辆/港口理货部	卡车通知单（船名、关单号）、签收单	送货车辆入港手续办理
	直取	直接同外代办理装船手续	采购单位/托运车辆/外代	签收单	在车辆来不及办理进港入库手续的情况下或重大货物，直接装船
卸货入库		港口办理卸货，保管	港口装卸组/港口理货部	装船日报/堆场平面图（汇总日报）	为装船提供堆场平面图
核实物单及处理		对实物和装箱单不符或不合乎规定状况进行处理，如唛头、外包装等	货代/货主/港口理货	装箱清单	核实装箱单，确认实物溢缺状况，采取补救措施，为装船提供保障
检尺		实地测量货物尺寸	受船东委托的检尺公司	厂家箱件清单	为准确计算运费提供依据
准备发运		协调计划装船	港口计划室/大副/装船指导	堆场平面图/配仓计划（非纸作业）	及时沟通，确认停靠时间和泊位，综合考虑船的容积、重大货物及其他货物状况配载
装船		货物装吊入仓	港口/外代/绑扎公司	积载图/交接单/处理数据	港口同船公司办理货物装船及交接手续

任务发布

2021年2月22日，上海A国际货运代理有限公司（以下简称"A公司"）计划安排4个客户的货物集港。这4个客户分布在不同的城市，对集港时间各有要求（见表5-5）。

B货运公司（以下简称"B货运"）是一家综合型运输公司，致力于为客户提供快速高效、便捷及时、安全可靠的服务，服务网络覆盖全国34个省级行政区。

项目五
投保、装船

B 货运根据 A 公司的运输要求提供了不同车型的公路运价信息，A 公司据此选择最佳运输路线，完成货物运输。

表 5-5　集港运输计划（一）

序号	订单号	要求提货时间	交货时间	提货单位名称	重量/kg	体积/m³
1	P01026	2021/2/24 14:00	2021/2/25 18:00	苏州中源	1 000　1t=3m³	5.08
2	P01023	2021/2/24 09:00	2021/2/25 18:00	徐州绿荫	7 500　7.5t=22m³	34.00
3	P01325	2021/2/25 6:00	2021/2/25 18:00	镇江衡丰醋业	69.6　0.069 6t	0.48
4	P01426	2021/2/25 10:00	2021/2/25 18:00	镇江金丹酒业	500　0.6t	7.20

注：对于同一条运输路线的不同订单，在车型、成本和运输路线处，用单元格合并表示。

任务操作

1. 看懂公路运输报价（见表 5-6）、公路里程信息（见表 5-7）等。

表 5-6　公路运输报价

车型	荷载重量/t	荷载体积/m³	重货里程运价/元/(t·km)	轻货里程运价/元/(m³·km)	起运价/元
4.2m 厢车	3.00	12.00	1.12	0.40	150.00
6.2m 厢车	5.00	30.00	1.35	0.45	160.00
7.2m 厢车	8.00	45.00	1.45	0.48	170.00
7.2m 冷藏车	8.00	45.00	2.45	1.73	300.00
9.6m 厢车	25.00	50.00	1.85	0.52	300.00
12.5m 厢车	28.00	80.00	2.34	0.61	320.00
12.5m 拖车	28.00	85.00	2.51	0.81	320.00
17.5m 厢车	35.00	110.00	2.61	0.87	400.00
17.5m 板车	35.00	110.00	2.41	0.66	400.00

注：1. 以上报价车辆均从上海发出后开始起计在途时间，到达指定地点装货或卸货。
　　2. 以上报价为税后报价，已含过路过桥费、押车、隔夜等费用。
　　3. 以上报价计费按里程运价×实际里程×货物重量/体积（不足起运价的，按起运价计算；重货按实际重量计算，轻货按实际体积计算）。
　　4. 以上报价轻重货按 1t 等于 3m³ 划分。
　　5. 运输货物重货不满 1t 时以 1t 计算，轻货不满 1m³ 时以 1m³ 计算，空车时按 1t 重货计算，各段运费分段计算。

113

表 5-7　各运输点之间的公路里程　　　　　　　　　　　　（单位：km）

单位名称	A 公司	苏州中源	徐州绿荫	镇江衡丰醋业	镇江金丹酒业
苏州中源	106.00				
徐州绿荫	602.00	510.00			
镇江衡丰醋业	246.00	164.00	384.00		
镇江金丹酒业	246.00	164.00	384.00	30.00	

2. 根据资料信息，选择车型。
3. 将重量、体积等核算出来。
4. 计算苏州中源的运价。

苏州中源：选择 4.2m 厢车。

货物重量 1t，体积 5.08m^3

空车（上海—苏州）：运价 1=106×1.12×1=118.72（元）

返程（苏州—上海）：重量 1t=3m^3，而货物实际重量为 5.08m^3，故该批货物为轻货，按立方米计算。运价 2=106×0.4×5.08=215.39（元）

最终运价：运价 1+ 运价 2=118.72+215.39=334.11（元）。

5. 计算徐州绿茵的运价。

我们再来看看徐州绿荫，其货物为木箱包装，两种货物重量为 7.5t，体积为 34m^3，轻货，选择 7.2m 厢车。空车：上海—徐州，运价 1=602×1.45×1=872.9（元）。

从徐州装车后返回上海，其货物较轻，按照体积重量计算，则运价 2=602×34×0.48=9 824.64（元）。总运价 = 运价 1+ 运价 2=10 697.54（元）。

6. 计算镇江衡丰醋业和镇江金丹酒业的运价。

我们的车辆先从上海到达镇江，其空车运价为：运价 1=246×1.12×1=275.52（元）。

镇江衡丰醋业到镇江金丹酒业的运价为：运价 2=1×30×0.4=12（元）。

镇江金丹酒业到上海的运价为：运价 3=246×7.68×0.4=755.71（元）。

总运价 = 运价 1+ 运价 2+ 运价 3=1 043.23（元）。

最终，集港运输计划见表 5-8。

表 5-8　集港运输计划（二）

序号	订单号	要求提货时间	交货时间	提货单位名称	重量 /kg	体积 /m^3	车型	成本 / 元	运输路线
1	PO1026	2021/2/24 14:00	2021/2/25 18:00	苏州中源	1 000 1t=3m^3	5.08	4.2m 厢车	334.11	上海—苏州—上海
2	PO1023	2021/2/24 09:00	2021/2/25 18:00	徐州绿荫	7 500 7.5t=22m^3	34.00	7.2m 厢车	10 697.54	上海—徐州—上海
3	PO1325	2021/2/25 6:00	2021/2/25 18:00	镇江衡丰醋业	69.6 0.069 6t	0.48	4.2m 厢车	1 043.23	上海—镇江衡丰醋业—镇江金丹酒业—上海
4	PO1426	2021/2/25 10:00	2021/2/25 18:00	镇江金丹酒业	600 0.6t	7.20			

注：对于同一条运输路线的不同订单，在车型、成本和运输路线处，用单元格合并表示。

任务评价

项目五任务四评价考核表见表 5-9。

表 5-9　项目五任务四评价考核表

序　号	考　核　内　容	满　分	得　分
1	了解货物集港	20	
2	掌握集港方法	20	
3	了解集港程序	30	
4	能够完成集港计划表填制	30	
	合　计	100	

项目六

缮 制 单 证

学习任务一 ▶ 缮制海运提单

学习目标

知识目标
→ 了解海运提单的基本含义
→ 了解海运提单在外贸业务中的作用
→ 了解海运提单的种类
→ 理解海运提单的操作流程
→ 理解海运提单的基本内容及缮制要求

能力目标
→ 能够独立缮制海运提单
→ 能够独立完成海运提单业务操作

素养目标
→ 培养学生独立思考、解决问题的能力
→ 培养学生团结协作、良好沟通的合作精神
→ 锻炼学生细致、认真、严谨的职业心态

知识储备

一、海运提单的基本含义

海运提单（Marine Bill of Lading or Ocean Bill of Lading），简称提单（Bill of Lading, B/L），是国际结算中的一种最重要的单据。提单是指用以证明海上货物运输合同和货物已经由承运人接收或者装船，以及承运人保证据以交付货物的单证（《中华人民共和国海商法》第 71 条）。提单是运输部门承运货物时签

海运提单的种类

发给发货人（可以是出口人，也可以是货代）的一种凭证。收货人凭提单向货运目的地的运输部门提货（若收货人手里是小单，则需要向国内货代换取主单），提单须经承运人或船方签字后始能生效。提货单（D/O）是海运货物向海关报关的有效单证之一。

二、海运提单在外贸业务中的作用

（一）货物收据

对于将货物交给承运人运输的托运人，提单具有货物收据的功能。承运人不仅对于已装船货物负有签发提单的义务，而且根据托运人的要求，即使货物尚未装船，只要货物已在承运人掌管之下，承运人也有签发"收货待运提单"的义务。所以，提单一经承运人签发，即表明承运人已将货物装上船舶或已确认接管。提单作为货物收据，不仅证明收到货物的种类、数量、标志、外表状况，而且还证明收到货物的时间，即货物装船的时间。本来，签发提单时，只要能证明已收到货物和货物的状况即可，并不一定要求已将货物装船。但是，将货物装船象征卖方将货物交付给买方，于是装船时间也就意味着卖方的交货时间。按时交货是履行合同的必要条件，因此，用提单来证明货物的装船时间是非常重要的。

（二）物权凭证

对于合法取得提单的持有人，提单具有物权凭证的功能。提单的合法持有人有权在目的港以提单相交换来提取货物，而承运人只要出于善意，凭提单发货，即使持有人不是真正货主，承运人也无责任。除非在提单中指明，提单可以不经承运人的同意而转让给第三者，提单的转移就意味着物权的转移，连续背书可以连续转让。提单的合法受让人或提单持有人就是提单上所记载货物的合法持有人。提单所代表的物权可以随提单的转移而转移，提单中所规定的权利和义务也随着提单的转移而转移。即使货物在运输过程中遭受损坏或灭失，也因货物的风险已随提单的转移而由卖方转移给买方，只能由买方向承运人提出赔偿要求。

（三）合同成立的证明文件

提单上印就的条款规定了承运人与托运人之间的权利、义务，而且提单也是法律承认的处理有关货物运输的依据，因而常被人们认为提单本身就是运输合同。但是按照严格的法律概念，提单并不具备经济合同应具有的基本条件：它不是双方意思表示一致的产物，约束承托双方的提单条款是承运人单方拟定的；它的履行在前，而签发在后，早在签发提单之前，承运人就开始接受托运人托运货物和将货物装船的有关货物运输的各项工作。所以，与其说提单本身就是运输合同，不如说提单只是运输合同的证明更为合理。如果在提单签发之前，承托双方之间已存在运输合同，则不论提单条款如何规定，双方都应按原先签订的合同约定行事；但如果事先没有任何约定，托运人接受提单时又未提出任何异议，这时提单就被视为合同本身。虽然海洋运输的特点决定了托运人并没在提单上签字，但因提单毕竟不同于一般合同，所以不论提单持有人是否在提单上签字，提单条款对他们都具有约束力。

海运提单如图 6-1 所示。

托运人 Shipper (2)		提单号 B/L No. (1)
收货人 Consignee (3)		**COSCO** 中国远洋运输公司 Port to Port or Combined Transport Bill of Lading ORIGINAL
被通知人 Notify Party (4)		
前程运输 Pre-carriage by (5)	收货地 Place of Receipt (6)	
船次/航次 Ocean Vessel/Voyage No. (7)	装运港 Port of Loading (8)	
卸货港 Port of Discharge (9)	交货地 Place of Delivery (10)	

唛头/集装箱号 Marks & Container No. (11)	箱数与件数 Nos. & Kinds of Pkgs (12A)	货名 Description of Goods (13)	毛重 G.W. (kg) (14A)	净重 N.W. (kg) (14B)	体积 Meas.(m³) (14C)

总箱数/货物总件数
Total No. of Containers or Packages (in Words) (12B)

运费 (15) Freight & Charges	运费吨 Revenue Tons (15A)	运费率 Rate (15B)	计费单位 Per (15C)	运费预付 Prepaid (15D)	运费到付 Collect (15E)
预付地点 (15F) Prepaid at		到付地点 (15G) Payable at		提单签发地点和日期 (17) Place and Date of Issue	
预付总额 (15H) Total Prepaid		正本提单份数 No.of Original B/L (16)		承运人签章 Signed for the Carrier (19)	
	Loading on Board the Vessel 日期 Date (18A)		船名 By (18B)		

图 6-1 海运提单

三、海运提单的种类

按不同的分类标准，提单可以划分为许多种类。

（一）按提单收货人的抬头分

1. 记名提单

记名提单（Straight B/L）又称收货人抬头提单，是指提单上的收货人栏中已具体填写收货人名称的提单。提单所记载的货物只能由提单上特定的收货人提取，或者说承运人在卸货港只能把货物交给提单上所指定的收货人。如果承运人将货物交给提单指定的以外的人，即使该人占有提单，承运人也应负责。这种提单失去了代表货物可转让流通的便利，但同时也可以避免在转让过程中可能带来的风险。

使用记名提单，如果货物的交付不涉及贸易合同下的义务，则可不通过银行而由托运人将其邮寄收货人，或由船长随船代交。这样，提单就可以及时送达收货人，而不致延误。因此，记名提单一般只适用于运输展览品或贵重物品，特别是短途运输中使用较有优势，而在国际贸易中较少使用。

2. 不记名提单

不记名提单（Bearer B/L，Open B/L，Blank B/L）是指提单上收货人一栏内没有指明任何收货人，而注明"提单持有人"（Bearer）字样或将这一栏空白，不填写任何人的名称的提单。这种提单不需要任何背书手续即可转让，或提取货物，极为简便。承运人应将货物交给提单持有人，谁持有提单，谁就可以提货，承运人交付货物只凭单，不凭人。这种提单丢失或被窃，风险极大，若转入善意的第三者手中，极易引起纠纷，故国际上较少使用这种提单。另外，根据有些班轮公会的规定，凡使用不记名提单，在给大副的提单副本中必须注明卸货港通知人的名称和地址。

3. 指示提单

指示提单（Order B/L）是指在提单正面"收货人"一栏内填上"凭指示"（to Order）或"凭某人指示"（Order of）字样的提单。这种提单按照表示指示人的方法不同，指示提单又分为托运人指示提单、记名指示人提单和选择指示人提单。如果在收货人栏内只填记"指示"字样，则称为托运人指示提单。这种提单在托运人未指定收货人或受让人之前，货物所有权仍属于卖方，在跟单信用证支付方式下，托运人就是以议付银行或收货人为受让人，通过转让提单而取得议付货款的。如果收货人栏内填记"某某指示"，则称为记名指示提单，如果在收货人栏内填记"某其或指示"，则称为选择指示人提单。记名指示提单或选择指示人提单中指名的"某某"既可以是银行的名称，也可以是托运人。

指示提单是一种可转让提单。提单的持有人可以通过背书的方式把它转让给第三者，而不须经过承运人认可，所以这种提单为买方所欢迎。不记名指示（托运人指示）提单与记名指示提单不同，它没有经提单指定的人背书才能转让的限制，所以其流通性更大。指示提单在国际海运业务中使用较广泛。

（二）按货物是否已装船分

1. 已装船提单

已装船提单（Shipped B/L，on Board B/L）是指货物装船后由承运人或其授权代理人根据大副收据签发给托运人的提单。如果承运人签发了已装船提单，就是确认他已将货物装在船上。这种提单除载明一般事项外，通常还必须注明装载货物的船舶名称和装船日期，即提单项下货物的装船日期。

2. 收货待运提单

收货待运提单（Received for Shipment B/L）又称备运提单、待装提单，或简称待运提单。它是承运人在收到托运人交来的货物但还没有装船时，应托运人的要求而签发的提单。签发这种提单时，说明承运人确认货物已交由承运人保管并存在其所控制的仓库或场地，但还未装船。所以，这种提单未载明所装船名和装船时间，在跟单信用证支付方式下，银行一般都不肯接受这种提单。但当货物装船，承运人在这种提单上加注装运船名和装船日期并签字盖章后，待运提单即成为已装船提单。同样，托运人也可以用待运提单向承运人换取已装船提单。《中华人民共和国海商法》第 74 条对此做了明确的规定。

（三）按提单上有无批注分

1. 清洁提单

在装船时，货物外表状况良好，承运人在签发提单时，未在提单上加注任何有关货物残损、包装不良、件数、重量和体积，或其他妨碍结汇的批注的提单称为清洁提单（Clean B/L）。

使用清洁提单在国际贸易实践中非常重要，买方要想收到完好无损的货物，首先必须要求卖方在装船时保持货物外观良好，并要求卖方提供清洁提单。在以跟单信用证为付款方式的贸易中，通常卖方只有向银行提交清洁提单才能取得货款。清洁提单是收货人转让提单时必须具备的条件，同时也是履行货物买卖合同规定的交货义务的必要条件。承运人一旦签发了清洁提单，货物在卸货港卸下后，如发现有残损，除非是由承运人可以免责的原因所致，否则承运人必须负责赔偿。

2. 不清洁提单

在货物装船时，承运人若发现货物包装不牢、破残、渗漏、沾污、标志不清等现象，大副将在收货单上对此加以批注，并将此批注转移到提单上，这种提单称为不清洁提单（Unclean B/L，Foul B/L）。

实践中，承运人接收货物时，如果货物外表状况不良，一般先在大副收据上做出记载，在正式签发提单时，再把这种记载转移到提单上。在国际贸易的实践中，银行是拒绝出口商以不清洁提单办理结汇的。为此，托运人应把损坏或外表状况有缺陷的货物进行修补或更换。习惯上的变通办法是由托运人出具保函，要求承运人不要将大副收据上所做的有关货物外表状况不良的批注转批到提单上，而根据保函签发清洁提单，以使出口商能顺利完成结汇。但是，承运人因未将大副收据上的批注转移提单上，承运人可能承担对收货人的赔偿责任，承运人因此遭受的损失应由托运人赔偿。那么，托运人是否能够赔偿，在向托运人追偿时，往往难以得到法律的保护而承担很大的风险。承运人与收货人之间的权利和义务是提单条款的规定，而不是保函的保证。所以，承运人不能凭保函拒赔，保函对收货人是无效的，如果承、托双方的做法损害了第三者收货人的利益，有违民事活动的诚实信用的基本原则，容易构成与托运人的串通，对收货人进行欺诈行为。

（四）按运输方式分

1. 直达提单

直达提单（Direct B/L），又称直运提单，是指货物从装货港装船后，中途不经转船，直接运至目的港卸船交与收货人的提单。直达提单上不得有"转船"或"在某港转船"的批注。凡信用证规定不准转船者，必须使用这种直达提单。如果提单背面条款印有承运人有权转船的"自由转船"条款者，则不影响该提单成为直达提单的性质。

使用直达提单，货物由同一船舶直运目的港，对买方来说比中途转船有利得多，它既可以节省费用、减少风险，又可以节省时间，及早到货。因此，通常买方只有在无直达船时才同意转船。在贸易实务中，如信用证规定不准转船，则卖方必须取得直达提单才能结汇。

2. 转船提单

转船提单（Transshipment B/L）是指货物从启运港装载的船舶不直接驶往目的港，需要在中途港口换装其他船舶转运至目的港卸货的提单。在提单上注明"转运"或"在某某港转船"字样，转船提单往往由第一程船的承运人签发。由于货物中途转船，增加了转船费用和风险，并影响到货时间，故一般信用证内均规定不允许转船，但直达船少或没有直达船的港口，买方也只好同意可以转船。

3. 联运提单

联运提单（Through B/L）是指货物运输需经两段或两段以上的运输方式来完成，如海陆、海空或海海等联合运输所使用的提单。船船（海海）联运在航运界也称为转运，包括海船将货物送到一个港口后再由驳船从港口经内河运往内河目的港。

联运的范围超过了海上运输界限，货物由船舶运送经水域运到一个港口，再经其他运输工具将货物送至目的港，先海运后陆运或空运，或者先空运、陆运后海运。当船舶承运由陆路或飞机运来的货物继续运至目的港时，货方一般选择使用船方所签发的联运提单。

4. 多式联运提单

多式联运提单（Multimodal Transport B/L，Intermodal Transport B/L）主要用于集装箱运输，是指一批货物需要经过两种或两种以上不同运输方式，其中一种是海上运输方式，由一个承运人负责全程运输，负责将货物从接收地运至目的地交付收货人，并收取全程运费所签发的提单。提单内的项目不仅包括启运港和目的港，而且列明一程、二程等运输路线，以及收货地和交货地。

（1）多式联运是以两种或两种以上不同运输方式组成的，多式联运提单是参与运输的两种或两种以上运输工具协同完成所签发的提单。

（2）多式联运的运输方式中必须有一种是国际海上运输。

（3）多式联运提单如果贸易双方同意，并在信用证中明确规定，可由承担海上区段运输的船公司、其他运输区段的承运人、多式联运经营人（Combined Trandport Operator）或无船承运人（Non-vessel Operating Common Carrier）签发。

（五）按签发提单的时间分

1. 倒签提单

倒签提单（Anti-dated B/L）是指承运人或其代理人应托运人的要求，在货物装船完毕后，以早于货物实际装船日期为签发日期的提单。当货物实际装船日期晚于信用证规定的装船日期时，若仍按实际装船日期签发提单，托运人就无法结汇。为了使签发提单的日期与信用证规定的装运日期相符，以利于结汇，承运人应托运人的要求，在提单上仍以信用证的装运日期填写签发日期，以免违约。

2. 顺签提单

顺签提单（Post-date B/L）是指在货物装船完毕后，应托运人的要求，由承运人或其代理人签发的提单。但是，该提单上记载的签发日期晚于货物实际装船完毕的日期。也就是说，它是托运人从承运人处得到的以晚于货物实际装船完毕的日期作为提单签发日期的提单。由于顺填日期签发提单，因此称为"顺签提单"。

3. 预借提单

预借提单（Advanced B/L）是指货物尚未装船或尚未装船完毕的情况下，信用证规定的结汇期（即信用证的有效期）即将届满，托运人为了能及时结汇，而要求承运人或其代理人提前签发的已装船清洁提单，即托运人为了能及时结汇而从承运人那里借用的已装船清洁提单。

当托运人未能及时备妥货物或船期延误，船舶不能按时到港接受货载，估计货物装船完毕的时间可能超过信用证规定的结汇期时，托运人往往采用从承运人那里借出提单用以结汇，当然必须出具保函。签发这种提单，承运人要承担更大的风险，可能构成承、托双方合谋对善意的第三者收货人进行欺诈。

签发倒签提单或预借提单，对承运人的风险很大，由此引起的责任承运人必须承担，尽管托运人往往向承运人出具保函，但这种保函同样不能约束收货人。比较而言，签发预借提单比签发倒签提单对承运人的风险更大，因为预借提单是承运人在货物尚未装船，或者装船还未完毕时签发的。我国法院对承运人签发预借提单的判例，承运人不但承担了由此引起的一切后果，赔偿货款损失和利息损失，还赔偿了包括收货人向第三人赔付的其他各项损失。

4. 过期提单

过期提单（Stale B/L）有两种含义：一是出口商在装船后延滞过久才交到银行议付的提单。按国际商会 600 号出版物《跟单信用证统一惯例》2007 年修订本第 29 条规定了截止日或最迟交单日顺延的情形。二是提单晚于货物到达目的港，这种提单也称为过期提单。因此，近洋国家的贸易合同一般都规定有"过期提单也可接受"的条款（Stale B/L is

Acceptance）。

（六）按收费方式分

1. 运费预付提单

成交 CIF、CFR 价格条件为运费预付，按规定货物托运时，必须预付运费。在运费预付情况下出具的提单称为运费预付提单（Freight Prepaid B/L）。这种提单正面载明"运费预付"字样，运费付后才能取得提单；付费后，若货物灭失，运费不退。

2. 运费到付提单

以 FOB 条件成交的货物，不论是买方订舱还是买方委托卖方订舱，运费均为到付（Freight Payable at Destination），并在提单上载明"运费到付"字样，这种提单称为运费到付提单（Freight to Collect B/L）。货物运到目的港后，只有付清运费，收货人才能提货。

3. 最低运费提单

最低运费提单（Minimum B/L）是指对每一提单上的货物按起码收费标准收取运费所签发的提单。如果托运人托运的货物批量过少，按其数量计算的运费额低于运价表规定的起码收费标准时，承运人均按起码收费标准收取运费，为这批货物所签发的提单就是最低运费提单，也可称为起码收费提单。

> **想一想**
>
> 海运提单还有哪些分类方式呢？

四、海运提单操作流程

一套提单可能有 1 份以上的正本，常见有 1～3 份正本。任何一份正本都可以作为提货凭证。因此，买方应向卖方索要全套正本提单。

步骤一：海运提单绝大多数情况下是货权凭证。卖方（发货方）将货物交给承运人（船方）后，承运人向卖方开具一套提单。

步骤二：发货人发货后，可通过银行（跟单 L/C 或托收结汇）将提单交给收货人，或者直接通过邮递转交收货人。

步骤三：收货人应注意提单上的通知方。提单所列货物到港后，船方会通知通知方，再由通知方通知收货人持提单去港口提货。 交货人收钱的时间根据双方商定的结汇方式而定。如果是不可撤销即期信用证，提单以及其他议付单据交付银行后，银行审核无误就可以将货款议付给发货人。如果是远期信用证或其他结汇方式就要具体分析了。

> **练一练**
>
> 请用 Visio 软件绘制海运提单操作流程图。

五、海运提单的基本内容及缮制要求

（一）海运提单的基本内容

海运提单的基本内容如图 6-2 所示。

Shipper 2	B/L No.: 1
Consignee 3	
Notify Party 4	

*Pre-carriage by	*Place of Receipt	
Ocean Vessel, Voy No. 5	Port of Loading 6	
Port of Discharge 7	*Place of Delivery	

Marks & Nos. Container / Seal No. 8	Nos. of Containers or Packages 9	Description of Goods 10	Gross Weight 11	Measurement 12

Total Number of Containers and/or Packages (in words)	13

Freight & Charges 14	Revenue Tons	Rate	Per	Prepaid	Collect
Ex.Rate:	Prepaid at	Payable at	Place and Date of Issue 15		
	Total Prepaid	No. of Original B(s)/L 16	Signed By		

Laden on Board the Vessel
Date   By

图 6-2　海运提单的基本内容

（二）海运提单的缮制要求

海运提单缮制要求见表 6-1。

表 6-1 海运提单缮制要求

序号	内容	缮制要求
1	提单号码（B/L No.）	提单上必须注明承运人及其代理人规定的提单编号，以便核查，否则提单无效
2	托运人（Shipper）	托运人即委托运输的人，在进出口贸易中通常就是出口人。本栏填写托运人的名称和地址
3	收货人（Consignee）	这是提单中的重要栏目，应严格按照信用证的要求填制
4	被通知人（Notify Party）	被通知人是接受船方发出货的通知人，是收货人的代理人。如果收货人栏采用指示式、不记名式，此栏一般为实际提货人，通常为进口人
5	船名及航次（Ocean Vessel，Voy. No.）	本栏填写实际载货船舶的船名及航次，用"/"隔开
6	启运港（Port of Loading）	在港至港海运方式下，填写具体装运港口的名称和国名
7	目的港（Port of Discharge）	在港至港海运方式下，填写具体卸货港口的名称和国名
8	标记唛头（Marks & Nos.）；集装箱号码/铅封号（Container/Seal No.）	唛头应该与其他单据上的相一致，没有唛头的散装货应注明"N/M"或"IN BULK"字样。集装箱号码/铅封号填写集装箱的号码、铅封号，如果是散装货物，则此栏空白
9	货物包装及件数（Nos. of Containers or Packages）	本栏按照货物的实际装船情况填写总外包装件数及包装情况。一张提单有几种不同包装也应分别列明，在总数及大写部分可以使用件（Packages）。托盘与集装箱也可以作为包装填写，裸装有捆（Bundle）、件（Packages）等，散装货应注明"IN BULK"字样
10	货物名称（Description of Goods）	本栏填写符合信用证或合同的，与实际货物的名称、规格、型号、成分、品牌等相一致的货物名称
11	毛重（Gross Weight）	本栏填写货物的总毛重，一般以千克作为重量单位，小数点后保留三位
12	尺码（Measurement）	本栏填写货物的总尺码，一般以立方米作为体积单位，小数点后保留三位
13	货物总包装件数的大写[Total Number of Containers and/or Packages（in words）]	本栏用英文大写填写集装箱或件数的合计，例如 100 纸箱，此栏应填写"SAY ONE HUNDRED CARTONS ONLY"
14	运费和费用（Freight & Charges）	提单要按规定加注运费条款，即运费预付"FREIGHT PREPAID"或运费到付"FREIGHT COLLECT"或"FREIGHT PAYABLE AT DESTINATION"，并且注意与所用贸易术语的一致性，如 CIF 或 CFR 填写前者，FOB 填写后者
15	提单的签发地点和签发日期（Place & Date of Issue）	提单的签发地点为货物的装运地点，签发日期除备运提单外，均填写装货完毕的日期
16	正本提单份数[No. of Original B(s)/L]	正本提单份数应按规定签发，一般是 1~3 份，并应使用英文大写数字，如 ONE、TWO、THREE

任务发布

2020年1月6日,深圳A进出口贸易有限责任公司收到孟加拉国B贸易有限公司开来的不可撤销信用证,并委托深圳C货代公司办理相关出口手续,货代公司单证员王某负责本次单证业务。

不可撤销信用证

兹开立号码为1946-1D-10-×××× 的不可撤销的信用证

开证日期:2020.01.05

有效日期和地点:2020.03.01 中国

开证行:孟加拉国家银行

开证申请人:孟加拉国B贸易有限公司

     穆吉布大道,×××号(一楼),××××

电话:00880-271××××

传真:00880-271××××

受益人:深圳A进出口贸易有限责任公司

    深圳市深南中路××大厦×座××室,××××××

电话:0755-8375××××

传真:0755-8375××××

信用证总额:＿＿＿＿＿＿＿＿＿＿

呈兑方式:任何银行议付见证45天内付款

付款行:受益人国家的任何一家银行可议付

运输要求:不允许分装 允许转船

启运港:＿＿＿＿＿天津＿＿＿＿＿

目的港:＿＿＿＿＿吉大港＿＿＿＿＿

最迟装运期:2020.02.15

货物描述:涂料马林

规格:T5361

单价:USD 3000/桶 CFR 吉大港

总升数:4140公升

包装:使用适合海运的金属桶包装,每公升装成一桶,每12桶包装成箱

包装尺码 90cm×60cm×80cm　包装重量(毛/净)25/23kgs

应附单据:

1. 签字的商业发票5份。

2. 全套清洁已装船海运提单3/3份,收货人为TO THE ORDER OF 信用证开证行,显示"运费预付",通知开证申请人,且注明"斯里兰卡"号装运。

3. 装箱单/重量单4份,显示每个包装产品的数量/毛净重和信用证要求的包装情况。

4. 由制造商签发的质量证明 3 份。

5. 受益人证明的传真件，在船开后 3 天内将船名航次、日期、货物的数量、重量价值、信用证号和合同号通知付款人。

6. 当局签发的原产地证明 3 份。

7. 当局签发的健康/检疫证明 3 份。

附加指示：

1. 租船提单和第三方单据可以接受。

2. 装船期在信用证有效期内可接受。

3. 允许数量和金额公差在 10% 左右。

补充资料：

合同号：OIH/547453××××　　　　　发票号：NPMS/SQ/92××××

提单号：251464××××DF　　　　　　海关注册编码：××××.00.00

实际船期：2020.02.14　　　　　　　　航次：V58××××

发票日期：2019.12.29

备案号：C51497753××××（该货物列手册第 22 项）

深圳 A 进出口贸易有限责任公司（编号 1234）于 2020 年 2 月 13 日向天津海关（关区代码：0201）申报。收汇核销单号：29/14452××××，出境货物通关单（证件编号：4572746××××），法定计量单位：公升。使用集装箱运输，箱号分别为 INBU77××××，集装箱自重均为 4020kg。

预录入编号：4572746××××

贸易方式：一般贸易

征免性质：照章

结汇方式：信用证

许可证号：4572746××××

境内货源地：深圳 A 进出口贸易有限责任公司

生产厂家：深圳 A 进出口贸易有限责任公司

唛头：PO NO.: OIH/547453××××
　　　　BUYER: 深圳 A 进出口贸易有限责任公司
　　　　GOODS' NAME: 涂料马冰
　　　　G.W.: 25kgs
　　　　N.W.: 23kgs
　　　　SIZE: T5361
　　　　NO　251464×××DF

运费：USD 1000　　　　保费：USD 15 000　　　　杂费：USD 300

开户行账号：中国银行 955880××××××××××××　MR G

报关员：MR.A

任务操作

王某利用前面所学知识完成了本次海运提单的填制,具体操作步骤如下:

步骤一:分析信用证条款。

步骤二:根据信用证条款,完成海运提单(见图6-3)。

1)托运人 孟加拉国B贸易有限公司 穆吉布大道,×××号(一楼),×××× 电话:00880-271×××× 传真:00880-271××××		10)提单号: 　　　　251464×××DF 　　　　　COSCO 　中国远洋运输(集团)总公司 CHINA OCEAN SHIPPING (GROUP) CO. 　　　　　　　ORIGINAL COMBINED TRANPORT BILL OF LADING
2)收货人 TO THE ORDER OF 孟加拉国家银行		
3)通知人 孟加拉国B贸易有限公司 穆吉布大道,×××号(一楼),×××× 电话:00880-271×××× 传真:00880-271×××× "斯里兰卡"号装运		
4)第一乘船	5)收货地	
6)船名 航次 "斯里兰卡"号/V58××××	7)装运港 天津港	
8)卸货港 吉大港	9)目的地	
11)唛头　12)包装与件数　13)商品名称　14)毛重　15)体积 　　N/M　　　　345 箱　　　　涂料马林　　8625kgs　　149.04m³		
16)总件数 SAY THREE HUNDRED FORTY FIVE CASES ONLY		
17)运费支付 运费预付 USD 1000	18)正本提单份数 3/3	19)签发地点与日期 天津港 /14/02/2020
	20)装船日期 14/02/2020	21)签发人

图 6-3　海运提单填写样本

任务评价

项目六任务一评价考核表见表6-2。

表6-2 项目六任务一评价考核表

考核内容	满 分	学生评分（0.4）	教师评分（0.6）
阐述单据	20		
填制单据	30		
单据流转	30		
语言分析与表达	20		
合 计	100		

注：考评满分为100分，60～74分为及格，75～84分为良好，85分及以上为优秀。

学习任务二 缮制航空运单

学习目标

知识目标
- 了解航空运单的基本含义
- 了解航空运单的性质和作用
- 了解航空运单的种类
- 理解航空运单的代理人制单内容
- 理解航空运单的基本内容及缮制要求

能力目标
- 能够独立缮制航空运单的内容
- 能够独立完成航空运单的业务操作
- 能够独立完成海运提单业务操作

素养目标
- 培养学生独立思考、解决问题的能力
- 培养学生团结协作、良好沟通的合作精神
- 锻炼学生细致、认真、严谨的职业心态

知识储备

了解航空运单

一、航空运单的基本含义

航空运单是指承运人与托运人之间签订的运输合同。航空运单不是物权凭证，不能通过背书转让。收货人提货不是凭借航空运单，而是凭借航空公司的提货通知单。

托运人托运航空货物必须填写航空运单。航空公司承运货物必须出具航空运单。

航空运单的条款有正面、背面条款之分。各航空公司所使用的航空运单大多借鉴国际航空运输协会（IATA）所推荐的标准格式，不同的航空公司会有自己独特的航空运单格式，但差别并不大。航空运单的这种标准格式，也称中性运单。注意：海运提单的条款也有正背面之分，但各个航运公司的海运提单可能千差万别。

小贴士

空运进出口流程如图 6-4 所示。

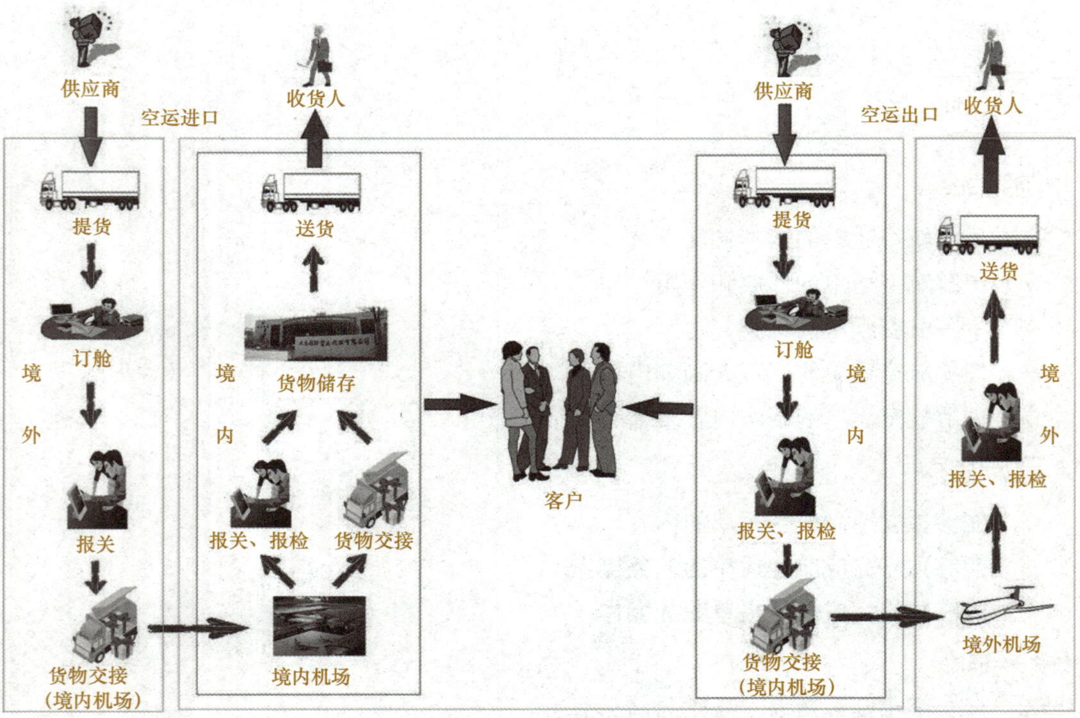

图 6-4 空运进出口流程

二、航空运单的性质和作用

航空运单与海运提单有很大不同，却与国际铁路运单相似。它是由承运人或其代理人签发的重要的货物运输单据，是承托双方的运输合同，其内容对双方均具有约束力。航空运单不可转让，持有航空运单也并不能说明可以对货物要求所有权。

（一）航空运单是发货人与航空承运人之间的运输合同

与海运提单不同，航空运单不仅证明航空运输合同的存在，而且航空运单本身就是发货人与航空运输承运人之间缔结的货物运输合同，在双方共同签署后产生效力，并在货物到达目的地交付给运单上所记载的收货人后失效。

（二）航空运单是承运人签发的已接收货物的证明

航空运单也是货物收据，在发货人将货物发运后，承运人或其代理人就会将其中一份交给发货人（即发货人联），作为已经接收货物的证明。除非另外注明，否则它是承运人收到货物并在良好条件下装运的证明。

（三）航空运单是承运人据以核收运费的账单

航空运单分别记载着属于收货人负担的费用，属于应支付给承运人的费用和应支付给代理人的费用，并详细列明费用的种类、金额，因此可作为运费账单和发票。承运人往往也将其中的承运人联作为记账凭证。

（四）航空运单是报关单证之一

出口时航空运单是报关单证之一。在货物到达目的地机场进口报关时，航空运单也通常是海关查验放行的基本单证。

（五）航空运单同时可作为保险证书

如果承运人承办保险或发货人要求承运人代办保险，则航空运单也可用来作为保险证书。

（六）航空运单是承运人内部业务的依据

航空运单随货同行，证明了货物的身份。运单上载有有关该票货物发送、转运、交付的事项，承运人会据此对货物的运输做出相应安排。

航空运单的正本一式三份，每份都印有背面条款，其中一份交发货人，是承运人或其代理人接收货物的依据；第二份由承运人留存，作为记账凭证；最后一份随货同行，在货物到达目的地，交付给收货人时作为核收货物的依据。

三、空运单的种类

根据签发人的不同,航空运单分为以下两类:

(一)航空主运单

航空主运单(Master Air Waybill,MAWB)是指由航空运输公司签发的航空运单。它是航空运输公司据以办理货物运输和交付的依据,是航空公司和托运人订立的运输合同,每一批航空运输的货物都有自己相对应的航空主运单。

(二)航空分运单

航空分运单(House Air Waybill,HAWB)即集中托运人在办理集中托运业务时签发的航空运单。在集中托运的情况下,除了航空运输公司签发主运单外,集中托运人还要签发航空分运单。

航空分运单作为集中托运人与货主之间的货物运输合同,合同双方分别为货主和集中托运人;而航空主运单作为航空运输公司与集中托运人之间的货物运输合同,当事人则为集中托运人和航空运输公司。货主与航空运输公司没有直接的契约关系。

不仅如此,由于在启运地货物由集中托运人将货物交付航空运输公司,在目的地由集中托运人或其代理从航空运输公司处提取货物,再转交给收货人,因而货主与航空运输公司也没有直接的货物交接关系。

四、航空运单的代理人制单

根据《统一国际航空运输某些规则的公约》(简称《华沙公约》)第6条第(1)款和第(5)款规定,航空货运单应当由托运人填写,承运人根据托运人的要求填写航空货运单的,在没有相反证据的情况下,应当视为代替托运人填写。

在航空货运业务的操作中,各航空公司承运的货物大多是通过其代理人收运的,某些特种货物由航空公司直接收运。因为填写航空运单必须具有一定的专业知识,同时为了方便操作和为客户提供服务,托运人以托运书(Shipper's Letter of Instructions)或委托书的形式授权航空公司或其代理人代替填写航空运单。

航空公司或其代理人根据托运人的托运书或委托书代替托运人填写航空运单。因此,托运人正确地、完整地填写托运书或委托书十分重要。

承运人根据托运人的请求,接收货物并填写航空运单。航空运单正本一式三份。航空运单第一份注明"交承运人",由托运人签字、盖章;第二份注明"交收货人",由托运人和承运人签字、盖章;第三份由承运人在接收货物后签字、盖章,交给托运人。

五、航空运单的基本内容及缮制要求

(一)航空运单的基本内容

航空运单的基本内容见图6-5。

项目六
缮制单证

023 1	2	023 — 2

Shipper's Name and Address 4

托运人名称及地址和国家名称、必要时填入电话号码及传真号码

DESUN TRADING CO., LTD.
HUARONG MANSION RM2901 NO.85 GUANJIAQIAO, NANJING 210005, CHINA
TEL. 0086-25-4715004 FAX: 0086-25-4711363

Shipper's Account Number 3

不填

Consignee's Name and Address 6

收货人名称及地址和国家名称、必要时填入电话号码及传真号码

NEO GENERAL TRADING CO.
P.O. BOX 99552, RIYADH 22766, KSA
TEL. 00966-1-4659220 FAX: 00966-1-4659213

Consignee's Account Number 5

不填

It is agreed that the goods described herein are accepted in apparent good order and condition (except as noted)for carriage SUBJECT TO THE CONDITIONS OF CONTRACT ON THE REVERSE HEREOF. ALL GOODS MAY BE CARRIED BY ANY OTHER MEANS INCLUDING ROAD OR ANY OTHER CARRIER UNLESS SPECIFIC CONTRARY INSTRUCTIONS ARE GIVEN HEREON BY THE SHIPPER. THE SHIPPER'S ATTENTION IS DRAWN TO THE NOTICE CONCERNING CARRIER'S LIMITATION OF LIABILITY. Shipper may increase such limitation of liability by declaring a higher value for carriage and paying a supplemental charge if required.

Issuing Carrier's Agent Name and City 7

制单代理人名称和所在城市

Agent's IATA Code 8   Account No. 9

货代编号

Accounting Information 10

运费付费的方式，对于退回原地的货物，在新的航空货运单此格内填入"RETURNED CARGO ORIGINAL AWB NO……"；对于作为货物托运的行李，填入被客的客票号码及乘机班机航程航班号及日期，还可以填入必要付款办法的其他内容 FREIGHT PREPAID

Airport of Departure (Addr. of First Carrier) and Requested Routing 始发站机场名及要求的路线

目的站机场 第一承运人及第一转运站机场   Reference Number 20

NKG 11

To 目的站机场或城市 12	By First Carrier Routing and Destination 13	to 14	by 15	to 16	by 17	Currency 货币地国家字代码 21	CHGS Code 22	WT/VAL 运费		Other 其他费用		Declared Value for Carriage 声明运输价值 27	Declared Value for Customs 海关价值 28
								PPD 预付 23	COLL 到付 24	PPD 预付 25	COLL 到付 26		
RUH	FX0910												

Airport of Destination 目的站机场或城市名称, 其后要注明国(州). 18

国家

RUH

Flight/Date 订舱航班日期 19

FX0910   APRIL 7, 2001

Amount of Insurance 保险金额，若航空公司无要求则填"***" 29

SPECIAL CUSTOMS INFORMATION 适用于联盟国家 30

遵照货人以下四字，另请通知人(Also Notify) 的名称及地址；b. 货物外包装上的唛头和号码；c. 附在航空货运单的文件、发票、装箱单等；e. 其他必要的内容. Diversion contrary to U.S. law is prohibited

No. of Pieces RCP 件数 31	Gross Weight 毛重 32	kg lb 33	Rate Class 34		Commodity Item No.	Chargeable Weight 35	Rate Charge 36	Total 37	Nature and Quantity of Goods (incl. Dimensions or Volume) 填入以下适用的内容：a. 填入货物的品名。b. 如是集运（理载）货物 "CONSOLIDATED consignment" 的项为 "CONSOLIDATION ASPER ATTACHED LIST"，c. 如货物是按货单体积量计算运费的，则填入货物的尺寸或体积 如55×31×30cm 或 2.56MC（2.56m³），d. 如使用集装设备作为包装运输设备的，则填写集装设备的编号 38
1700 CTNS	19 074.44	K	N (45kg以下普通货运价)			19 074.44	20.61	393 124.21	CANNED MUSHROOM PIECES & STEMS 24 TINS × 425 GRAMS DIMS: 30cm × 25cm × 50cm

Prepaid Weight Charge 39   COLLECT 40

	Valuation Charge 41	42	
	Tax 43	44	
Total other Charges Due Agent 45		46	
Total other Charges Due Carrier 47		48	

Total Prepaid 49   Total Collect 50

Currency Conversion Rates 51   CC Charges in Dest. Currency 52

For Carrier's Use only at Destination   Charges at Destination 53   Total Collect Charges 57

Other Charges 54

AWC. 50.00

Shipper certifies that the particulars on the face hereof are correct and that insofar as any part of the consignment contains dangerous goods, such part is properly described by name and is in proper condition for carriage by air according to the applicable Dangerous Goods Regulations.

Signature of Shipper or his Agent 55

DESUN TRADING CO., LTD.

Executed on (date) 56

7/APRIL/2001   NANJING   (at place)

Signature of Issuing Carrier or its Agent

023 — 12345678

图 6-5 航空运单的基本内容

（二）航空运单的缮制要求

航空运单与海运提单类似，也有正面、背面条款之分，不同的航空公司也会有自己独特的航空运单格式。不同的是，航运公司的海运提单可能千差万别，但各航空公司所使用的航空运单则大多借鉴 IATA 所推荐的标准格式，差别并不大。所以，这里我们只介绍这种标准格式，也称中性运单。下面就有关需要填写的栏目说明如下：

第 1 栏始发站机场：需填写 IATA 统一制定的始发站机场或城市的三字代码，这一栏应该和 11 栏相一致。

第 2 栏填写运单号。

第 3 栏，此栏根据承运人的需要，填写托运人账号，一般情况下不填。

第 4 栏托运人姓名、住址（Shipper's Name and Address）：填写托运人姓名、地址、所在国家及联络方法。

第 5 栏收货人账号：根据承运人的需要，填写收货人账号，此栏一般不填。

第 6 栏收货人姓名、住址（Consignee's Name and Address）：应填写收货人姓名、地址、所在国家及联络方法。与海运提单不同，因为航空运单不可转让，所以"凭指示"之类的字样不得出现。

第 7 栏填写制单代理人的名称及其所在城市。

第 8 栏填写代理人的 IATA 代号。

第 9 栏填写代理人账号。

第 10 栏填写与结算有关的注意事项。

第 11 栏填写货物始发站机场的名称，应填写英文全称，不得简写或使用代码。

第 12 栏填写目的站或者第一中转站机场的 IATA 三字代码。

第 13 栏填写第一承运人的全称或者 IATA 两字代码。

第 14 栏填写目的站或者第二中转站机场的 IATA 三字代码。

第 15 栏填写第二承运人的全称或者 IATA 两字代码。

第 16 栏填写目的站或者第三中转站机场的 IATA 三字代码。

第 17 栏填写第三承运人的全称或者 IATA 两字代码。

第 18 栏填写货物目的站机场的名称，应填写英文全称，不得简写或使用代码。

第 19 栏填写货物所搭乘航班及日期。

第 20 栏填写托运人、代理人和承运人均认可的某些证明编号。

第 21 栏填写始发地国家货币三字代码。

第 22 栏填写货物运费的支付方式。此栏一般不填，仅供电子传送货运单信息时使用。

第 23～26 栏，航空运费和声明价值附加费必须同时全部预付或者到付，并在相应的栏目"PPD"（预付）、"COLL"（到付）内分别填写"PP""CC"。

第 27 栏填写发货人要求的用于运输的声明价值的金额。如果发货人不要求声明价值，则填入"NVD（No Value Declared）"。

第 28 栏托运人向海关申报的货物价值，或者填入"NCV（No Customs Valuation）"，表示没有声明价值。

第 29 栏保险金额（Amount of Insurance）：只有在航空公司提供代保险业务而客户已有此需要时才填写。

第 30 栏填写货物在仓储和运输过程中所需要注意的事项。

第 31 栏填入货物包装件数。如 10 包即填"10"。当需要组成比例运价或分段相加运价时，在此栏填入运价组成点机场的 IATA 代码。

第 32 栏毛重（Gross Weight）：填入货物总毛重。

第 33 栏重量单位：可选择公斤（kg）或磅（lb），"k"或"l"分别表示公斤或磅。

第 34 栏运价等级（Rate Class）：针对不同的航空运价共有 6 种代码，即 M（Minimum，最低运价）、C（Specific Commodity Rates，特种商品运价）、S（Surcharge，高于普通货物运价的等级货物运价）、R（Reduced，低于普通货物运价的等级货物运价）、N（Normal，45kg 以下货物适用的普通货物运价）、Q（Quantity，45kg 以上货物适用的普通货物运价）。

商品代码（Commodity Item No.）：在使用特种运价时需要在此栏填写商品代码。

第 35 栏计费重量（Chargeable Weight）：此栏填入航空公司据以计算运费的计费重量，该重量可以与货物毛重相同，也可以不同。

第 36 栏运价（Rate/Charge）：填入该货物所适用的货物运价。

第 37 栏运费总额（Total）：此栏数值应为最低运价或者运价与计费重量两栏数值的乘积。

第 38 栏货物的品名、数量、含尺码或体积 [Nature and Quantity of Goods（incl. Dimensions or Volume）]：货物的尺码应以厘米或英寸为单位，尺寸分别以货物最长、最宽、最高边为基础。体积则是上述三边的乘积，单位为立方厘米或立方英寸。

第 39～40 栏填写航空运费金额，填写在"预付"或者"到付"的下方。

第 41～42 栏填写按规定应收取的声明价值附加费，可以预付或到付，根据付款方式分别填写。

第 43～44 栏填写按规定应收取的税款金额，可以预付或到付，根据付款方式分别填写。

第 45～46 栏填写交代理人的其他费用总额，可以预付或者到付，根据付款方式分别填写。

第 47～48 栏填写交承运人的其他费用总额，可以预付或者到付，根据付款方式分别填写。

第 49 栏填写 39、41、43、45、47 项下合计的预付费用的总额。

第 50 栏填写 40、42、44、46、48 项下合计的到付费用的总额。

第 51 栏填写到达国家的币种和汇率。

第 52 栏填写根据 51 项的汇率将 50 项的到付货物运费换算成的金额。

第 53 栏填写在目的站发生的其他费用金额。

第 54 栏指除运费和声明价值附加费以外的其他费用。根据 IATA 规则，各项费用分别用三个英文字母表示。其中，前两个字母是某项费用的代码，如运单费表示为 AW（Air

Waybill Fee）；第三个字母是 C 或 A，分别表示费用应支付给承运人（Carrier）或货运代理人（Agent）。

第 55 栏由托运人或其代理人签字盖章。

第 56 栏填写航空运单的填开日期，包括年月日；填写货运单的填开地点。由填制货运单的承运人或其代理人签字盖章。

第 57 栏填写费用合计金额。

以上所有内容不一定要全部填入航空运单，IATA 也并未反对在运单中写入其他所需的内容。但这种标准化的单证对航空货运经营人提高工作效率，促进航空货运业向电子商务的方向迈进有着积极的意义。

任务发布

请根据广州 A 贸易有限公司的发票、装箱单、合同缮制航空运单。

参考航班时刻表：

LYS-XIY HU7908/1907

XIY-CAN HU7839/2107

材料 1：发票

ALLEN INDUSTRIE

ZI MOLINA - LA CHAZOTTE, 101 RUE ALBERT CAMUS, 42353 LA TALAUDIERE

TEL: +3347747××××

INVOICE

SHIP TO : Guangzhou A Trading Co., Ltd.

ADDRESS：××Mansion, No.×× JianXin North Road, JiangBei District, Guangzhou China

BILL TO: Guangzhou A Trading Co., Ltd.

ADDRESS：×× Mansion, No.×× JianXin North Road, JiangBei District, Guangzhou China

CIF GUANGZHOU

Item	Description of goods	Quantity (PCS)	Unit Price (USD)	TOTAL (USD)
1	Steel Balls 420C	30 000	0.13	3900.00
	TOTAL	30 000		USD 3 900.00

MADE IN FRANCE

材料 2：装箱单

ALLEN INDUSTRIE

ZI MOLINA - LA CHAZOTTE, 101 RUE ALBERT CAMUS, 42353 LA TALAUDIERE

TEL: +3347747××××

PACKING LIST

SHIP TO: Guangzhou A Trading Co., Ltd.
ADDRESS: ×× Mansion, No.×× JianXin North Road, JiangBei District, Guangzhou China
BILL TO: Guangzhou A Trading Co., Ltd.
ADDRESS: ×× Mansion, No.×× JianXin North Road, JiangBei District, Guangzhou China
CIF GUANGZHOU

Description of goods	Quantity (PCS)	PCS/Box	No. of Box	Net Weight (kg)	Gross Weight (kg)	Mearsurement
Steel Balls 420C	30 000	2 000	15	140.00	150.00	0.88
TOTAL			15	140.00	150.00	

Box size: 870mm×420mm×160mm

MADE IN FRANCE

材料 3：合同

CONTRACT

NC：XYX20200710
DATE: 2020/7/10

Buyer : Guangzhou A Trading Co., Ltd.
Address: ××Mansion, No. ×× JianXin North Road, JiangBei District, Guangzhou China
Seller: ALLEN INDUSTRIE
Address: ZI MOLINA - LA CHAZOTTE, 101 RUE ALBERT CAMUS, 42353 LA TALAUDIERE

This contract is made by and between the Buyer and the Seller, whereby the Buyer agrees to buy and the Seller agrees to sell the undermentioned commodity according to the terms and conditions stipulated below:

Item	Description	Specification	Quantity(PCS)	Price(USD)	Total(USD)
1	Steel Balls	420C	30 000	0.13	3900.00
		TOTAL			3900.00

Port of Shipment: LYON
Condition of carriage: CIF GUANGZHOU
Terms of Payment: 60DAYS T/T

任务操作

货代公司员工王某根据前面所学知识完成了航空运单的填写，具体操作步骤如下：
步骤一：分析合同、发票、装箱单信息资料。
步骤二：缮制航空运单（见图6-6）。

AIR WAYBILL

Issued by

NOT NEGOTIABLE

Copies 1,2 and 3 of this air waybill are originals and have the same validity

It is agreed that the goods described herein are accepted in apparent good order and condition (except as noted) for carriage SUBJECT TO THE CONDITIONS OF CONTRACT ON THE REVERSE HEREOF. ALL GOODS MAY BE CARRIED BY ANY OTHER MEANS INCLUDING ROAD OR ANY OTHER CARRIER UNLESS SPECIFIC CONTRARY INSTRUCTIONS ARE GIVEN HEREON BY THE SHIPPER, AND SHIPPER AGREES THAT THE SHIPMENT MAY BE CARRIED VIA INTERMEDIATE STOPPING PLACES WHICH THE CARRIER DEEMS APPROPRIATE. THE SHIPPER'S ATTENTION IS DRAWN TO THE NOTICE CONCERNING CARRIER'S LIMITATION OF LIABILITY. Shipper may increase such limitation of liability by declaring a higher value for carriage and paying a supplemental charge if required.

Shipper's Name and Address 托运人	Shipper's Account Number		
1. ALLEN INDUSTRIE Address: ZI MOLINA - LA CHAZOTTE, 101 RUE ALBERT CAMUS, 42353 LA TALAUDIERE Tel:+33477476897			
Cosignee's Name and Address 共同签名人	Cosignee's Account Number		
2. Guangzhou Rex Trading Co., Ltd. Address: ShiJiYingHuang Mansion,No.38 JianXin North Road,JiangBei District,Guangzhou China			
Notify party 通知人	Accounting infomation/Also Notify		
	FR/RA/10009-04		
Agent's IATA Code 航空运输协会代码	Account No.		
2047080600			

Airport of Departure(Addr.of First Carrier)and Requested Routing
3. LYON

To	By First Carrier Routing and Destination	To	By	To	By	Currency	CHGS Code	WT/VAL		Other	Declared Value for	Declared Value for Customs
4. XIY	5. HU	6. CAN	HU									

Airport of Destination 目的地机场	Flight/Date			
7. GUANGZHOU	8. HU7908/1907 HU7839/2107			

Amount of Insurance

INSURANCE-if Carrier offers insurance and such insurance is requested in accordance with the conditions thereof,indicate amount to be insured in figures in box marked"Amount of Insurance"

FREIGHT PREPAID

No.of Pieces RCP 件数	Gross Weight 毛重	kg lb.	Rate Class		Chargable Weight 计费重量	Rate/Charge 费用	Total 总量	Nature and Quantity of Goods (incl Dimensions or Volume) 货物品名、数量（含尺码或体积）
				Commodity				
9. 15	10. 150kgs				11. 150kgs		12. 300	13. Steel balls 14. 0.88 CBM

Prepaid	Weight Charge	Collect	Other Charges
	Valuation Change		
	Tax		
	Total other charges Due Agent		
	Total other charges Due Carrier		

Shipper certifies that that particulars on the face hereof are correct and that insofar as any part of the consignment contains dangerous goods,such part is properly described by name and is in proper conditions for carriage by air according to the applicable Dangerous Goods Regulations LOYON VAERIAN

Total Prepaid	Total Collect	
Currency Conversion Rates	Currency Conversion Rates	

Executed on (Date) at (place) Signature of Issuing Carrier or its Agent
20.07.18 LYON ST EXUPERY AERO LOYON

For Carrier's Use Only at Destination	Charges at Destination	Total Collect Charges

图 6-6 航空运单填写样本

任务评价

项目六任务二评价考核表见表 6-3。

表 6-3　项目六任务二评价考核表

考核内容	满分	学生评分（0.4）	教师评分（0.6）
分析资料	20		
讲解航空运单的规定	30		
填制航空运单	30		
语言表达	20		
合　计	100		
注：考评满分为 100 分，60～74 分为及格，75～84 分为良好，85 分及以上为优秀。			

学习任务三　缮制装箱单

学习目标

知识目标
- 了解装箱单的基本含义
- 了解装箱单的特点
- 了解装箱单的流转
- 理解装箱单的基本内容及缮制要求

能力目标
- 能够独立缮制装箱单
- 能够独立完成装箱单业务操作

素养目标
- 培养学生独立思考、解决问题的能力
- 培养学生团结协作、良好沟通的合作精神
- 锻炼学生细致、认真、严谨的职业心态

知识储备

一、装箱单的基本含义

装箱单是发票的补充单据，它列明了信用证（或合同）中买卖双方约

装箱单

定的有关包装事宜的细节，便于国外买方在货物到达目的港时供海关检查和核对货物，通常可以将其有关内容加列在商业发票上，但是在信用证有明确要求时，就必须严格按信用证约定制作。

二、装箱单的特点

出口企业不仅在出口报关时需要提供装箱单、重量单，信用证往往也将之作为结汇单据。实际上，装箱单、重量单和尺码单（Packing List, Weight List and Measurement List）是商业发票的一种补充单据，是商品的不同包装规格条件，不同花色和不同重量逐一分别详细列表说明的一种单据。它是买方收货时核对货物的品种、花色、尺寸、规格和海关验收的主要依据。

对于不同特性的货物，进口商可能对某一或某几方面（例如包装方式、重量、体积、尺码）比较关注，因此希望对方重点提供某一方面的单据。它包括不同名称的各式单据，例如 Packing List、Weight List、Measurement List、Packing Note 和 Weight Note……它们的制作方法与主要内容基本一致。装箱单着重表示包装情况，重量单着重说明重量情况，尺码单则着重描述商品体积情况。

它们均具有以下特点：

（1）装箱单、重量单和尺码单为了保持与发票一致，在号码和日期两栏与发票完全相同。

（2）装箱单、重量单和尺码单一般不显示收货人、价格、装运情况，对货物描述一般都使用统称概述。

（3）装箱单着重表现货物的包装情况，从最小包装到最大包装的包装材料，包装方式一一列明。对于重量和尺码内容，一般只体现累计总额。重量单在装箱单的基础上，详细表示货物的毛重、净重、皮重等。

（4）装箱单、重量单和尺码单的制作要以信用证、合同、备货单、出货单为凭据。

（5）如果信用证上要求在装箱单、重量单和尺码单上填写一些特殊条款，应照办。

> **小贴士**
>
> 装箱单流转如图 6-7 所示。
>
>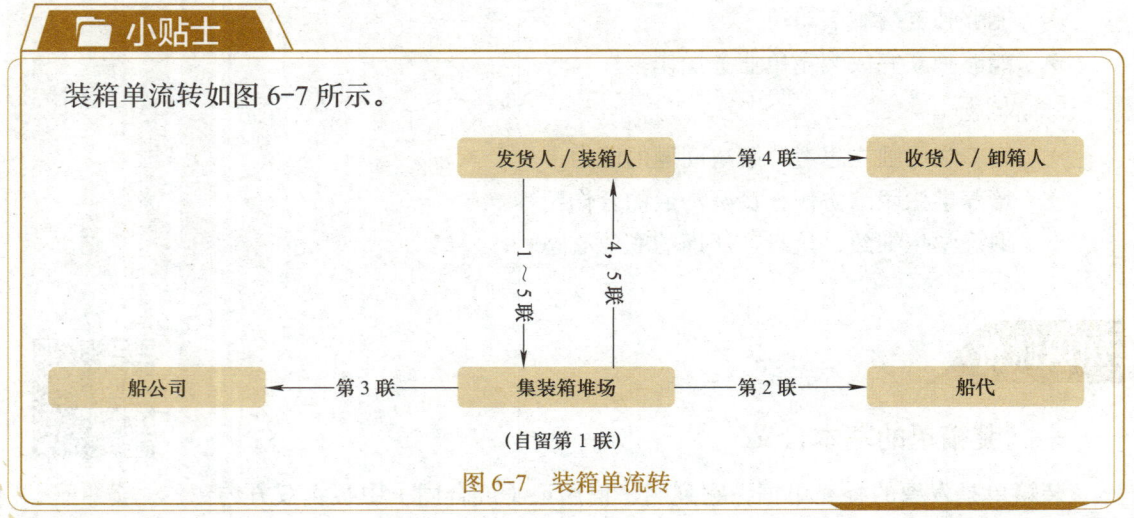
>
> 图 6-7　装箱单流转

三、装箱单的基本内容及缮制要求

（一）装箱单的基本内容

装箱单的基本内容见图 6-8。

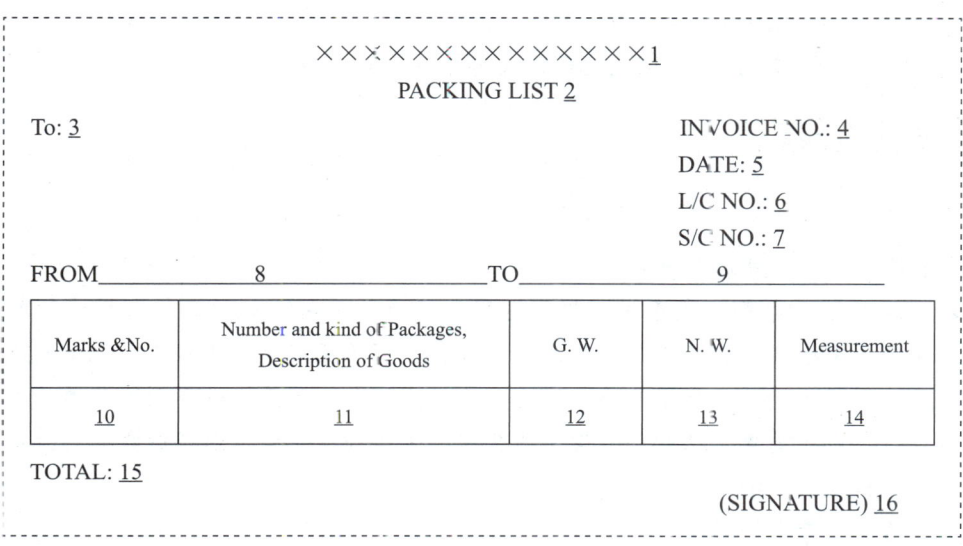

图 6-8　装箱单的基本内容

（二）装箱单的缮制要求

（1）装箱单出票人。本栏填写出口公司（信用证中受益人）名称、地址（一般中英文均需）。

（2）装箱单名称。一般在出口公司正下面，要有明显的粗体字 PACKING LIST 字样。

（3）装箱单抬头。本栏填写进口公司（信用证中开证申请人）名称、地址。

（4）发票号码。本栏填写发票号码。

（5）装箱单日期。本栏填写装箱单的实际缮制日期，一般与发票日期相同。

（6）信用证号码。该进出业务若为信用证付款，本栏填写买方所开来的信用证的号码。

（7）合同号码。本栏同商业发票。

（8）启运地。本栏同商业发票。

（9）目的港。本栏同商业发票，按实际情况填写。

（10）唛头。唛头又称运输标志，一般印在货物的外包装上。唛头制作要符合合同和信用证的规定，并与商业发票上的唛头一致。

（11）包装件数与种类。它一般包括货物的名称、数量、包装件数等。在信用证支付方式下，此栏内容应该严格按照信用证规定填制。

（12）毛重。毛重是指包括包装货物但不包括承运人设备的货物重量，当货物规格不同时要分别列出，并累计总重量，一般情况下以千克为单位。

（13）净重。净重是指不包括包装物在内的货物重量，当货物规格不同时要分别列出，并累计总重量，一般情况下以千克为单位。

（14）体积。体积一般是指货物的总体积，当货物规格不同时要分别列出，并累计总体积，一般以立方米为单位。

（15）货物总包装件数的大写。按货物的实际情况填写总外包装件数，注意格式SAY……ONLY，中间用英文说明具体的数量。

（16）出票人签章。此栏一般为出口商（信用证中的受益人）。

> **小贴士**
>
> **电子装箱单的经济效益和社会效益**
>
> **一、给港口码头带来的好处**
>
> 以前纸质装箱单都是随车由司机带到码头道口，再由道口的工作人员输入各自计算机系统内。由于码头不能事先得到这方面资料，影响集装箱进场安排，也影响道口通行速度。采用EDI（电子数据交换）传输可使码头在车到之前及时得到装箱单信息，车到后道口只要进行简单确认即可，便于码头安排进场作业，道口通行能力也大大提高，使码头获得极大的经济效益。
>
> **二、给货主带来的好处**
>
> 电子装箱单的实施推动了出口舱单电子化的顺利实现，提高了外贸运作效率，缩短了货主的出口时间，避免了因单证不符而造成货主出口退税的延误。
>
> **三、给船舶代理带来的好处**
>
> 电子装箱单的实施使船舶代理可以根据码头提供的已进电子装箱单、理货提供的反映集装箱实际装船情况的装船舶报告和出口船图，及时缮制出口舱单并交给船公司。
>
> **四、改善了口岸的整体形象**
>
> 电子装箱单的运作为出口提供了数据，可带动出口一条线的EDI运作，不但可以加速出口运输进程，更重要的是加快口岸与国际接轨的进程，改善了口岸形象。

任务发布

根据本项目学习任务一"任务发布"信息缮制装箱单。

任务操作

王某利用前面所学知识完成了本次装箱单的填制，具体操作步骤如下：
步骤一：分析信用证条款。
步骤二：根据信用证条款，缮制装箱单（见图6-9）。

```
                              PACKING LIST
                                          INVOICE NO. NPMS/SQ/92××××
                                          INVOICE DATE 29/12/2019
                                          S/C NO. OIH/547453××××
                                          S/C DATE
   TO：孟加拉国 B 贸易有限公司
       穆吉布大道，×××号（一楼），××××
       电话：00880-271××××
       传真：00880-271××××
   FROM： 天津港                              TO：吉大港
   L/C NO.：1946-1D-10-××××                DATE OF SHIPMENT 14/02/2020
```

唛头	货物描述	数量（箱）	包装	毛重（kg）	争重（kg）	总价（USD）
N/M	涂料马林	345	木箱	8625	7935	12 420 000 CFR 吉大港

TOTAL QUATITY: SAY THREE HUNDRED FORTY FIVE CASES ONLY
TOTAL AMOUNT: SAY U.S.DOLLAR TWELVE MILLION FOUR HUNDRED AND TWENTY THOUSAND ONLY

SIGNED BY：深圳 A 进出口贸易有限责任公司
DATE: 29/12/2019

图 6-9　装箱单填写样本

任务评价

项目六任务三评价考核表见表 6-4。

表 6-4　项目六任务三评价考核表

考 核 内 容	满　分	学生评分（0.4）	教师评分（0.6）
分析信用证	20		
填制装箱单	30		
装箱单流转	30		
语言分析与表达	20		
合　　计	100		
注：考评满分为 100 分，60～74 分为及格，75～84 分为良好，85 分及以上为优秀。			

项目七

报 检 报 关

学习任务一 ▶ 处理报检业务

学习目标

知识目标
- 了解商检的基本含义
- 掌握商检的作用
- 了解商检的范围
- 熟悉检验证书的种类及作用
- 理解商检流程和准备工作

能力目标
- 能够操作进出口商品检验检疫流程
- 能够掌握办理检验检疫手续的准备工作

素养目标
- 锻炼学生语言表达及社交沟通技巧，合理运用社交礼仪
- 培养学生团结协作的合作精神
- 培养学生热爱劳动、爱岗敬业、认真严谨、追求卓越的职业精神

知识储备

一、商检的基本含义

出入境检验检疫

商检，简单来说就是商品检验，一般用于进出口贸易。由商检机构出单证明货物经检验符合的品质和数量。买家凭借商检单可以了解货物的品质是否与其需求一致。有时，商检单还会列为议付单据之一。

商品检验是国际贸易发展的产物。它随着国际贸易的发展成为商品买卖的一个重要环

节和买卖合同中不可缺少的一项内容。

商品检验体现不同国家对进出口商品实施品质管制。这种管制在出口商品生产、销售和进口商品按既定条件采购等方面发挥积极作用。

二、商检的作用

商检机构依法对进出口商品实施检验与管理，具有两个主要作用：一是把关；二是服务。

1. 把关作用

国家设立商检部门的主要目的是加强进出口商品检验工作，保证进出口商品的质量，维护对外贸易有关各方的合法权益，促进对外贸易的顺利发展。因此，把关是商检工作的首要作用。

2. 服务作用

商检机构的服务作用十分明显，主要体现在以下几个方面：

（1）促进进出口商品质量的提高。商检机构通过检验和监督管理，把好进出口商品质量关，防止不合格的商品进出口，有力地促进了中国境内的出口、生产企业和境外的卖方、厂家产品质量的提高。

（2）对进出口商品提供证明。在国际经济贸易活动中，有关各方经常需要一个第三者，作为出证鉴定人对进出口商品进行检验或鉴定，供有关各方进行交接、计费、索赔、理赔、免责之用。这是一种技术和劳务相结合的服务工作。商检机构由于自身的性质、技术条件和信誉，长期以来在这一重要领域发挥自己的特长和优势，起着积极的作用。

（3）收集和提供与进出口商品质量、检验有关的各种信息。由于工作关系，商检机构经常接触国内外大量的商品质量、性能、价格、分布等各方面的情况。及时收集整理这些情况，提供给各有关部门参考，这也是《中华人民共和国进出口商品检验法》对商检工作的要求。

三、商检的范围

（一）出入境检验检疫报检范围

（1）国家法律法规规定必须由出入境检验检疫机构检验检疫的，具体包括：

1）列入《出入境检验检疫机构实施检验检疫的进出境商品目录》的货物。

2）入境废物、进口旧机电产品。

3）出口危险货物包装容器的性能检验和使用鉴定。

4）进出境集装箱。

5）进境、出境、过境的动植物、动植物产品及其他检疫物。

6）装载动植物、动植物产品和其他检疫物的装载容器、包装物、铺垫材料；进境动植物性包装物、铺垫材料。

7）来自动植物疫区的运输工具；装载进境、出境、过境的动植物、动植物产品及其他检疫物的运输工具。

8）进境拆解的废旧船舶。

9）出入境人员、交通工具、运输设备以及可能传播检疫传染病的行李、货物和邮包等物品。

10）旅客携带物（包括微生物、人体组织、生物制品、血液及其制品、骸骨、骨灰、废旧物品和可能传播传染病的物品以及动植物、动植物产品和其他检疫物）和携带伴侣动物。

11）国际邮寄物（包括动植物、动植物产品和其他检疫物、微生物、人体组织、生物制品、血液及其制品以及其他需要实施检疫的国际邮寄物）。

12）其他法律、行政法规规定需经检验检疫机构实施检验检疫的其他应检对象。

（2）输入国家或地区规定必须凭检验检疫机构出具的证书方准入境的。

（3）有关国际条约规定须经检验检疫的。

（4）对外贸易合同约定须凭检验检疫机构签发的证书进行交接、结算的。

（5）申请签发一般原产地证明书、普惠制原产地证明书等原产地证明书的。

（二）《出入境检验检疫机构实施检验检疫的进出境商品目录》

它是以《商品名称及编码协调制度》为基础编制而成的，包括大部分法定检验检疫的货物，是检验检疫机构依法对出入境货物实施检验检疫的主要执行依据。其中，海关监管条件、检验检疫类别代码含义如下：

（1）海关监管条件代码。

A：表示对应商品须实施进境检验检疫。

B：表示对应商品须实施出境检验检疫。

D：表示对应商品海关与检验检疫联合监管。

（2）检验检疫类别代码。

M：表示对应商品须实施进口商品检验。

N：表示对应商品须实施出口商品检验。

P：表示对应商品须实施进境动植物、动植物产品检疫。

Q：表示对应商品须实施出境动植物、动植物产品检疫。

R：表示对应商品须实施进口食品卫生监督检验。

S：表示对应商品须实施出口食品卫生监督检验。

L：表示对应商品须实施民用商品入境验证。

四、检验证书的种类及作用

（一）商品检验证书

进出口商品经过商检机构进行检验或鉴定后，由该检验机构出具的书面证明称为"商品检验证书"（见图7-1）。此外，在交易中如果买卖双方约定由生产单位或使用单位出具检验证明，则该证明也可起到检验证书的作用。在国际贸易中，由国家设置的检验机构或由经政府注册的、独立的、第三者身份的鉴定机构，对进出口的商品的质量、规格、卫生、安全、检疫、包装、数量、重量、残损以及装运条件、装运技术等进行检验、鉴定和监督管理工作。进出口商品检验是货物交接过程中不可缺少的一个环节。经检验合格的，发给检验证书，出口方即可报关出运；检验不合格的，可申请一次复验，复验仍不合格的，不得出口。

（二）商品检验证书的作用

商品检验证书关系到有关各方的经济责任和权益，其作用表现为：

（1）作为卖方所交付货物的品质、重量、数量、包装及卫生条件等是否符合合同规定的依据。

（2）作为买方对品质、数量、重量、包装等提出异议、拒收货物、要求赔偿的凭证。

（3）作为卖方向银行议付货款的单据之一。

（4）作为出口国和进口国海关验放的有效证件。

（5）作为证明货物在装卸、运输中实际状况、明确责任归属的依据。

商品检验证书起着公证证明的作用，是买卖双方交接货物、结算货款和处理索赔、理赔的主要依据，也是通关纳税、结算运费的有效凭证。

中华人民共和国出入境检验检疫
ENTRY-EXIT INSPECTION AND QUARANTINE
OF THE PEOPLE'S REPUBLIC OF CHINA

正　本　ORIGINAL

装运前检验证书
INSPECTION CERTIFICATE FOR PRE-SHIPMENT INSPECTION

共1页，第1页 Page 1 of 1
编号 No.：2190000023556××××

申报价值： Declared value:	2171.00 美元 2171.00USD		
出口商名称及地址： Name and Address of the exporter:	×××××× ××××××××		
进口商名称及地址： Name and Address of the importer:	×××××× ××××××××		
检验地点： Site of inspection:	SHANGHAI, CHINA		
产品标准： Product standard: QUALIFIED		检测标准： Inspection Method Standard: QUALIFIED	
检验结果： Results of inspection: QUALIFIED		价格核实结果： Result of Price Verification: QUALIFIED	
数/重量及包装检验情况： Findings on quantity and package inspection: QUALIFIED QUANTITY: QUALIFIED			
品质检验情况： Findings on quality inspection: QUALIFIED			
所附单证： Documents attached:	备注：集装箱号： Remarks: Container NO.：×××××× 封号： Seal NO.：CJ7×××		
检验机构盖章： Seal of inspection body:	检验员签名： Signature of the inspector:	签证日期： Date of issue: Aug.5, 2019	

附件 Attachment

序列号 Serial Number	商品名称 Description of products	H.S. 编码 HS Code	原产地 Place of Origin	数量 Quantity	单位 Unit	包装方式和件数 Type and number of packages	单价 Unit Price (USD)	估价结果 Results of price Verification (USD)
1	DILUENT	3822001000	CHINA	100	套 KITS	3 PALLETS	6.80 USD	680.00 USD
2	LYSE	3822001000	CHINA	90	套 KITS		5.00 USD	450.00 USD
3	PROBE CLEANSER	3402209000	CHINA	55	套 KITS		1.00 USD	55.00 USD
合计数量： Total quantity: 3 PALLETS						合计估价结果 Total amount of price verification: 2171.00 USD		

图 7-1　商品检验证书

（三）商品检验证书的种类

（1）品质检验证书是出口商品交货结汇和进口商品结算索赔的有效凭证。法定检验商品的证书是进出口商品报关、输出输入的合法凭证。商检机构签发的放行单和在报关单上加盖的放行章有与商检证书同等通关效力，签发的检验情况通知单同为商检证书性质。

（2）重量检验证书是证明进出口商品重量的证明文件。

（3）数量检验证书是证明进出口商品数量的证明文件。

（4）兽医检验证书是证明出口动物产品或食品经过检疫合格的证件，适用于冻畜肉、冻禽、禽畜罐头、冻兔、肠衣等出口商品，是对外交货、银行结汇和进口国通关输入的重要证件。

（5）卫生/健康检验证书是证明可供人类食用的出口动物产品、食品等经过卫生检验或检疫合格的证件，适用于肠衣、罐头、冻鱼、蛋品、乳制品、蜂蜜等，是对外交货、银行结汇和通关验放的有效证件（见图7-2）。

中华人民共和国出入境检验检疫
ENTRY-EXIT INSPECTION AND QUARANTINE
OF THE PEOPLE'S REPUBLIC OF CHINA

正　本　ORIGINAL

共1页 第1页 Page 1 of 1
编号 No.：41001011300××××

卫生证书
SANITARY CERTIFICATE

收货人名称及地址 Name and Address of Consignee　河南省××贸易有限公司
发货人名称及地址 Name and Address of Consignor　××××××
品名 Description of Goods　有机婴幼儿配方奶粉（详见备注）
报检数量/重量 Quantity / Weight Declared　××××××
包装种类及数量 Number and Type of Packages　××37天然木托
产地 Place of Origin　奥地利
合同号 Contract No.　AXTSH2013××××
到货地点 Place of Arrival　河南省郑州市　　到货日期 Date of Arrival　2013.03.21
启运地 Place of Despatch　奥地利　　卸毕日期 Date of Completion of Discharge　2013.03.21
运输工具 Means of Conveyance　飞机　　检验日期 Date of Inspection　2013.04

标记及号码 Mark & No.　N/M

检验结果：
　　该批进口有机婴儿奶粉经抽样检验，结果符合我国GB 10765—2010/GB 7718—2004标准的相关规定，不加贴合格中文标签，不得在中国境内销售。

备注：品名	品牌	原产国	规格	数量	生产日期	保质期
×××有机婴儿配方奶粉（一段）	×××	奥地利	600g	××	2013.02.05	2014.10.05
×××有机较大婴儿配方奶粉（二段）	×××	奥地利	600g	××	2013.02.25	2014.11.25
×××有机幼儿配方奶粉（三段）	×××	奥地利	600g	××	2013.02.26	2014.11.26
********						

印章 Official Stamp

签证地点 Place of Issue　郑州　　签证日期 Date of Issue　2013-4-18
授权签字人 Authorized Officer　韩××　　签　名 Signature

图7-2　卫生证书

（6）消毒检验证书是证明出口动物产品经过消毒处理，保证安全卫生的证件，适用于猪鬃、马尾、羽毛、人发等商品，是对外交货、银行结汇和国外通关验放的有效凭证。

（7）熏蒸证书是用于证明出口粮谷、油籽、皮张等商品，以及包装用木材与植物性填充物等，已经过熏蒸灭虫的证书（见图7-3）。

中华人民共和国出入境检验检疫
ENTRY-EXIT INSPECTION AND QUARANTINE
OF THE PEOPLE'S REPUBLIC OF CHINA

正 本
ORIGINAL

共1页 第1页 Page 1 of 1
编号 No.: 218000××××

熏蒸/消毒证书
FUMIGATION/DISINFECTION CERTIFICATE

发货人名称及地址 ××××××
Name and Address of Consignor ×××××××××

收货人名称及地址 ××××××
Name and Address of Consignee ×××××××××

品名 Description of Goods　SEE REMARKS

产地 Place of Origin　GUANGDONG CHINA

报检数量 Quantity Declared　**734CTNS

启运地 Place of Despatch　GUANGDONG, CHINA

到达口岸 Port of Destination　LOS ANGELES, CA, USA

运输工具 Means of Conveyance　BY SEA

标记及号码
Mark & No.
MAGNUSSEN HOME
PONO.: 013567
013441
MADE IN CHINA

杀虫和/或灭菌处理（DISINFESTATION AND/OR DISINFECTION TREATMENT）

日期 Date　17 Aug., 2018　　药剂及浓度 Chemical and Concentration　METHYL BROMIDE. 48g/m³

处理方法 Treatment　FUMIGATION　　持续时间及温度 Duration and Temperature　24hrs. 29℃

附加声明 ADDITIONAL DECLARATION
DEGASSED
CONTAINER NO.:　　/40HQ
　　　　　　　　　　/40HQ

备注 REMARKS
DESCRIPTION OF GOODS:
METAL TABLES HTS#9403. 200018
WOODEN TABLES HTS#9403. 608081
FURNITURE PARTS HTS#9403. 908061
　　　　　　　　　********

印章 Official Stamp

签证地点 Place of Issue　SHENZHEN
签证日期 Date of Issue　21 Aug., 2018
授权签字人 Authorized Officer　HU GENGLIANG
签　名 Signature

图7-3　熏蒸证书

（8）残损检验证书是证明进口商品残损情况的证件，适用于进口商品发生残、短、毁等情况，可作为受货人向发货人或承运人或保险人等有关责任方索赔的有效证件。

（9）如果合同规定出具原产地证明，按给惠国的要求，出口方开具原产地证明，商检机构签发原产地证书（见图7-4）。

CERTIFICATE OF ORIGIN	
1. Exporter (Name, full address, country)	No. Certificate of Origin used in FTA between CHINA and SWITZERLAND See notes overleaf before completing this form
2. Consignee (Name, full address, country)	
3. Transport details (as far as known) Departure Date Vessel/Flight /Train /Vehicle No. Port of loading Port of discharge	4. Remarks

5. Item number (Max 20)	6. Marks and numbers	7. Number and kind of packages; Description of goods	8. HS code (Six digit code)	9. Origin criterion	10. Gross mass (kg) or other measure (liters, m^3, etc.)	11. Invoices (Number and date)

12. ENDORSEMENT BY THE AUTHORISED BODY	13. DECLARATION BY THE EXPORTER
It is hereby certified, on the basis of control carried out, that the declaration of the exporter is correct.	The undersigned hereby declares that the details and statement above are correct, that all the goods were produced in CHINA --(country) and that they comply with the origin requirements specified in the FTA for the goods exported to SWITZERLAND --(Importing country)
Place and date, signature and stamp of authorised body	Place and date, signature of authorised signatory

图7-4 原产地证书

（10）价值检验证书是证明产品的价值或发票所载商品价值正确的文件。

（11）积载鉴定证书是证明船方和集装箱装货部门正确配载积载货物，作为证明履行运输契约义务的证件，可供货物交接或发生货损时处理争议之用。

（12）验残检验证书是证明商品残损情况、残损程度、残损原因，供索赔、理赔之用的文件。

（13）财产价值鉴定证书是作为对外贸易关系人和司法、仲裁、验资等有关部门索赔、理赔、评估或裁判的重要依据。

（14）船舱检验证书是证明承运出口商品的船舱清洁、冷藏效能及其他技术条件是否符合保护承载商品的质量和数量完整与安全要求的文件，可作为承运人履行租船契约适载义务，对外贸易关系方进行货物交接和处理货损事故的依据。

（15）生丝品级及公量检验证书是出口生丝的专用证书，其作用相当于品质检验证书和重量/数量检验证书。

（16）舱口检视证书、监视装/卸载证书、舱口封识证书、油温空距证书、集装箱监装/拆证书是证明承运人是否履行契约义务，明确责任界限，便于处理货损货差责任事故的文件。

（17）价值证明书是进口国管理外汇和征收关税的凭证。在发票上签盖商检机构的价值证明章，与价值证明书具有同等效力。

（18）货载衡量检验证书是证明进出口商品的重量、体积吨位的文件，可作为计算运费和制订配载计划的依据。

（19）集装箱租箱交货检验证书、租船交船剩水/油重量鉴定证书可作为契约双方明确履约责任和处理费用清算的凭证。

此外，根据具体业务需要，商检机构还可以签发检温证书、验舱证书等。

 练一练

同学们还能找到哪些商检证书呢？试一试吧！

五、进出口商品检验检疫的流程

凡属法定检验检疫商品或合同规定需要检疫机构进行检验并出具检验证书的商品，对外贸易关系人均应及时提请检疫机构检验。我国进出口商品的检验程序主要包括以下四个环节：

（一）报检

进出口报检是指对外贸易关系人向检疫机构申请检验。凡属检疫范围内的进出口商品，都必须报检。

1. 出口报检手续

（1）填写"出境货物报检单"（见图7-5）。报检人必须按报检单的要求详细填写，每份"出境货物报检单"仅限填报一份合同、一份信用证的商品。对同一合同、同一信用证，但标记号码不同者，应分别填写。报检一般在发运前7天提出。

（2）应提供的单证和资料。出口报验时应提供下列资料：对外贸易双方签订的贸易合同及合同附件；信用证；生产经营部门自验合格后出具的厂检单正本；法定检验出口商品报验时，提供商检机构签发的运输包装容器性质检验合格单正本；实行卫生注册的商品，提供商检机构签发的卫生注册证书；实行质量许可证的出口商品，必须提供检验机构质量许可证书；凭样成交的，应提供双方确认的样品。

2. 进口报验手续

进口商品的报验人应在一定期限内填写"入境货物报检单"（见图7-6），填明申请检验鉴定项目的要求，并附合同、发票、海运提单（或铁路、航空、邮包运单）、品质证书、装箱单，收货部门、用货部门已验收的应附验收记录等资料，向当地检验部门申请检验。如货物有残损、短缺,还须附理货公司与轮船大副共同签署的货物残损报告单、大副批注或铁路商务记录等有关证明材料。

中华人民共和国出入境检验检疫
出境货物报检单

报检单位(加盖公章):×××国际股份有限公司　　　　　* 编号 STEPC00××××

报检单位登记号:0000000×××　联系人:刘××　电话:86-25-2350××××　报检日期:2012年4月7日

发货人	(中文)×××国际股份有限公司						
	(外文)×××WESTERN TRADING CORP.						
收货人	(中文)××贸易公司						
	(外文)××Trading Company, LLC						
选择	货物名称(中/外文)	H.S.编码	产地	数/重量	货物总值	包装种类及数量	
○	女式T恤衫 WOMEN'S T-SHIRT	610910××××	中国	15 000PC	USD450 000	750CARTON	

　　　　　　　　　　　　　　　　　　　　　　　　　　　　[添加] [修改] [删除]

运输工具名称号码	Ryndam	贸易方式	一般贸易	货物存放地点	Nanjing CY
合同号	Contract×××	信用证号	STLCN000×××	用途	
发货日期	2012-05-15	输往国家(地区)	加拿大	许可证/审批号	
启运地	南京港	到达口岸	多伦多	生产单位注册号	
集装箱规格、数量及号码					

合同、信用证订立的检验检疫条款或特殊要求	标记及号码	随附单据(划"√"或补填)	
	WOMEN'S T-SHIRT CANADA C/NO.1-750 MADE IN CHINA	☑ 合同 ☑ 信用证 ☑ 发票 □ 换证凭单 ☑ 装箱单 □ 厂检单	□ 包装性能结果单 □ 许可/审批文件 □ ＿＿＿ □ ＿＿＿ □ ＿＿＿ □ ＿＿＿

需要证单名称(划"√"或补填)			*检验检疫费	
□ 品质证书　0 正 0 副	□ 植物检疫证书　0 正 0 副		总金额(人民币元)	0
□ 重量证书　0 正 0 副	□ 熏蒸/消毒证书　0 正 0 副			
□ 数量证书　0 正 0 副	□ 出境货物换证凭单			
□ 兽医卫生证书　0 正 0 副	☑ 通关单		计费人	
□ 健康证书　0 正 0 副	□ ＿＿＿			
□ 卫生证书　0 正 0 副	□ ＿＿＿		收费人	
□ 动物卫生证书　0 正 0 副				

报检人郑重声明: 　1. 本人被授权报检。 　2. 上列填写内容正确属实,货物无伪造或冒用他人的厂名、标志、认证标志,并承担货物质量责任。 签名:　刘××	领取证单
	日期
	签名

注:有"*"号栏由出入境检验检疫机关填写。

图 7-5　出境货物报检单

中华人民共和国出入境检验检疫
入境货物报检单

报检单位（加盖公章）：				*编 号	
报检单位登记号：	联系人：	电话：		报检日期：	

收货人	（中文）		企业性质（划"√"）	□合资 □合作 □外资
	（外文）			
发货人	（中文）			
	（外文）			

货物名称（中/外文）	H.S.编码	原产国（地区）	数/重量	货物总值	包装种类及数量

运输工具名称号码			合同号	
贸易方式		贸易国别（地区）	提单/运单号	
到货日期		启运国家（地区）	许可证/审批号	
卸毕日期		启运口岸	入境口岸	
索赔有效期至		经停口岸	目的地	
集装箱规格、数量及号码				
合同订立的特殊条款 以及其他要求			货物存放地点	
			用 途	自营自销

随附单据（划"√"或补填）		标记及号码	*外商投资财产（划"√"）	□是 □否
□合同	□到货通知		*检验检疫费	
□发票	□装箱单		总金额（人民币元）	
□提/运单	□质保书			
□兽医卫生证书	□理货清单		计费人	
□植物检疫证书	□磅码单			
□动物检疫证书	□验收报告			
□卫生证书	□		收费人	
□原产地证	□			
□许可/审批文件	□			

报检人郑重声明： 1. 本人被授权报检。 2. 上列填写内容正确属实。 签名：_____	领取证单
	日期
	签名

注：有"*"号栏由出入境检验检疫机关填写。

图 7-6 入境货物报检单

报验后，如发现报检单填写有误或客户修改信用证使货物数量、规格有变动时，可提出更改申请，填写"更改申请单"，说明更改事项和原因。

（二）抽样

检疫机构接受报验后，需及时派人到货物堆存地点进行现场检验鉴定，其内容包括货物的数量、重量、包装、外观等项目。现场检验一般采取国际贸易中普遍使用的抽样法（个别特殊商品除外）。抽样时须按规定的抽样方法和一定的比例随机抽样，以便样品能代表整批商品的质量。

（三）检验

检疫机构根据抽样和现场检验记录，仔细核对合同及信用证对品质、规格、包装的规定，弄清检验的依据、标准，采用合理的方法实施检验。

（四）签发证书

对于出口商品，经检验部门检验合格后，凭"出境货物通关单"进行通关。如合同、信用证规定由检疫部门检验出证，或国外要求签发商检证书的，应根据规定签发所需证书。

对于进口商品，经检验后签发"入境货物通关单"进行通关。凡由收货单位、用货单位自行验收的进口商品，如发现问题，应及时向检验检疫局申请复验。如复验不合格，检疫机构即签发商检证书，以供对外索赔。

 练一练

请用 Visio 软件制作商检流程图。

六、办理检验检疫手续准备工作

商检手续是对中国进出口商品进行检验的说明。商检手续包括进出口商品检验、进口商品的安全质量许可、进口废物原料装运前的检验、出口商品质量许可、食品卫生监督检验、进出口商品鉴定等内容。

（一）进出口商品检验

凡列入《出入境检验检疫机构实施检验检疫的进出境商品目录》（以下简称《商品目录》）的进出口商品和其他法律、法规规定须经检验的进出口商品，必须经出入境检验检疫部门或其指定的检验机构检验。规定进口商品应检验未检验的，不准销售、使用；出口商品未经检验合格的，不准出口。进出口商品检验包括商品的质量、规格、数量、重量、包装以及是否符合安全、卫生要求等。

（二）进口商品的安全质量许可

国家对涉及安全、卫生和环保要求的重要进口商品实施进口商品安全质量许可制度并公布《实施安全质量许可制度的进口商品目录》。

（三）进口废物原料装运前的检验

对国家允许作为原料进口的废物，实施装运前检验制度，防止境外有害废物向我国转运。列入此制度目录的商品有废纸、废金属、废塑料、废木制品、废纺织品等 5 类。

（四）出口商品质量许可

国家对重要出口商品实行质量许可制度。未获得出口产品质量许可证书的商品不准出口。

（五）食品卫生监督检验

进口食品（包括饮料、酒类、糖类）、食品添加剂、食品容器、包装材料、食品用工具及设备必须符合我国有关法律法规规定。

一切出口食品必须经过检验，未经检验或检验不合格的不准出口。凡在我国境内从事出口食品加工、禽畜屠宰、贮存的企业都必须向检验检疫机构申请注册、登记。未取得注册证书或登记证的，一律不得加工、生产、贮存出口食品。对列入《商品目录》和其他法律、法规规定必须经检验检疫机构检验的出口商品的运输包装，必须申请检验检疫机构或检验检疫机构指定的检验机构进行性能检验，未经检验或检验不合格的，不准用于盛装出口商品。对出口危险货物包装容器实行危包出口质量许可制度，危险货物包装容器须经检验检疫机构进行性能鉴定和使用鉴定后，方能生产和使用。

（六）进出口商品鉴定

进出口商品鉴定业务包括：①进出口商品的质量、数量、重量、包装鉴定和货载衡量；②进出口商品的监视装载和监视卸载；③进出口商品的积载鉴定、残损鉴定、载损鉴定和海损鉴定；④装载出口商品的船舶、车辆、飞机、集装箱等运载工具的适载鉴定；⑤装载进出口商品的船舶封舱、舱口检视、空距测量；⑥集装箱及集装箱货物鉴定；⑦与进出口商品有关的外商投资财产和价值品种、质量、数量和损失鉴定；⑧抽取并鉴封各种样品；⑨签发价值证书及其他鉴定证书；⑩其他进出口商品鉴定业务。

（七）卫生检疫与处理

出入境检验检疫机构负责对出入境的人员、交通工具、集装箱、行李、货物、邮包等实施卫生检疫，包括医学检查、卫生检查和卫生处理。

（八）一般原产地证与普惠制产地证签证管理

出入境检验检疫机构是签发一般原产地证的官方机构，同时也是我国政府授权签发普惠制产地证的唯一机构。出口单位可向各地出入境检验检疫机构申请办理普惠制产地证和一般原产地证。

（九）涉外检验检疫、鉴定、认证机构审核认可和监督

对于拟设立的中外合资、合作进出口商品检验、鉴定、认证公司，由国家出入境检验检疫局负责对其资格信誉、技术力量、装备设施及业务范围进行审查。合格后出具"外商投资检验公司资格审定意见书"，然后交由外经贸部批准。在工商行政管理部门办理登记手续领取营业执照后，再到国家出入境检验检疫局办理"外商投资检验公司资格审定意见书"，方可开展经营活动。

七、商检的注意事项

（一）报检资格

（1）报检单位首次报时须持本单位营业执照和政府批文办理登记备案手续，取得报检单位代码，其报检人员经检验检疫机构培训合格后领取"报检员证"，凭证报检。

（2）代理报检单位须按规定办理注册登记手续，其报检人员经检验检疫机构培训合格后领取"代理报检员证"，凭证办理代理报检手续。

（3）代理报检的，须向检验检疫机构提供委托书，委托书由委托人按检验检疫机构规定的格式填写。

（4）非贸易性质的报检行为，报检人凭有效证件可直接办理报检手续。

（二）报检范围

（1）国家法律法规规定必须由检验检疫机构检验检疫的。

（2）输入国家或地区规定必须凭检验检疫机构出具的证书方准入境的。

（3）有关国际条约规定须经检验检疫的。

（4）申请签发普惠制原产地证或一般原产地证的。

（5）对外贸易关系人申请的鉴定业务和委托检验。

（6）对外贸易合同、信用证规定由检验检疫机构或官方机构出具证书的。

（7）未列入《商品目录》的入境货物经收货单位、用货单位验收发现质量不合格或残损、短缺，需检验检疫局出证索赔的。

（8）涉及出入境检验检疫内容的司法和行政机关委托的鉴定业务。

任务发布

深圳市 A 经贸发展有限公司（简称 A 公司）与澳大利亚 B 有限公司于 2019 年 11 月 10 日签订销售台灯 600 箱的合同，并约定于 2019 年 12 月底装船。2019 年 11 月 15 日，A 公司李某委托 C 货代公司代为办理该笔业务，其具体资料如下：

货物品名：台灯（TABLE LAMP）　合同号：RX2012××××　发票号：2019RX×××

信用证号：2019LC12××××　海关编号：940520××××

商品型号：05××××　货物总体积：14.08m^3

货物总重：1000kg　净重：980kg　单价：USD90 PER PC　CIF SYD

货物数量：600 件，600 箱　装运港：深圳港（深圳）目的港：悉尼港（SYDNEY）

船名航次：COSCO YINGKOU/26　提单号：CFSU2310××××　结汇方式：信用证

集装箱号：CBHU051××××　许可证号：W45××××　核销单号：08892××××

货代公司：深圳 C 国际货运有限公司

卖方：深圳市 A 经贸发展有限公司，单位代码：440123××××

运输方式：水路运输　批准文号：84123××××

运费：1000,502/1000/3　保费：000/0.03/1　包装种类：纸箱

唛头：YAFU
　　　RX2012××××
　　　SYDNEY
　　　NO.1-600
请完成报检手续。

任务操作

深圳市 A 经贸发展有限公司委托深圳 C 国际货运有限公司办理出口报检手续。签订货代委托合同后，报检程序主要包括以下几项内容：

步骤一：收集整理客户报检资料

A 公司李某按照 C 货代公司王某要求，准备整理报检所需的单证，分别有：

（1）该批出境货物的对外贸易合同（售货确认书/函电）、信用证、商业发票、装箱单（出口货物明细单）、购销合同。

（2）出境货物属卫生注册、质量许可证管理或审批范畴的，报检时应提供相关文件或注册号、许可证号。

（3）该批出境货物须经生产者/经营者检测合格，并附检测证明或检测报告（厂检结果单）。申请数量/重量检验的，还应加附数量/重量明细单或磅码单。

（4）盛装该批出境货物所用的一般运输包装的性能检验结果单，在分批使用时，应提供性能单复印件。

（5）凡凭样成交的出境货物，报检时应提供买卖双方共同确认/铅封的成交样品。

（6）若经外地检验检疫机关检验检疫合格，需在本地实施查验后装运出口的出境货物，报检时应加附该批出境货物的"换证凭单"（正本）。

步骤二：填制"出境货物报检单"

A 公司李某根据报检申请（通知）单（见表 7-1）填制出境货物报检单（见图 7-7），加盖报检单位印章，并准确填写本单位在检验检疫机构备案或注册登记的代码。所列各项内容必须完整、准确、清晰，不得涂改。C 货代公司业务员王某和报检员李某对此进行了核查。

表 7-1　报检申请（通知）单

报检单位	深圳市 A 经贸发展有限公司	报检单位登记号	20190215××××
报检日期	2019-12-12 08:30:00	运输工具	COSCO YINGKOU/26
发货人	深圳市 A 经贸发展有限公司	收货人	×× CO.,LTD.
贸易方式	一般贸易	用途	商品
联系人	李某	联系电话	33×××××××××
合同号	RX2012××××	信用证号	2019LC12××××
许可证号	D45××××	生产单位注册号	3201000××××
H.S. 编码	940520××××	货物总值	54 000 美元
包装	箱		

中华人民共和国出入境检验检疫
出境货物报检单

报检单位（加盖公章）：	深圳市 A 经贸发展有限公司		*编 号	
报检单位登记号：20110215×××× 联系人：王某 电话：133××××××××			报检日期：2019-12-12 08:30:00	

收货人	（中文）	澳大利亚 B 有限公司	企业性质（划"√"）	□合资 □合作 □外资
	（外文）	×× CO.,LTD.		
发货人	（中文）	深圳市 A 经贸发展有限公司		
	（外文）	SHENZHEN ×× Economies Development CO.,LTD.		

货物名称（中/外文）	H.S. 编码	原产国（地区）	数/重量	货物总值	包装种类及数量
台灯（TABLELAMP）	940520××××	中国	600 箱/1000kg	54 000.00USD	箱/600

运输工具名称号码	COSCO YINGKOU/26			合同号	RX2012××××
贸易方式	一般贸易	贸易国别（地区）	澳大利亚	提单/运单号	CFSU2310××××
到货日期		启运国家（地区）	中国	许可证/审批号	W45××××
卸毕日期		启运口岸	深圳港	入境口岸	悉尼
索赔有效期至		经停口岸		目的地	澳大利亚悉尼

集装箱规格、数量及号码					
合同订立的特殊条款以及其他要求				货物存放地点	STO－申通快运
				用 途	自营自销

随附单据（划"√"或补填）		标记及号码	*外商投资财产(划"√")	□是 □否
☑合同	□到货通知	××	*检验检疫费	
□发票	☑装箱单	RX2012××××	总金额	
☑提/运单	□质保书	SYDNEY	（人民币元）	
□兽医卫生证书	□理货清单	NO.1-600		
□植物检疫证书	□磅码单		计费人	
□动物检疫证书	□验收报告			
□卫生证书	□			
☑原产地证	□		收费人	
☑许可/审批文件	□			

报检人郑重声明： 1. 本人被授权报检。 2. 上列填写内容正确属实。 签名：_____李某_____	领取证单	
	日期	
	签名	

注：有"*"号栏由出入境检验检疫机关填写。

图 7-7 出境货物报检单

步骤三：向商检部门提交材料

审核报验申请单，报检员李某同时提交合同、信用证、成交样品及其他必要的资料。

出口报验的时间：一般在发运前 7～10 天，对于鲜货应在发运前 3～7 天。

步骤四：抽样（又译"扦样"）

抽样时，按规定的方法和一定的比例，在货物不同部位抽取一定数量的、能代表全批货物质量的样品（标本）供检验之用。

步骤五：检验

接受报验后，研究检验项目，确定检验内容，仔细审核合同对品质、包装的规定，弄清检验依据，确定检验标准、方法，然后对抽样进行检验。

步骤六：签证

A 公司的台灯列入出口货物，经检验合格后，签发出境货物通关单。凡规定由商检部门出证的或国外要求签发检验证书的，根据规定签发证书。

任务评价

项目七任务一评价考核表见表 7-2。

表 7-2　项目七任务一评价考核表

项　目	任　务　内　容	结　果
知识水平	1. 了解报检知识，10 分 2. 熟悉报检流程，10 分	
拓展能力	1. 分析资料，说明报检手续，30 分 2. 缮制报检单，20 分	
实践能力	分析资料，独立完成报检业务，30 分	
任务评价		
知识考核	技能考核	实操考核	综合得分
□1 □2 □3 □4 □5	□1 □2 □3 □4 □5	□1 □2 □3 □4 □5	
教师签字：			年　月　日

学习任务二　处理报关业务

学习目标

知识目标
- 了解报关的基本含义
- 掌握报关的范围及期限
- 掌握报关方式和资格
- 掌握电子报关
- 了解报关单位

国际货代实务

- 掌握报关的基本程序和工作流程
- 准确描述报关注意的问题

能力目标
- 能够操作进出口通关流程
- 能够掌握办理报关手续的准备工作
- 能够独立完成电子报关

素养目标
- 锻炼学生语言表达及社交沟通能力,使之能够合理运用社交礼仪
- 培养学生团结协作的合作精神
- 培养学生热爱劳动、爱岗敬业、认真严谨、追求卓越的职业精神

知识储备

一、报关的基本含义

报关是指进出口货物装船出运前,向海关申报的手续。按照《中华人民共和国海关法》的规定,凡是进出国境的货物,必须经由设有海关的港口、车站、国际航空站,并由货物所有人向海关申报,经过海关放行后,货物才可提取或者装船出口。

了解海关

二、报关的范围及期限

(一)报关的范围

按照法律规定,所有进出境运输工具、货物、物品都需要办理报关手续。报关的具体范围如下:

1. 进出境运输工具

进出境运输工具是指用以载运人员、货物、物品进出境的各种船舶、车辆、航空器和驮畜等(见图7-8)。

2. 进出境货物

进出境货物是指一般进出口货物,保税货物,暂准进出境货物,特定减免税货物,过境、转运和通用及其他进出境货物(见图7-9)。

图7-8 进出境运输工具

图7-9 进出境货物

3. 进出境物品

进出境物品是指进出境的行李物品、邮递物品和其他物品。以进出境人员携带、托运等方式进出境的物品为行李物品，以邮递方式进出境的物品为邮递物品，其他物品主要包括享有外交特权和豁免的外国机构或者人员的公务用品和自用物品等。

（二）报关期限

报关期限是指货物运到口岸后，法律规定收货人或其代理人向海关报关的时间限制。

根据《中华人民共和国海关法》规定，进口货物的报关期限为自运输工具申报进境之日起14日内，由收货人或其代理人向海关报关；转关进口货物除在14日内向进境地海关申报外，还须在载运进口货物的运输工具抵达指运地之日起14日内向指运地海关报关；超过这个期限报关的，由海关征收滞报金。

出口货物应在货物装入运输工具的24h之前，向海关报关。也就是说，应先报关，后装货。须在报关24h之后，才能将货物装入运输工具。

进口货物规定报关期限和征收滞报金是为了运用行政手段和经济手段，促使进口货物收货人或其代理人及时报关，加速口岸疏运，使进口货物早日投入生产和使用。

出口货物规定报关期限是为了保证海关对出口货物的查验监管，保证货物及时运输出口。

三、报关方式和资格

（一）报关方式

报关的方式有口头报关、书面报关和电子报关。

（二）报关资格

1. 企业

（1）专业报关企业是指已在海关注册登记，专门从事代理报关的具有境内法人地位的经济主体。

（2）代理报关企业是指已在海关注册登记，代理进出口货物的报关、纳税等事项的国际货物运输代理企业或国际运输工具代理企业。

（3）自理报关企业是指已在海关注册登记，仅为本企业（单位）办理进出口货物报关手续的报关企业。

2. 个人

个人必须取得报关资格。

四、电子报关

（一）电子报关的含义

电子报关是一种新型、现代化的报关方式，是指进出口货物的收发货人或其代理人利用现代通信和网络技术，通过微机、网络或终端向海关传递规定格式的电子数据报关单，并根据海关计算机系统反馈的审核及处理结果，办理海关手续的报关方式。现阶段，法定报关方式是纸质报关单和电子数据报关单同时使用。随着计算机技术和网络技术的发展，全面推行电子报关是报关方式的发展方向。电子报关系统如图7-10所示。

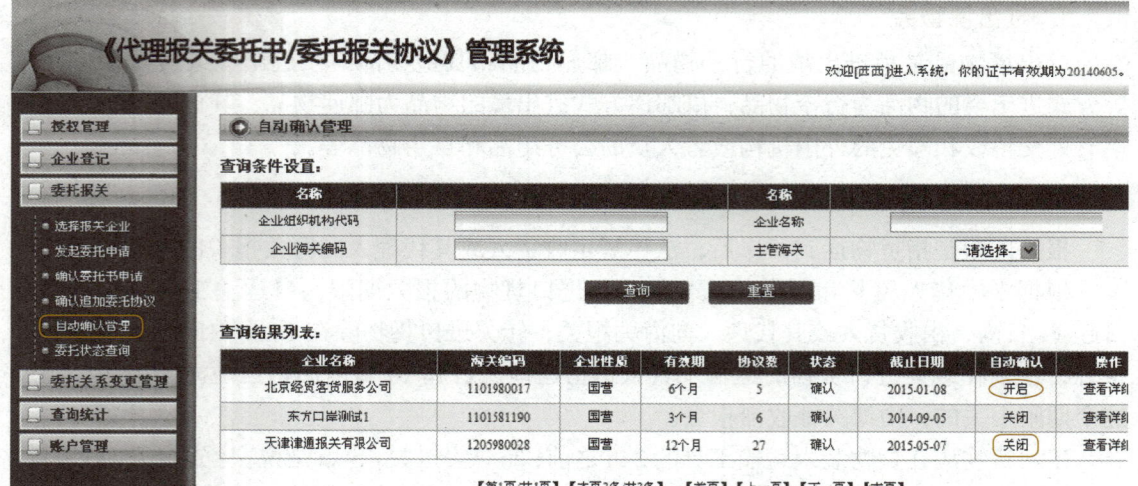

图7-10　电子报关系统

（二）电子通关系统

1. 海关H883/EDI通关系统

海关H883/EDI通关系统是中国海关报关自动化系统的简称，是我国海关利用计算机对进出口货物进行全面信息化管理，实现监管、征税、统计三大海关业务一体化。

2. 海关H2000通关系统

海关H2000通关系统对海关H883/EDI进行全面优化，在集中式数据库的基础上建立了全国统一的海关信息作业平台。进出口企业可以在其办公场所办理加工贸易登记备案、特定减免税申领、进出境报关等各种海关手续。

3. 中国电子口岸系统

中国电子口岸系统简称电子口岸，利用互联网信息技术将企业进出口业务数据存放在公共数据中心，为管理部门提供跨部门、跨行业的联网数据核查，为企业提供网上办理各种进出口业务的国家信息系统。

（三）通关作业无纸化

通关作业无纸化是指海关以企业分类管理和风险分析为基础，按照风险等级对进出口货物实施分类，运用信息化技术改变海关验核进出口企业递交纸质报关单及随附单证办理通关手续的做法，直接对企业联网申报的报关单及随附单证的电子数据进行无纸审核、验放处理的通关管理模式。

五、报关单位

报关单位是指在海关注册登记或经海关批准，向海关办理进出口货物报关纳税等海关事务的境内法人或其他组织。

《中华人民共和国海关法》规定，进出口货物收发货人、报关企业办理报关手续，必须依法经海关注册登记。报关人员必须依法取得报关资格。未依法经海关注册登记的企业和未依法取得报关从业资格的人员，不得从事报关业务。以法律的形式明确了对向海关办理进出口货物报关纳税手续的企业实行注册登记管理制度。因此，完成海关报关注册登记手续，取得报关资格是报关单位的主要特征之一，也就是说，只有当有关的法人或组织取得了海关赋予的报关权后，才能成为报关单位，方能从事有关的报关活动。另外，作为报关单位还必须是"境内法人或组织"，能独立承担相应的经济和法律责任，这是报关单位的另一个特征。

报关单位包括进出口货物收发货人和报关企业。进出口货物收发货人指在中国境内从事对外贸易经营活动的企业、组织和个人。报关企业指经进出口货物收发货人的委托，帮助其代理报关的企业。

六、报关的基本程序

（一）提交单证

（1）进出口货物报关单。一般进口货物应填写一式二份；需要由海关核销的货物，如加工贸易货物和保税货物等，应填写专用报关单一式三份；货物出口后需国内退税的，应另填一份退税专用报关单。

（2）货物发票。要求份数比报关单少一份，对货物出口委托国外销售，结算方式是待货物销售后按实销金额向出口单位结汇的，出口报关时可准予免交。

（3）陆运单、空运单和海运进口的提货单及海运出口的装货单。海关在审单和验货后，在正本货运单上签章放行退还报关单，凭此提货或装运货物。

（4）货物装箱单。货物装箱单的份数同发票。但是，散装货物或单一品种且包装内容一致的件装货物可免交。

（5）出口收汇核销单。一切出口货物报关时，应交验外汇管理部门加盖"监督收汇"章的出口收汇核销单，并将核销编号填在每张出口报关单的右上角处。

（6）海关认为必要时，还应交验贸易合同、货物产地证书等。

（7）其他有关单证。

1）经海关批准准予减税、免税的货物，应交海关签章的减免税证明，北京地区的外资企业需另交验海关核发的进口设备清单。

2）已向海关备案的加工贸易合同进出口的货物，应交验海关核发的"登记手册"。

练一练

请用思维导图制作报关提交的单据。

（二）报关程序

报关的基本程序：申报、查验、征税、放行。

1. 申报

出口货物的发货人在根据出口合同的规定，按时、按质、按量备齐出口货物后，即应当向运输公司办理租船订舱手续，准备向海关办理报关手续，或委托专业（代理）报关公司办理报关手续。

需要委托专业或代理报关企业向海关办理申报手续的企业，在货物出口之前，应在出口口岸就近向专业报关企业或代理报关企业办理委托报关手续。接受委托的专业报关企业或代理报关企业要向委托单位收取正式的报关委托书，报关委托书以海关要求的格式为准。

准备好报关用的单证是保证出口货物顺利通关的基础。一般情况下，报关应备单证除出口货物报关单外，主要包括托运单（即下货纸）、发票一份、贸易合同一份、出口收汇核销单及海关监管条件所涉及的各类证件。

申报应注意报关时限。报关时限是指货物运到口岸后，法律规定发货人或其代理人向海关报关的时间限制。出口货物的报关时限为装货的 24h 以前。不需要征税费、查验的货物，自接受申报起 1 日内办结通关手续。

2. 查验

查验是指海关在接受报关单位的申报并以经审核的申报单位为依据，通过对出口货物进行实际的核查，以确定其报关单证申报的内容是否与实际进出口的货物相符的一种监管方式。①通过核对实际货物与报关单证来验证申报环节所申报的内容与查证的单、货是否一致，通过实际的查验发现申报审单环节所不能发现的有无瞒报、伪报和申报不实等问题。②通过查验可以验证申报审单环节提出的疑点，为征税、统计和后续管理提供可靠的监管依据。海关查验货物后，均要填写一份验货记录。

验货记录一般包括查验时间、地点、进出口货物的收发货人或其代理人名称、申报的货物情况、查验货物的运输包装情况（如运输工具名称、集装箱号、尺码和封号）、货物的名称、规格型号等。需要查验的货物自接受申报起 1 日内开出查验通知单，自具备海关查验条件起 1 日内完成查验，除需缴税外，自查验完毕 4h 内办结通关手续。

3. 征税

根据《中华人民共和国海关法》的有关规定，进出口的货物除国家另有规定外，均应征收关税。关税由海关依照海关进出口税则征收。需要征税费的货物，自接受申报 1 日内开出税单，并于缴核税单 2h 内办结通关手续。

4. 放行

（1）对于一般出口货物，在发货人或其代理人如实向海关申报并如数缴纳应缴税款后，海关在出口装货单上盖"海关放行章"，发货人凭此装船启运出境。

（2）出口货物的退关。申请退关货物时，发货人应当在退关之日起 3 天内向海关申报退关，经海关核准后方能将货物运出海关监管场所。

（3）签发出口退税报关单。海关放行后，在出口退税专用报关单上加盖"验讫章"和已向税务机关备案的海关审核出口退税负责人的签章，退还报关单位。出口核销退税每延迟一天，就会给广大客户造成很大损失。如何加快出口核销退税速度呢？在单证操作方面最重要的一点就是正确填写出口报关单。报关单的有关内容必须与船公司传送给海关的舱单内容一致，才能顺利地核销退税。对海关接受申报并放行后，由于运输工具配载等问题，部分货物未能装载上原申报的运输工具的，出口货物发货人应及时向海关递交"出口货物报关单更改申请单"及更正后的箱单发票、提单副本进行更正，这样报关单上的内容才能与舱单上的内容一致。

练一练

请同学们根据所学知识，利用 Visio 软件制作通关流程图。

（三）报关流程
1. 进口
（1）出口商提供到货通知书、正本提单或电放保函及换单费、THC费（码头装卸作业费）等给进口商，由进口商到船公司换取进口提货单。
（2）准备进口报关所需单证。
1）必备单证：货物装箱单、发票、合同一式一份以及报关、报检委托书各一份。
2）从欧盟、美国、韩国、日本进口货物，如是木制包装箱的，需提供热处理证书或植物检疫证书；如是非木制的，需提供无木制包装证明。
3）税则所规定的各项证件（如进口许可证、机电证、重要工业品证书）。
4）有减免税政策的，提供减免税证明。
（3）进口申报后如海关审价需要，出口商需提供相关价格证明，如信用证、保单、原厂发票、招标书等海关所要求的文件。
（4）海关打印税单后，出口商需在7个工作日缴纳税费。如超过期限，海关按日计征滞纳金。
（5）报关查验放行后，出口商需及时缴纳报关、报检代垫代办费。
货物到港后14日内必须向海关申报。如超过期限，海关按日计征滞报金（按货物价值万分之五）；超过3个月，海关将按无主货物进行变卖。

2. 出口
（1）出口报关企业应具备在当地海关、检验检疫局注册备案，有进出口经营权和报检资格。
（2）出口报关所需单证：
1）在货物运抵海关监管区后，装货的24h之前，客户需备齐海关所需单证向海关申报。
2）必备单证：清单、发票、合同、报关委托书、船公司装货单等单证各一份。
3）按海关税则所规定的各项证件（如通关单、出口许可证等）。
4）有出口手册的，需提供手册报关。

3. 所需单证
（1）出口商应在报关之日前3天备齐所需单证，向检验检疫局申报，所提供的单证有清单、发票、合同、报检委托书、厂检单、纸箱包装单等证件各一份。
（2）出口货物到美国、澳大利亚、加拿大、欧盟等外包装为木制的需做熏蒸或热处理的，出口商所提供的单证有清单、发票、合同、报检委托书。如熏蒸产品是木制品，还需提供厂检单。
（3）做熏蒸或热处理的产品，出口商应在报关前两天将货物运抵指定的堆场或港区进行熏蒸（熏蒸时间为24h）。
（4）出口报关正式向海关申报。如出口需缴纳税费的，应及时缴纳税费。
（5）海关现场审单结束。货物单证放行后，货主应在海关规定的时间内将货物运至海关监管区内进行验放。如需查验，报关行应及时与海关联系，进行货物查验，验完后需根据船公司指定铅封。不需查验的，应及时进行实货放行，将装货单按截关时间送到港区装船。
（6）待货物出口，船公司就将出口舱单数据传送给海关，报关行办理通关手续。报关行待结关后，及时到海关打印退税核销联。
（7）出口通关结束。出口商需及时缴纳报关报检代垫代办费。

七、报关注意事项

（1）申报企业必须在海关注册。无进出口经营权和报关权的企业，应委托货运代理公司或外贸公司等具备报关资格的企业代为办理进出口货物的报关手续，并签订书面委托合同。

（2）委托企业如实提供所需资料，否则代理报关企业无须承担由此引发的后果。

（3）报关企业如实填制报关单，仔细检查报关单的相关内容，注意单证相符、单货相符。

（4）报关员向海关递交报关单，意味着通关工作正式开始。报关单位及其报关员必须承担相应的法律和经济责任。

（5）一旦进入报关程序，委托企业和报关企业不得随意更改报关内容，如实有必要，需填制更改单，经海关审核通过后方可更改。

（6）对于海关审核过程中的疑问，企业应及时反馈和沟通。货物的收发货人或者代理人，在货物进出口时，应在海关规定的期限内，按海关规定的格式填写进出口货物报关单，随附有关的货运、商业单据，同时提供批准货物进出口的证件，向海关申报。

任务发布

深圳市 A 经贸发展有限公司（简称 A 公司）与美国 B 有限公司于 2021 年 12 月 11 日签订销售儿童蜡笔 500 箱的合同，并约定于 2022 年 1 月底装船。2021 年 12 月 15 日，A 公司李某委托 C 货代公司代为办理该笔业务，其具体资料如下：

货物品名：儿童蜡笔　　　　合同号：RX2021××××　　发票号：2021RX×××
信用证号：2021LC12××××　海关编号：940520××××
商品型号：058××××　　　货物总体积：16.08m^3
货物总重：1200kg　　　　　净重：1000kg 单价：USD15 PER PC　CIF NY
货物数量：10 000 件，500 箱　装运港：深圳港（深圳）目的港：纽约港（NEWYORK）
船名航次：COSCO YINGKOU/26　提单号：CFSU2310××××　结汇方式：信用证
集装箱号：CBHU051××××　　许可证号：W45××××　　核销单号：08892××××
货代公司：深圳 C 国际货运有限公司
卖方：深圳市 A 经贸发展有限公司，单位代码 440123××××
运输方式：水路运输　　　　　批准文号：84123××××
运费：1000, 502/1000/3　　　保费：000/0.03/1　　　　包装种类：纸箱
唛头：YAFU
　　　RX2012××××
　　　NEWYOKR
　　　NO.1-500

根据任务描述运作 A 公司的报关单制作及报关流程。

任务操作

在出境货品送达到深圳文锦渡海关监管区域后，C 货代公司报关员李某根据我国进出境

通关条例进行报关业务。

步骤一：报关资料准备

因 A 公司李某对报关业务不熟悉，则全权委托 C 货代公司办理。C 公司业务员王某在接受业务委托后，要求李某提供报关委托书（见图 7-11），并着手准备报关所需单证，如进出口报关单、发票、装箱单、装货单或提货单、进出口核销单、减免税证明、合同、报关委托书及各种特殊管制证件等。

代理报关委托书

编号：HO××××

我单位现 B （A. 逐票 B. 长期）委托贵公司代理 ABCDEFGH 等通关事宜。(A. 填单申报 B. 辅助查验 C. 垫缴税款 D. 办理海关证明联 E. 盲批手册 F. 核销手册 G. 申办减免税手续 H. 其他）详见《委托报关协议》。

我单位保证遵守《海关法》和国家有关法规，保证所提供的情况真实、完整、单货相符。否则，愿承担相关法律责任。本委托书有效期自签字之日起至 2022 年 12 月 31 日止。

委托方（盖章）：广州市 A 经贸发展有限公司
法定代表人或其授权签署《代理报关委托书》的人（签字）王某
2021 年 12 月 15 日

委 托 报 关 协 议

为明确委托报关具体事项和各自责任，双方经平等协商签订协议如下：

委托方	深圳市 A 经贸发展有限公司	被委托方	深圳 C 国际货运有限公司	
主要货物名称	儿童蜡笔	*报关单编号		
H.S. 编码	940520××××	收到单证日期	年 月 日	
货物总价	USD 150 000.00	收到单证情况	合同 ☑	发票 ☑
进出口日期	2022 年 1 月 30 日		装箱清单 ☑	提（运）单 ☑
提单号	CFSU2310××××		加工贸易手册 ☐	许可证件 ☑
贸易方式	一般贸易		其他	
原产地/货源地	中国深圳	报关收费	人民币： 元	
其他要求：		承诺说明		
背面所列通用条款是本协议不可分割的一部分，对本协议的签署构成了对背面通用条款的同意。		背面所列通用条款是本协议不可分割的一部分，对本协议的签署构成了对背面通用条款的同意。		
委托方业务签章：		被委托方业务签章：		
经办人签章：		经办关员签章：		
联系电话： 年 月 日		联系电话： 年 月 日		

图 7-11 报关委托书

步骤二：填制"出口货物报关单"，申请报关

报关申报流程如图 7-12 所示。

（1）缮制出口货物报关单（见图 7-13），所列各项内容必须完整、准确、清晰，不得涂改。报关员赵某对此进行了核查。

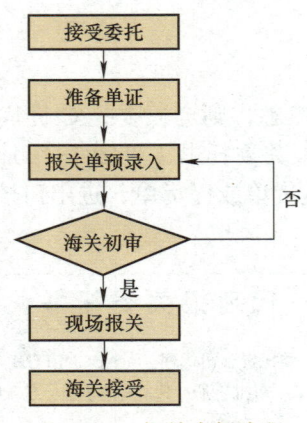

图 7-12 报关申报流程

中华人民共和国海关出口货物报关单

预录人编号：			海关编号：940520××××	
出口口岸 深圳文锦渡海关（5102）	备案号		出口日期	申报日期 20220115
经营单位（440123××××） 深圳市A经贸发展有限公司	运输方式 江海运输	运输工具名称 COSCO YINGKOU/26		提运单号 CFSU2310××××
发货单位 深圳市A经贸发展有限公司		贸易方式 （0110）一般贸易	征免性质 照章	结汇方式 信用证
许可证号 W45××××	运抵国（地区） 美国		指运港 纽约	境内货源地 深圳
批准文号 84123××××	成交方式 CFR	运费 502/1000/3	保费 000/0.03/1	杂费
合同协议号 RX2021××××	件数 500	包装种类 纸箱	毛重（公斤） 1200	净重（公斤） 1000
集装箱号 CBHU051××××	随附单据		生产厂家 深圳市A经贸发展有限公司	
标记唛码及备注 　　　YAFU 　　　RX2012×××× 　　　NEWYORK 　　　NO.1-500				

项号	商品编号	商品名称、规格型号	数量及单位	最终目的国（地区）单价	总价	币制	征免
01	0589000	儿童蜡笔	500箱	美国 300.00	150 000.00	USD	照章

税费征收情况				
录入员　　录入单位	兹声明以上申报无讹并承担法律责任	海关审单批注及放行日期（签章）		
报关员		审单	审价	
	申报单位（签章）	征税	统计	
单位地址	深圳市A经贸发展有限公司	查验	放行	
邮编　　　　电话	填制日期　20220115			

图 7-13　出口货物报关单

（2）报关单预录入。报关员赵某在准备好报关材料后，先进行电子报关单的填写，称为电子数据预录入。

（3）海关初审。海关对报关企业提交的电子材料进行初步审核。如果没有发现问题，则报关企业准备所有资料到海关现场进行现场申报。如果发现问题，则企业需及时更正重新申报。

（4）现场报关。通过初审，赵某持所需材料进入海关现场递交材料。

（5）海关接受。海关核对报关材料后，接受报关。

任务评价

项目七任务二评价考核表见表7-3。

表7-3　项目七任务二评价考核表

项　　目	任务内容	结　　果
知识水平	1. 报关时间地点，10分 2. 报关资格，10分	
拓展能力	报关流程，20分	
任务实施	1. 出口报关单缮制，30分 2. 进口报关单缮制，30分	
任务评价		
知识考核	技能考核	实操考核	综合得分
□1 □2 □3 □4 □5	□1 □2 □3 □4 □5	□1 □2 □3 □4 □5	
教师签字：		年　月　日

学习任务三　缮制报检单、报关单

学习目标

知识目标
- 了解报检单、报关单的基本含义
- 了解报关单的分类
- 掌握报检单、报关单的缮制技巧

能力目标
- 能够独立缮制报检单的内容

- 能够独立缮制报关单的内容

素养目标

- 培养学生独立思考、解决问题的能力
- 培养学生团结协作、良好沟通的合作精神
- 锻炼学生细致认真严谨的职业心态

知识储备

一、报检单的基本含义

报检单是国家检验检疫部门根据检验检疫、鉴定工作的需要,为保证检验检疫工作规范化和程序化而设置的。它是报检人根据有关法律、行政法规或合同约定申请检验检疫机构对其某种货物实施检验检疫、鉴定意愿的书面凭证,它说明了申请人正式向检验检疫机构申请检验检疫、鉴定,以取得该批货物合法出口的凭证。报检单同时也是检验检疫机构对出入境货物实施检验检疫起动检验检疫程序的依据。报检单范例如图7-14所示。

> **小贴士**
>
> **报 检 员**
>
> **一、报检员的定义**
>
> 报检员是指在外贸企业、代理报检企业等企业和机构中专业从事出入境检验检疫报检业务的人员。一名合格的报检员,除应具备基本常识和相当的理论功底外,还须具有良好的沟通能力,如良好的口才、较强的表达才能,能与客户、海关和商检等沟通,解答客户提出的各种专业性问题。
>
> **二、报检员的职责**
>
> (1)报检员依法代表所属企业办理报检业务。报检员应当并有权拒绝办理所属企业交办的单证不真实、手续不齐全的报检业务。
>
> (2)报检员应当对所属企业负责,接受检验检疫机构的指导和监督,并履行下列义务:
> 1)遵守有关法律法规和检验检疫的规定。
> 2)在办理报检业务时严格按照规定提供真实的数据和完整、有效的单证,准确、清晰地填制报检单,并在规定的时间内缴纳有关费用。
> 3)参加检验检疫机构举办的有关报检业务培训。
> 4)协助所属企业完整保存各种报检单证、票据、函电等资料。
> 5)承担其他与报检业务有关的工作。

出境货物报检单

报检单位（加盖公章）：A进出口贸易公司　　　　　　　　　　　　*编　号　EC000××××

报检单位登记号：3200008××××　　联系人：张某　　电话：86-21-2350×××　　报检日期：2017年08月29日

发货人	（中文）	A进出口贸易公司				
	（外文）	×× IMPORT & EXPORT COMPANY				
收货人	（中文）	B进出口贸易公司				
	（外文）	×× EXPORT AND IMPORT COMPANY				
货物名称（中/外文）		H.S.编码	产地	数/重量	货物总值	包装种类及数量
荔枝罐头 CANNED LITCHIS		200899××××	中国	1000箱	JPY 1200000	1000纸箱

运输工具名称号码	TBA		贸易方式	一般贸易	货物存放地点	SHANGHAI,CH
合同号	contract01		信用证号	002/000××××	用途	
发货日期	2017-08-29	输往国家（地区）	日本	许可证/审批号		
启运地	上海	到达口岸	名古屋	生产单位注册号		
集装箱规格、数量及号码	20' CONTAINER×1					

合同、信用证订立的检验 检疫条款或特殊要求	标记及号码	随附单据（画"√"或补填）	
	CANNED LITCHIS JAPAN C/NO.1-1000 MADE IN CHINA	☑合同 ☑信用证 ☑发票 ☐换证凭单 ☑装箱单 ☐厂检单	☐包装性能结果单 ☐许可/审批文件 ☐ ☐ ☐ ☐

需要证单名称（画"√"或补填）			*检验检疫费	
☑品质证书	1正3副	☑植物检疫证书	1正3副	总金额 （人民币元）
☑重量证书	1正3副	☐熏蒸/消毒证书	正副	
☑数量证书	1正3副	☐出境货物换证凭单		
☐兽医卫生证书	正副	☑通关单		计费人
☑健康证书	1正3副	☐		
☐卫生证书	正副	☐		收费人
☐动物卫生证书	正副	☐		

报检人郑重声明：
　1. 本人被授权报检。
　2. 上列填写内容正确属实，货物无伪造或冒用他人的厂名、标志、认证标志，并承担货物质量责任。

签名：张某

领　取　证　单

日　期

签　名

注：有"*"号栏由出入境检验检疫机关填写。

图7-14　报检单范例

二、报关单的基本含义

进出口货物报关单是指进出口货物收发货人或其代理人，按照海关规定的格式对进出口货物的实际情况做出书面申明，以此要求海关对其货物按适用的海关制度办理通关手续的法律文书。它在对外经济贸易活动中具有十分重要的法律地位。它既是海关监管、征税、统计以及开展稽查和调查的重要依据，又是加工贸易进出口货物核销，以及出口退税和外汇管理的重要凭证，也是海关处理走私、违规案件，及税务、外汇管理部门查处骗税和套汇犯罪活动的重要证书。

了解报关单

2018年8月1日，海关总署宣布，即日起，海关进出口货物整合申报正式实施。原报关单、报检单将合并为"一张大表"进行货物申报，让企业真正实现一次申报、一单通关。

三、报关单的分类

按货物的流转状态、贸易性质以及海关监管方式的不同，进出口货物报关单可以分为以下几种类型：

（一）按进出口状态分

（1）进口货物报关单。
（2）出口货物报关单（见图7-15）。

（二）按表现形式分

（1）纸质报关单。
（2）电子数据报关单。

（三）按使用性质分

（1）进料加工进出口货物报关单。
（2）来料加工及补偿贸易进出口货物报关单。
（3）外商投资企业进出口货物报关单。
（4）一般贸易及其他贸易进出口货物报关单。
（5）需国内退税的出口贸易报关单。

（四）按用途分

（1）报关单录入凭单。
（2）预录入报关单。
（3）电子数据报关单。
（4）报关单证明联。

出口货物报关单

预录入编号：02000××××	海关编号：		申报现场：	页码/页数：1/1	
境内发货人 伦敦××贸易有限公司 91332001000231××××	出境关别 利物浦海关	出口日期 2022-12-15	申报日期 2022-12-15	备案号	
境外收货人 ××International Trade Company	运输方式 （5）航空运输	运输工具名称及航次号 CZ3103		提运单号	
生产销售单位 伦敦××贸易有限公司 91332001000231××××	监管方式 （0110）一般贸易	征免性质 （101）一般征税		许可证号	
合同协议号 000001	贸易国（地区） （RUS）俄罗斯联邦	运抵国（地区） （RUS）俄罗斯联邦	指运港 （RUS090）圣彼得堡（俄罗斯）	离境口岸 （GBR357）利物浦（英国）	
包装种类 纸箱	件数 50	毛重（千克） 44	净重（千克） 5.5	成交方式 (3)FOB	运费 [ ][ ][ ]	保费 [ ][ ][ ]	杂费 [ ][ ][ ]
随附单据及编码					
标记唛码及备注 N/M					

项号	商品编号	商品名称及规格型号	数量及单位	单价	总价	币制	原产国（地区）	最终目的国（地区）	境内货源地	征免
1	7113191990	18K 金嵌宝石手链 长：17cm，重：5.5g， 附送精美礼盒，每箱装20盒	1000 盒	300	300000	美元	英国（GBR）	俄罗斯联邦（RUS）	（826001）利物浦	(1) 照章征税

特殊关系确认：否	价格影响确认：否	支付特许权使用费确认：否	自报自缴：是	
报关人员 ××	报关人员证号	电话	兹申明对以上内容承担如实申报、依法纳税之法律责任	海关批注及签章
申报单位	伦敦××贸易有限公司 91332001000231××××		申报单位（签章）	

图 7-15 出口货物报关单样本

四、报检单的缮制技巧

（一）入境货物报检单的填制要求

报检单位须加盖报检单位印章，并准确填写本单位在检验检疫机构备案或注册登记的代码。所列各项内容必须完整、准确、清晰，不得涂改。

（1）编号：电子报检受理后自动生成，在受理回执中自动反馈。

（2）报检单位：填写报检单位的全称。

（3）报检单位登记号：填写报检单位在检验检疫机构备案或注册登记的代码。

（4）联系人：填写报检人员姓名。电话：填写报检人员的联系电话。

（5）报检日期：检验检疫机构实际受理报检的日期，由检验检疫机构受理报检人员填写。

（6）收货人：填写外贸合同中的收货人，应中英文对照填写。

（7）发货人：填写外贸合同中的发货人。

（8）货物名称（中/外文）：填写本批货物的品名，应与进口合同、发票名称一致，如为废旧货物应注明。

（9）H.S.编码：填写本批货物的商品编码，以当年海关公布的商品税则编码分类为准。

（10）原产国（地区）：填写本批货物生产/加工的国家或地区。

（11）数/重量：填写本批货物的数/重量，应与合同、发票或报关单上所列的货物数/重量一致，并应注明数/重量单位。

（12）货物总值：填写本批货物的总值及币种，应与合同、发票或报关单上所列的货物总值一致。

（13）包装种类及数量：填写本批货物实际运输包装的种类及数量，应注明包装的材质。

（14）运输工具名称号码：填写装运本批货物的运输工具的名称和号码。

（15）合同号：填写对外贸易合同、订单的号码。

（16）贸易方式：填写本批货物进口的贸易方式，根据实际情况选填一般贸易、来料加工、进料加工、易货贸易、补偿贸易、边境贸易、无偿援助、外商投资、对外承包工程进出口货物、出口加工区进出境货物、出口加工区进出区货物、退运货物、过境货物、保税区进出境仓储、转口货物、保税区进出区货物、暂时进出口货物、暂时进出口留购货物、展览品、样品、其他非贸易性物品、其他贸易性货物等。

（17）贸易国别（地区）：填写本批进口货物的贸易国别（地区）。

（18）提单/运单号：货物海运提单号或空运单号，有二程提单的应同时填写。

（19）到货日期：填写本批货物到达口岸的日期。

（20）启运国家（地区）：填写装运本批货物的交通工具的启运国家或地区。

（21）许可证/审批号：需办理进境许可证或审批的货物应填写有关许可证号或审批号。

（22）卸毕日期：填写货物在口岸卸毕的实际日期。

（23）启运口岸：填写装运本批货物的交通工具的启运口岸。

（24）入境口岸：填写装运本批货物的交通工具进境时首次停靠的口岸。

（25）索赔有效期至：按外贸合同规定的日期填写，特别要注明截止日期。

（26）经停口岸：填写本批货物启运后，到达目的地前中途曾经停靠的口岸名称。

（27）目的地：填写本批货物预定最后到达的交货地。

（28）集装箱规格、数量及号码：货物若以集装箱运输应填写集装箱的规格、数量及号码。

（29）合同订立的特殊条款以及其他要求：填写在合同中特别订立的有关质量、卫生等条款或报检单位对本批货物检验检疫的特别要求。

（30）货物存放地点：填写本批货物存放的地点。

（31）用途：填写本批货物的用途。根据实际情况选填种用或繁殖、食用、奶用、观赏或演艺、伴侣动物、实验、药用、饲用、其他。

（32）随附单据：按实际向检验检疫机构提供的单据，在对应的"□"上打"√"或补填。

（33）标记及号码：填写货物的标记号码，应与合同、发票等有关外贸单据保持一致。若没有标记号码，则填"N/M"。

（34）外商投资财产：由检验检疫机构报检受理人员填写。

（35）报检人郑重声明：由报检人员亲笔签名。

（36）检验检疫费：由检验检疫机构计费人员填写。

（37）领取证单：由报检人在领取证单时填写实际领证日期并签名。

（二）出境货物报检单的填制要求

报检单位须加盖报检单位印章，并准确填写本单位在检验检疫机构备案或注册登记的代码。所列各项内容必须完整、准确、清晰，不得涂改。

（1）编号：电子报检受理后自动生成，在受理回执中自动反馈。

（2）报检单位：填写报检单位的全称。

（3）报检单位登记号：填写报检单位在检验检疫机构备案或注册登记的代码。

（4）联系人：填写报检人员姓名。电话：填写报检人员的联系电话。

（5）报检日期：检验检疫机构实际受理报检的日期，由检验检疫机构受理报检人员填写。

（6）发货人：根据不同情况填写。预检报检的，可填写生产单位，出口报检的，应填写外贸合同中的卖方或信用证受益人。

（7）收货人：按外贸合同、信用证中所列买方名称填写。

（8）货物名称：按外贸合同、信用证上所列名称及规格填写。

（9）H.S.编码：填写本批货物的商品编码。以当年海关公布的商品税则编码分类为准。

（10）产地：指货物的生产（加工）地，填写省、市、县名。

（11）数/重量：按实际申请检验检疫数/重量填写。重量还应填写毛/净重。

（12）货物总值：填写本批货物的总值及币种，应与外贸合同、发票上所列的货物总值一致。

（13）包装种类及数量：填写本批货物实际运输包装的种类及数量，应注明包装的材质。

（14）运输工具名称号码：填写装运本批货物的运输工具的名称和号码。

（15）合同号：填写对外贸易合同、订单的号码。

（16）信用证号：填写本批货物对应的信用证编号。

（17）贸易方式：填写本批货物进口的贸易方式，根据实际情况选填一般贸易、来料加工、进料加工、易货贸易、补偿贸易、边境贸易、无偿援助、外商投资、对外承包工程进出口货物、出口加工区进境货物、出口加工区进出区货物、退运货物、过境货物、保税区进出境仓储、转口货物、保税区进出区货物、暂时进出口货物、暂时进出口留购货物、展览品、样品、其他非贸易性物品、其他贸易性货物等。

（18）货物存放地点：填写本批货物存放的具体地点、厂库。

（19）发货日期：填写出口装运日期，预检报检可不填。

（20）输往国家和地区：外贸合同中买方（进口方）所在国家和地区，或合同注明的最终输往国家和地区。

（21）许可证/审批号：对已实施许可/审批制度管理的货物，报检时填写质量许可证编号或审批单编号。

（22）生产单位注册号：生产、加工本批货物的单位在检验检疫机构注册登记编号。

（23）启运地：填写装运本批货物离境的交通工具的启运口岸/城市地区名称。

（24）到达口岸：本批货物最终抵达目的地停靠口岸名称。

（25）集装箱规格、数量及号码：货物若以集装箱运输，应填写集装箱的规格、数量及号码。

（26）合同订立的特殊条款以及其他要求：填写在外贸合同中特别订立的有关质量、卫生等条款或报检单位对本批货物检验检疫的特别要求。

（27）标记及号码：货物的标记号码，应与合同、发票等有关外贸单据保持一致。若没有标记号码，则填"N/M"。

（28）用途：填写本批货物的用途。根据实际情况选填种用或繁殖、食用、奶用、观赏或演艺、伴侣动物、试验、药用、饲用、其他。

（29）随附单据：按实际向检验检疫机构提供的单据，在对应的"□"上打"√"或补填。

（30）需要证单名称：根据所需由检验检疫机构出具的证单，在对应的"□"上打"√"或补填，并注明所需证单的正副本数量。

（31）报检人郑重声明：报检人员必须亲笔签名。

（32）检验检疫费：由检验检疫机构计费人员填写。

（33）领取证单：报检人在领取证单时填写领证日期并签名。

五、报关单的缮制技巧

为统一进出口货物报关单填报要求，保证报关单数据质量，根据《中华人民共和国海关法》及有关法规，进出口货物报关单各栏目的填制规范如下：

1. 预录入编号

预录入编号指申报单位或预录入单位对该单位填制录入的报关单的编号，用于该单位与海关之间引用其申报后尚未批准放行的报关单。

报关单录入凭单的编号规则由申报单位自行决定。预录入报关单及EDI报关单的预录入编号由接受申报的海关决定编号规则，计算机自动打印。

2. 海关编号

海关编号指海关接受申报时给予报关单的编号。

海关编号由各海关在接受申报环节确定，应标识在报关单的每一联上。

报关单海关编号为9位数码，其中前两位为分关（办事处）编号，第三位由各关自定义，后六位为顺序编号。各直属海关对进口报关单和出口报关单应分别编号，并确保在同一公历年度内，能按进口和出口唯一地标识本关区的每一份报关单。

各直属海关的理单岗位可以对归档的报关单另行编制理单归档编号。理单归档编号不得在部门以外用于报关单标识。

3. 进口口岸/出口口岸

进口口岸/出口口岸指货物实际进（出）我国关境口岸海关的名称。

本栏目应根据货物实际进（出）口的口岸海关选择填报"关区代码表"中相应的口岸

海关名称及代码。

加工贸易合同项下货物必须在海关核发的《登记手册》（或分册，下同）限定或指定的口岸与货物实际进出境口岸不符的，应向合同备案主管海关办理《登记手册》的变更手续后填报。

进口转关运输货物应填报货物进境地海关名称及代码，出口转关运输货物应填报货物出境地海关名称及代码。按转关运输方式监管的跨关区深加工结转货物，出口报关单填报转出地海关名称及代码，进口报关单填报转入地海关名称及代码。

其他未实际进出境的货物，填报接受申报的海关名称及代码。

4. 备案号

备案号指进出口企业在海关办理加工贸易合同备案或征、减、免税审批备案等手续时，海关给予《进料加工登记手册》《来料加工及中小型补偿贸易登记手册》《外商投资企业履行产品出口合同进口料件及加工出口成品登记手册》（以下均简称《登记手册》）、《进出口货物征免税证明》（以下简称《征免税证明》）或其他有关备案审批文件的编号。

一份报关单只允许填报一个备案号，具体填报要求如下：

（1）加工贸易合同项下货物，除少量低价值辅料按规定不使用《登记手册》的外，必须在报关单备案号栏目填报《登记手册》的12位编码。

加工贸易成品凭《征免税证明》转为享受减免税进口货物的，进口报关单填报《征免税证明》编号，出口报关单填报《登记手册》编号。

（2）凡涉及减免税备案审批的报关单，本栏目填报《征免税证明》编号，不得为空。

（3）无备案审批文件的报关单，本栏目免予填报。

备案号长度为12位，其中第1位是标记代码。备案号的标记代码必须与"贸易方式"及"征免性质"栏目相协调，例如，贸易方式为来料加工，征免性质也应当是来料加工，备案号的标记代码应为"B"。

5. 进口日期／出口日期

进口日期指运载所申报货物的运输工具申报进境的日期。本栏目填报的日期必须与相应的运输工具进境日期一致。

出口日期指运载所申报货物的运输工具办结出境手续的日期。本栏目供海关打印报关单证明联用。预录入报关单及EDI报关单均免于填报。

无实际进出境的报关单填报办理申报手续的日期。

本栏目为6位数，顺序为年、月、日，各2位。

6. 申报日期

申报日期指海关接受进（出）口货物的收发货人或其代理人申请办理货物进（出）口手续的日期。

预录入及EDI报关单填报向海关申报的日期，与实际情况不符时，由审单关员按实际日期修改批注。

本栏目为6位数，顺序为年、月、日，各2位。

7. 经营单位

经营单位指对外签订并执行进出口贸易合同的中国境内企业或单位。

本栏目应填报经营单位名称及经营单位编码。经营单位编码为10位数字，指进出口企业在所在地主管海关办理注册登记手续时，海关给企业设置的注册登记编码。

特殊情况下确定经营单位原则如下：

（1）援助、赠送、捐赠的货物，填报直接接收货物的单位。

（2）进出口企业之间相互代理进出口，或没有进出口经营权的企业委托有进出口经营权的企业代理进出口的，填报代理方。

（3）外商投资企业委托外贸企业进口投资设备、物品的，填报外商投资企业。

（4）合同签订者与执行者不是同一企业时，填报"执行合同"企业名称及编码。

（5）对只有报关权而无进出口经营权的企业，作为经营单位填报。

8. 运输方式

运输方式指载运货物进出关境所使用的运输工具的分类。

本栏目应根据实际运输方式按海关规定的"运输方式代码表"选择填报相应的运输方式。

特殊情况下运输方式的填报原则如下：

（1）非邮政方式进出口的快递货物，按实际运输方式填报。

（2）进出境旅客随身携带的货物，按旅客所乘运输工具填报。

（3）进口转关运输货物，按载运货物抵达进境地的运输工具填报，出口转关运输货物，按载运货物驶离出境地的运输工具填报。

（4）无实际进出境的，根据实际情况选择填报"运输方式代码表"中的运输方式"0"（非保税区运入保税区和保税区退仓）、"1"（境内存入出口监管仓库和出口监管仓库退仓）、"7"（保税区运往非保税区）、"8"（保税仓库转内销）或"9"（其他运输）。

9. 运输工具名称

运输工具名称指载运货物进出境的运输工具的名称或运输工具编号。

本栏目填制内容应与运输部门向海关申报的载货清单所列相应内容一致。

一份报关单只允许填报一个运输工具名称，具体填报要求如下：

（1）江海运输填报船舶呼号（来往港澳小型船舶为监管簿编号+"/"+航次号）。

（2）汽车运输填报该跨境运输车辆的国内行驶车牌号码+"/"+进出境日期[8位数字，即××××（年）××（月）××（日），下同]。

（3）铁路运输填报车次（或车厢号）+"/"+进出境日期。

（4）航空运输填报航班号+进出境日期+"/"+总运单号。

（5）邮政运输填报邮政包裹单号+"/"+进出境日期。

（6）进口转关运输填报转关标志"@"+转关运输申报单编号；出口转关运输只需填报转关运输标志"@"。

（7）其他运输填报具体运输方式名称，如管道、驮畜等。

（8）无实际进出境的加工贸易报关单按以下要求填报：

加工贸易深加工结转及料件结转货物，应先办理结转进口报关，并在结转出口报关单本栏目填报转入方关区代码（前两位）及进口报关单号，即"转入××（关区代码）××××××××（进口报关单号）"。按转关运输货物办理结转手续的，按上列第（6）项规定填报。

加工贸易成品凭《征免税证明》转为享受减免税进口货物的，应先办理进口报关手续，并在出口报关单本栏目填报进口方关区代码（前两位）及进口报关单号。

上述规定以外无实际进出境的，本栏目为空。

10. 提运单号

提运单号指进出口货物提单或运单的编号。

本栏目填报的内容应与运输部门向海关申报的载货清单所列相应内容一致。

一份报关单只允许填报一个提运单号，一票货物对应多个提运单时，应分单填报。具体填报要求如下：

（1）江海运输填报进口提单号或出口运单号。

（2）汽车运输免于填报。

（3）铁路运输填报运单号。

（4）航空运输填报分运单号，无分运单的填报总运单号。

（5）邮政运输免于填报。

（6）无实际进出境的，本栏目为空。

进出口转关运输免于填报。

11. 收货单位／发货单位

（1）收货单位指已知的进口货物在境内的最终消费、使用单位，包括：

1）自行从境外进口货物的单位。

2）委托有外贸进出口经营权的企业进口货物的单位。

（2）发货单位指出口货物在境内的生产或销售单位，包括：

1）自行出口货物的单位。

2）委托有外贸进出口经营权的企业出口货物的单位。

收发货单位已在海关注册登记的，本栏目应填报其中文名称及海关注册编码；未在海关注册登记的，本栏目应填报其中文名称及组织机构代码；未在海关注册登记且没有组织机构代码的，本栏目应填报"NO"。使用《加工贸易手册》管理的货物，报关单的收发货单位应与《加工贸易手册》的"经营企业"或"加工企业"一致；减免税货物报关单的收发货单位应与《征免税证明》的"申请单位"一致。

12. 贸易方式（监管方式）

本栏目应根据实际情况，并按海关规定的"贸易方式代码表"选择填报相应的贸易方式简称或代码。

一份报关单只允许填报一种贸易方式。

加工贸易报关单特殊情况下填报要求如下：

（1）少量低值辅料（即5000美元以下78种以内的低值辅料）按规定不使用《登记手册》的，辅料进口报关单填报"低值辅料"。使用《登记手册》的，按《登记手册》上的贸易方式填报。

（2）三资企业①按内外销比例为加工内销产品而进口的料件或进口供加工内销产品的料件，进口报关单填报"一般贸易"。

三资企业为加工出口产品全部使用国内料件的出口合同，成品出口报关单填报"一般贸易"。

（3）加工贸易料件结转或深加工结转货物，按批准的贸易方式填报。

---

① 三资企业即在中国境内设立的中外合资经营企业、中外合作经营企业、外商独资经营企业三类外商投资企业。

（4）加工贸易料件转内销货物（及按料件补办进口手续的转内销成品）应填制进口报关单，本栏目填报"（来料或进料）料件内销"；加工贸易成品凭《征免税证明》转为享受减免税进口货物的，应分别填制进出口报关单，本栏目填报"（来料或进料）成品减免"。

（5）加工贸易出口成品因故退运进口及复出口以及复运出境的原进口料件退换后复运进口的，填报与《登记手册》备案相应的退运（复出）贸易方式简称或代码。

（6）备料《登记手册》中的料件结转入加工出口《登记手册》的，进出口报关单均填报为"进料余料结转"。

（7）保税工厂加工贸易进出口货物，根据《登记手册》填报相应的来料或进料加工贸易方式。

13. 征免性质

征免性质指海关对进出口货物实施征、减、免税管理的性质类别。

本栏目应按照海关核发的《征免税证明》中批注的征免性质填报，或根据实际情况按海关规定的"征免性质代码表"选择填报相应的征免性质简称或代码。

加工贸易报关单本栏目应按照海关核发的《登记手册》中批注的征免性质填报相应的征免性质简称或代码。特殊情况下填报要求如下：

（1）保税工厂经营的加工贸易，根据《登记手册》填报"进料加工"或"来料加工"。

（2）三资企业按内外销比例为加工内销产品而进口料件，填报"一般征税"或其他相应征免性质。

（3）加工贸易转内销货物，按实际应享受的征免性质填报（如一般征税、科教用品、其他法定等）。

（4）料件退运出口、成品退运进口货物填报"其他法定"。

（5）加工贸易结转货物本栏目为空。

一份报关单只允许填报一种征免性质。

14. 征免比例/结汇方式

征免比例仅用于"非对口合同进料加工"贸易方式下（代码"0715"）进口料件的进口报关单，填报海关规定的实际应征税比率。例如：5%填报5，15%填报15。

出口报关单应填报结汇方式，即出口货物的发货人或其代理人收结外汇的方式。本栏目应按海关规定的"结汇方式代码表"选择填报相应的结汇方式名称或代码。

15. 许可证号

应申领进（出）口许可证的货物，必须在此栏目填报外经贸部及其授权发证机关签发的进（出）口货物许可证的编号，不得为空。

一份报关单只允许填报一个许可证号。

16. 启运国（地区）/运抵国（地区）

启运国（地区）指进口货物起始发出的国家（地区）。

运抵国（地区）指出口货物直接运抵的国家（地区）。

对发生运输中转的货物，如中转地未发生任何商业性交易，则启、抵地不变，如中转地发生商业性交易，则以中转地作为启运国（地区）/运抵国（地区）填报。

本栏目应按海关规定的"国别（地区）代码表"选择填报相应的启运国（地区）或运

抵国（地区）中文名称或代码。

无实际进出境的，本栏目填报"中国"（代码"142"）。

17. 装货港／指运港

装货港指进出口货物在运抵我国关境前的最后一个境外装运港。

指运港指出口货物运往境外的最终目的港；最终目的港不可预知的，可按尽可能预知的目的港填报。

本栏目应根据实际情况按海关规定的"港口航线代码表"选择填报相应的港口中文名称或代码。

无实际进出境的，本栏目填报"中国境内"（代码"0142"）。

18. 境内目的地／境内货源地

境内目的地指已知的进口货物在国内的消费、使用地或最终运抵地。

境内货源地指出口货物在国内的产地或原始发货地。

本栏目应根据进口货物的收货单位、出口货物生产厂家或发货单位所属国内地区，并按海关规定的"国内地区代码表"选择填报相应的国内地区名称或代码。

19. 批准文号

进口报关单本栏目用于填报"进口付汇核销单"编号。

出口报关单本栏目用于填报"出口收汇核销单"编号。

20. 成交方式

本栏目应根据实际成交价格条款按海关规定的"成交方式代码表"选择填报相应的成交方式代码。

无实际进出境的，进口填报 CIF 价，出口填报 FOB 价。

21. 运费

本栏目用于成交价格中不包含运费的进口货物或成交价格中含有运费的出口货物，应填报该份报关单所含全部货物的国际运输费用。可按运费单价、总价或运费率三种方式之一填报，同时注明运费标记，并按海关规定的"货币代码表"选择填报相应的币种代码。

运保费合并计算的，运保费填报在本栏目。

运费标记"1"表示运费率，"2"表示每吨货物的运费单价，"3"表示运费总价。例如：5%的运费率填报 5，24 美元的运费单价填报 502/24/2，7000 美元的运费总价填报 502/7000/3。

22. 保费

本栏目用于成交价格中不包含保险费的进口货物或成交价格中含有保险费的出口货物，应填报该份报关单所含全部货物国际运输的保险费用。可按保险费总价或保险费率两种方式之一填报，同时注明保险费标记，并按海关规定的"货币代码表"选择填报相应的币种代码。

运保费合并计算的，运保费填报在运费栏目中。

保险费标记"1"表示保险费率，"3"表示保险费总价。例如：3‰的保险费率填报 0.3，10 000 港元保险费总价填报 110/10 000/3。

23. 杂费

杂费指成交价格以外的、应计入完税价格或应从完税价格中扣除的费用，如手续费、佣金、回扣等，可按杂费总价或杂费率两种方式之一填报，同时注明杂费标记，并按海关规定的"货币代码表"选择填报相应的币种代码。

应计入完税价格的杂费填报为正值或正率，应从完税价格中扣除的杂费填报为负值或负率。

杂费标记"1"表示杂费率，"3"表示杂费总价。例如：应计入完税价格的1.5%的杂费率填报1.5；应从完税价格中扣除的1%的回扣率填报–1；应计入完税价格的500英镑杂费总价填报303/500/3。

24. 合同协议号

本栏目应填报进（出）口货物合同（协议）的全部字头和号码。

25. 件数

本栏目应填报有外包装的进（出）口货物的实际件数。特殊情况下填报要求如下：
（1）舱单件数为集装箱（TEU）的，填报集装箱个数。
（2）舱单件数为托盘的，填报托盘数。
本栏目不得填报0，裸装货物填报1。

26. 包装种类

本栏目应根据进（出）口货物的实际外包装种类，按海关规定的"包装种类代码表"选择填报相应的包装种类代码。

27. 毛重（公斤）

毛重指货物及其包装材料的重量之和。
本栏目填报进（出）口货物实际毛重，计量单位为公斤，不足1公斤的填报1。

28. 净重（公斤）

净重指货物的毛重减去外包装材料后的重量，即商品本身的实际重量。
本栏目填报进（出）口货物的实际净重，计量单位为公斤，不足1公斤的填报1。

29. 集装箱号

集装箱号是在每个集装箱箱体两侧标示的全球唯一的编号。
本栏目用于填报和打印集装箱编号及数量。集装箱数量四舍五入填报整数，非集装箱货物填报0。
例如：TBXU3605231*1（1）表示1个标准集装箱；TBXU3605231*2（3）表示2个集装箱，折合为3个标准集装箱，其中一个箱号为TBXU3605231。
在多于一个集装箱的情况下，其余集装箱编号打印在备注栏或随附清单上。

30. 随附单据

随附单据指随进（出）口货物报关单一并向海关递交的单证或文件，合同、发票、装箱单、许可证等的必备的随附单证不在本栏目填报。
本栏目应按海关规定的"监管证件名称代码表"选择填报相应证件的代码。

31. 用途/生产厂家

进口货物填报用途，应根据进口货物的实际用途按海关规定的"用途代码表"选择填报相应的用途代码，如"以产顶进"填报"13"。
生产厂家指出口货物的境内生产企业，本栏目供必要时手工填写。

32. 标记唛码及备注

本栏目上部用于打印以下内容：

（1）标记唛码中除图形以外的文字、数字。

（2）受外商投资企业委托代理其进口投资设备、物品的外贸企业名称。

（3）加工贸易结转货物及凭《征免税证明》转内销货物，其对应的备案号应填报在本栏目，即"转至（自）××××××××××手册"。

（4）其他申报时必须说明的事项。

本栏目下部供填报随附单据栏中监管证件的编号，具体填报要求为：监管证件代码+"："-监管证件号码。一份报关单多个监管证件的，连续填写。

一票货物多个集装箱的，在本栏目打印其余的集装箱号（最多160字节，其余集装箱号手工抄写）。

33. 项号

本栏目分两行填报及打印。

第一行打印报关单中的商品排列序号。

第二行专用于加工贸易等已备案的货物，填报和打印该项货物在《登记手册》中的项号。

加工贸易合同项下进出口货物，必须填报与《登记手册》一致的商品项号，所填报项号用于核销对应项号下的料件或成品数量。特殊情况下填报要求如下：

（1）深加工结转货物，分别按照《登记手册》中的进口料件项号和出口成品项号填报。

（2）料件结转货物，出口报关单按照转出《登记手册》中进口料件的项号填报；进口报关单按照转进《登记手册》中进口料件的项号填报。

（3）料件复出货物，出口报关单按照《登记手册》中进口料件的项号填报。

（4）成品退运货物，退运进境报关单和复运出境报关单按照《登记手册》原出口成品的项号填报。

（5）加工贸易料件转内销货物（及按料件补办进口手续的转为销成品）应填制进口报关单，本栏目填报《登记手册》进口料件的项号。

（6）加工贸易成品凭《征免税证明》转为享受减免税进口货物的，应先办理进口报关手续。进口报关单本栏目填报《征免税证明》中的项号，出口报关单本栏目填报《登记手册》原出口成品项号，进出口报关单货物数量应一致。

34. 商品编号

商品编号指按海关规定的商品分类编码规则确定的进（出）口货物的商品编号。

加工贸易《登记手册》中商品编号与实际商品编号不符的，应按实际商品编号填报。

35. 商品名称、规格型号

本栏目分两行填报及打印。

第一行打印进（出）口货物规范的中文商品名称，第二行打印规格型号，必要时可加注原文。

具体填报要求如下：

（1）商品名称及规格型号应据实填报，并与所提供的商业发票相符。

（2）商品名称应当规范，规格型号应当足够详细，以能满足海关归类、审价以及监管的要求为准。禁止、限制进出口等实施特殊管制的商品，其名称必须与交验的批准证件上的商品名称相符。

（3）加工贸易等已备案的货物，本栏目填报录入的内容必须与备案登记中同项号下货物的名称与规格型号一致。

36. 数量及单位

数量及单位指进（出）口商品的实际数量及计量单位。

本栏目分三行填报及打印。

具体填报要求如下：

（1）进出口货物必须按海关法定计量单位填报。法定第一计量单位及数量，打印在本栏目第一行。

（2）凡海关列明第二计量单位的，必须报明该商品第二计量单位及数量，打印在本栏目第二行。无第二计量单位的，本栏目第二行为空。

（3）成交计量单位与海关法定计量单位不一致时，还需填报成交计量单位及数量，打印在商品名称、规格型号栏下方（第三行）。成交计量单位与海关法定计量单位一致时，本栏目第三行为空。

加工贸易等已备案的货物，成交计量单位必须与备案登记中同项号下货物的计量单位一致，不相同时必须修改备案或转换一致后填报。

37. 原产国（地区）/最终目的国（地区）

原产国（地区）指进出口货物的生产、开采或加工制造国家（地区）。

最终目的国（地区）指已知的出口货物的最终实际消费、使用或进一步加工制造国家（地区）。

本栏目应按海关规定的"国别（地区）代码表"选择填报相应的国家（地区）名称或代码。

加工贸易报关单特殊情况下填报要求如下：

（1）料件结转货物，出口报关单填报"中国"（代码"142"），进口报关单填报原料件生产国。

（2）深加工结转货物，进出口报关单均填报"中国"（代码"142"）。

（3）料件复运出境货物，填报实际最终目的国；加工出口成品因故退运境内的，填报"中国"（代码"142"），复运出境时填报实际最终目的国。

38. 单价

本栏目应填报同一项号下进（出）口货物实际成交的商品单位价格。

无实际成交价格的，本栏目填报货值。

39. 总价

本栏目应填报同一项号下进（出）口货物实际成交的商品总价。

无实际成交价格的，本栏目填报货值。

40. 币制

币制指进（出）口货物实际成交价格的币种。

本栏目应根据实际成交情况按海关规定的"货币代码表"选择填报相应的货币名称或

代码，如"货币代码表"中无实际成交币种，需转换后填报。

41. 征免

征免指海关对进（出）口货物进行征税、减税、免税或特案处理的实际操作方式。

本栏目应按照海关核发的《征免税证明》或有关政策规定，对报关单所列每项商品选择填报海关规定的"征减免税方式代码表"中相应的征减免税方式。

加工贸易报关单应根据《登记手册》中备案的征免规定填报。

42. 税费征收情况

本栏目供海关批注进（出）口货物税费征收及减免情况。

43. 录入员

本栏目用于预录入和 EDI 报关单，打印录入人员的姓名。

44. 录入单位

本栏目用于预录入和 EDI 报关单，打印录入单位名称。

45. 申报单位

本栏目指报关单左下方用于填报申报单位有关情况的总栏目。

申报单位指对申报内容的真实性直接向海关负责的企业或单位。自理报关的，应填报进（出）口货物的经营单位名称及代码；委托代理报关的，应填报经海关批准的专业或代理报关企业名称及代码。

本栏目还包括报关单位地址、邮编和电话等分项目，由申报单位的报关员填报。

46. 填制日期

本栏目指报关单的填制日期。预录入和 EDI 报关单由计算机自动打印。

本栏目为 6 位数，顺序为年、月、日，各 2 位。

47. 海关审单批注栏

本栏目指供海关内部作业时签注的总栏目，由海关关员手工填写在预录入报关单上。

其中，"放行"栏填写海关对接受申报的进出口货物做出放行决定的日期。

任务发布

深圳市 A 经贸发展有限公司（简称 A 公司）与加拿大 B 有限公司于 2021 年 11 月 10 日签订销售台灯 500 箱的合同，并约定于 2021 年 12 月底装船。2021 年 11 月 15 日，A 公司李某委托 C 货代公司代为办理该笔业务，其具体资料如下：

货物品名：台灯（TABLE LAMP）　合同号：RX2012××××　发票号：2019RX×××
信用证号：2019LC12××××　海关编号：940520××××
商品型号：05××××　货物总体积：11.73m³
货物总重：830kg　净重：816kg　单价：USD90 PER PC　CIF TORONTO
货物数量：500 件，500 箱　装运港：深圳港（深圳）　目的港：多伦多港（TORONTO）
船名航次：COSCO YINGKOU/26　提单号：CFSU2310××××　结汇方式：信用证
集装箱号：CBHU051××××　许可证号：W45××××　核销单号：08892××××

货代公司：深圳 C 国际货运有限公司
卖方：深圳市 A 经贸发展有限公司，单位代码 440123××××
运输方式：水路运输　　　　　　批准文号：84123××××
运费：1000, 502/1000/3　　　　保费：000/0.03/1　　　　包装种类：纸箱
唛头：YAFU
　　　RX2012××××
　　　TORONTO
　　　NO.1-500

请完成报检单、报关单的缮制工作。

任务操作

步骤一：收集整理客户报检资料

A 公司李某按照 C 货代公司王某要求，准备整理报检所需的单证，分别有：

（1）该批出境货物的对外贸易合同（售货确认书/函电）、信用证、商业发票、装箱单（出口货物明细单）、购销合同。

（2）出境货物属卫生注册、质量许可证管理或审批范畴的，报检时应提供相关文件或注册号、许可证号。

（3）该批出境货物须经生产者/经营者检测合格，并附检测证明或检测报告（厂检结果单）。申请数量/重量检验的，还应加附数量/重量明细单或磅码单。

（4）盛装该批出境货物所用的一般运输包装的性能检验结果单，在分批使用时，应提供性能单复印件。

（5）凡凭样成交的出境货物，报检时应提供买卖双方共同确认/铅封的成交样品。

（6）若经外地检验检疫机关检验检疫合格，需在本地实施查验后装运出口的出境货物，报检时应加附该批出境货物的"换证凭单"（正本）。

步骤二：填制"出境货物报检单"

A 公司李某根据报检申请（通知）单（见表 7-4）填制出境货物报检单（见图 7-16），加盖报检单位印章，并准确填写本单位在检验检疫机构备案或注册登记的代码。所列各项内容必须完整、准确、清晰，不得涂改。C 货代公司业务员王某和报检员李某对此进行了核查。

表 7-4　报检申请（通知）单

报检单位	深圳市 A 经贸发展有限公司	报检单位登记号	20190215××××
报检日期	2019-12-12 08:30:00	运输工具	COSCO YINGKOU/26
发货人	深圳市 A 经贸发展有限公司	收货人	×× CO.,LTD.
贸易方式	一般贸易	用途	商品
联系人	李某	联系电话	133××××××××
合同号	RX2012××××	信用证号	2019LC12××××
许可证号	D45××××	生产单位注册号	3201000××××
H.S. 编码	940520××××	货物总值	45 000 美元
包装	箱		

项目七 报检报关

中华人民共和国出入境检验检疫
出境货物报检单

报检单位（加盖公章）：深圳市A经贸发展有限公司				*编　　号	
报检单位登记号：20110215××××		联系人：王某	电话：133××××××××	报检日期：2021-12-12 08:30:00	
收货人	（中文）	加拿大B有限公司	企业性质（划"√"）	□合资 □合作 □外资	
	（外文）	××CO.,LTD.			
发货人	（中文）	深圳市A经贸发展有限公司			
	（外文）	SHENZHEN ×× Economics Development CO.,LTD.			
货物名称（中/外文）		H.S.编码	原产国（地区）	数/重量	货物总值	包装种类及数量
台灯（TABLELAMP）		940520××××	中国	500箱/830kgs	45 000.00USD	箱/500
运输工具名称号码			COSCO YINGKOU/26		合同号	RX2012××××
贸易方式		一般贸易	贸易国别（地区）	澳大利亚	提单/运单号	CFSU2310××××
到货日期			启运国家（地区）	中国	许可证/审批号	W45××××
卸毕日期			启运口岸	深圳港	入境口岸	多伦多
索赔有效期至			经停口岸		目的地	加拿大
集装箱规格、数量及号码						
合同订立的特殊条款以及其他要求				货物存放地点	STO－申通快运
				用　　途	自营自销
随附单据（划"√"或补填）		标记及号码	*外商投资财产（划"√"）	□是 □否	
☑合同	□到货通知	×× RX2012×××× TORONTO NO.1-500	*检验检疫费		
□发票	☑装箱单		总金额（人民币元）		
☑提/运单	□质保单				
□兽医卫生证书	□理货清单				
□植物检疫证书	□磅码单		计费人		
□动物检疫证书	□验收报告				
□卫生证书	□				
☑原产地证	□		收费人		
☑许可/审批文件	□				
报检人郑重声明： 1. 本人被授权报检。 2. 上列填写内容正确属实。 　　　　　　签名　李某			领取证单		
			日期		
			签字		
注：有"*"号栏由出入境检验检疫机关填写。					

图7-16　出境货物报检单

步骤三：报关资料准备

因 A 公司李某对报关业务不熟悉，则全权委托 C 货代公司办理。C 公司业务员王某在接受业务委托后，要求李某提供报关委托书（见图 7-17），并着手准备报关所需单证，如进出口报关单、发票、装箱单、装货单或提货单、进出口核销单、减免税证明、合同、报关委托书及各种特殊管制证件等。

代理报关委托书

编号：HO××××

我单位现 B （A. 逐票 B. 长期）委托贵公司代理 ABCDEFGH 等通关事宜。（A. 填单申报 B. 辅助查验 C. 垫缴税款 D. 办理海关证明联 E. 审批手册 F. 核销手册 G. 申办减免税手续 H. 其他）详见《委托报关协议》。

我单位保证遵守《海关法》和国家有关法规，保证所提供的情况真实、完整、单货相符。否则，愿承担相关法律责任。本委托书有效期自签字之日起至 2021 年 12 月 31 日止。

委托方（盖章）：广州市 A 经贸发展有限公司
法定代表人或其授权签署《代理报关委托书》的人（签字）王某
2021 年 11 月 16 日

委托报关协议

为明确委托报关具体事项和各自责任，双方经平等协商签订协议如下：

委托方	深圳市 A 经贸发展有限公司	被委托方	深圳 C 国际货运有限公司	
主要货物名称	台灯	*报关单编号		
H.S. 编码	940520××××	收到单证日期	年 月 日	
货物总价	USD 45 000.00	收到单证情况	合同 ☑	发票 ☑
进出口日期	2021 年 11 月 10 日		装箱清单 ☑	提（运）单 ☑
提单号	CFSU2310××××		加工贸易手册 □	许可证件 ☑
贸易方式	一般贸易		其他	
原产地/货源地	中国深圳	报关收费	人民币： 元	
其他要求：		承诺说明		
背面所列通用条款是本协议不可分割的一部分，对本协议的签署构成了对背面通用条款的同意。		背面所列通用条款是本协议不可分割的一部分，对本协议的签署构成了对背面通用条款的同意。		
委托方业务签章： 经办人签章： 联系电话： 年 月 日		被委托方业务签章： 经办报关员签章： 联系电话： 年 月 日		

（白联：海关留存、黄联：被委托方留存、红联：委托方留存） 中国报关协会监制

图 7-17 报关委托书

步骤四：填制"出口货物报关单"

出口货物报关单见图 7-18。

中华人民共和国海关出口货物报关单

预录入编号：		海关编号：940520××××	
出口口岸 深圳文锦渡海关（5102）	备案号	出口日期	申报日期 20211215
经营单位 （440123××××）深圳市A经贸发展有限公司	运输方式 江海运输	运输工具名称 COSCO YINGKOU/26	提运单号 CFSU2310××××
发货单位 深圳市A经贸发展有限公司	贸易方式 （0110）一般贸易	征免性质 照章	结汇方式 信用证
许可证号 W45××××	运抵国（地区） 加拿大	指运港 多伦多	境内货源地 深圳
批准文号 84123××××	成交方式 CFR	运费 502/1000/3	保费 000/0.03/1	杂费
合同协议号 RX2012××××	件数 500	包装种类 纸箱	毛重（公斤） 830	净重（公斤） 816
集装箱号 CBHU051××××	随附单据		生产厂家 深圳市A经贸发展有限公司
标记唛码及备注 YAFU RX2012×××× TORONTO NO.1-500			

项号	商品编号	商品名称、规格型号	数量及单位	最终目的国（地区）	单价	总价	币制	征免
01	051000	台灯	500 箱	加拿大	90.00	45 000.00	USD	照章

税费征收情况		
录入员 录入单位	兹声明以上申报无讹并承担法律责任	海关审单批注及放行日期（签章）
报关员	申报单位（签章）	审单　　审价
单位地址	深圳市A经贸发展有限公司	征税　　统计
邮编　　电话	填制日期　20211215	查验　　放行

图 7-18　出口货物报关单

任务评价

项目七任务三评价考核表见表 7-5。

表 7-5　项目七任务三评价考核表

序　号	考核内容	满　分	得　分
1	能够完成报检资料准备	10	
2	能够完成报关资料准备	10	
3	能够操作报检程序	10	
4	能够操作报关程序	10	
5	能够完成报检单缮制	30	
6	能够完成报关单缮制	30	
合　计		100	

项目八

应急处理

学习任务一 ▶ 处理合同纠纷

学习目标

知识目标
- 知晓合同形式
- 熟悉合同条款

能力目标
- 具备订立合同的能力，在履行合同时能够坚持诚实守信的原则
- 能够一定程度地预防合同纠纷的发生
- 能够采用恰当的方式方法处理合同纠纷

素养目标
- 使学生树立诚实为本、严谨认真、遵纪守法的工作态度
- 培养学生团结协作的合作精神
- 提高学生运用法治思维和法治方式维护自身权利、化解矛盾纠纷的意识和能力

知识储备

国际贸易合同纠纷的处理

一、熟悉订立合同

在国际贸易中，达成交易要通过交易磋商来实现，而达成交易的法律形式是合同。国际贸易合同指的是营业地处于不同国家的当事人就商品买卖所发生的权利和义务关系而订立的协议。国际贸易合同受国家法律保护和管辖，是对签约各方都具有同等约束力的法律性文件，是解决贸易纠纷，进行调节、仲裁与诉讼的法律依据。

国际贸易合同具有独特性，其特点如图8-1所示。

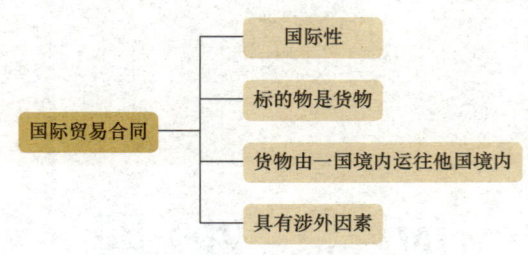

图 8-1　国际贸易合同的特点

因订立合同的当事人的营业地设在不同的国家，国际贸易合同具有国际性。合同要求标的物是货物并且这些货物必须由一国境内运往他国境内。当然，订立合同可以在一个国家完成，也可以在不同的国家完成，但履行合同时，卖方交付的货物必须运往他国境内并完成货物交付。国际贸易合同的涉外因素体现在调整合同的法律涉及不同国家的法律制度、适用的国际贸易公约与国际贸易惯例。

1. 知晓合同形式

合同形式是指合同当事人所达成协议的表现形式，是合同内容的载体。国际上对国际贸易合同的形式并没有统一的规定，《中华人民共和国民法典》规定，当事人订立合同，可以采用口头形式、书面形式和其他形式，如图 8-2 所示。

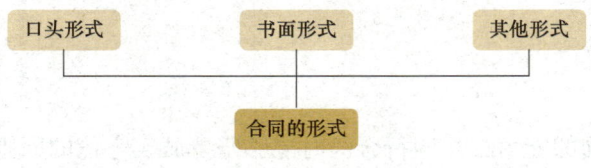

图 8-2　合同的形式

口头形式即当事人之间通过当面谈判或通过电话方式达成协议而订立的合同。采用口头形式订立合同，能够节省时间，快速达成交易，但因无文字依据，一旦发生争议，往往造成举证困难，不易分清责任。

书面形式是指合同书、信件和数据电文（包括电报、电传、传真、电子数据交换和电子邮件）等可以有形地表现所载内容的形式。《中华人民共和国民法典》规定，法律、行政法规或者当事人约定合同应当采用书面形式订立，当事人未采用书面形式但是一方已经履行主要义务，对方接受时，该合同成立。采用书面形式订立的合同，既是合同成立的证据，又是履行合同的依据，还有利于加强合同当事人的责任心，使其依约行事，即使履约中发生纠纷，也便于举证和分清责任，故书面合同成为合同的一种主要形式。

其他形式是指上述两种形式之外的订立合同的形式，也称为以行为方式表示接受而订立的合同。

2. 明确合同内容

为了有利于合同的履行，根据国际贸易的一般习惯做法，交易双方通过口头或书面形式达成协议后，多数情况下还签订一定格式的书面合同。常用的书面合同的形式有合同、确认书、协议书等。

合同一般有固定格式，形式比较正规、全面，由卖方草拟提出的合同称为"销售合同"，

由买方草拟的合同称为"购货合同"。合同的主要内容有:

(1) 合同首部,包括合同的名称与编号、签约的时间与地点、合同双方当事人的身份、签约意图、有关文件与事项、词语注释等六项内容。合同首部是合同的重要组成部分,其内容通常容易被忽视,然而当争议发生时,这部分内容将起重大法律作用。

(2) 合同主体,包括合同的主要条款,如图 8-3 所示。订立合同,主要是对这些基本条款如何规定进行磋商并达成一致意见。

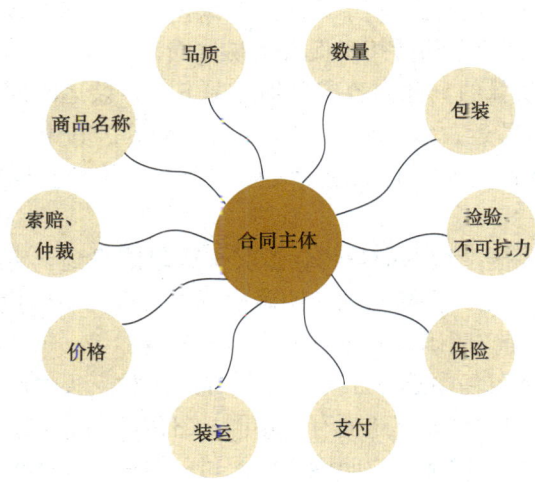

图 8-3　合同的条款

1) 商品名称条款是指在合同开头所列明的买卖双方要交易的商品名称。在规定商品名称条款时,内容必须十分明确、具体,文字表达清楚,尽可能采用国际通用的名称,还要考虑商品名称与运费及有关国家进出口限制的关系。

> 📁 **小贴士**
>
> **《联合国国际货物销售合同公约》**
>
> 　　《联合国国际货物销售合同公约》是由联合国国际贸易法委员会主持制定的。根据联合国大会的授权,联合国国际货物销售合同会议于 1980 年 3 月 10 日至 4 月 11 日在奥地利维也纳举行(维也纳会议),共 62 个国家的代表出席。
>
> 　　该公约的基本原则是建立国际经济新秩序的原则、平等互利原则与兼顾不同社会、经济和法律制度的原则。这些基本原则是执行、解释和修订公约的依据,也是处理国际货物买卖关系和发展国际贸易关系的准绳。

2) 品质条款。合同中的品质条款是买卖双方交接货物的依据。

商品的品质是指商品内在素质和外观形态的综合。

3) 数量条款。商品的数量是指以一定的度量衡来表示商品的重量、个数、长度、面积、体积、容积的量。按规定数量交货是卖方的义务,因此,数量条款也是买卖双方交接货物的重要依据。《联合国国际货物销售合同公约》(以下简称《公约》)规定,如果卖方交付的货物数量大于合同规定的数量，买方可以收取也可以拒绝收取多交部分的货物；如果小于约定数量，则卖方应在规定交货期内补交货物，即使如此，买方依然有保留损害赔偿的权利。

4）包装条款。合同里的包装条款，主要包括包装材料、包装方式、包装费用和运输标志等内容。《公约》规定，卖方必须按照合同规定的方式装箱或者包装。

5）价格条款。合同中的价格条款一般包括单价和总金额两项内容。单价由计价数量单位、单位价格金额、计价货币和贸易术语四要素组成，这些要素必须书写正确、清楚。按照习惯做法，还可以合理运用佣金和折扣来促进贸易达成。

6）装运条款。装运条款的具体内容应包括运输方式、装运时间、启运地和目的地、装运方式、能否分批装运与转运、装船通知、滞期与速遣等。其中，装运期是买卖合同的主要条件，如果违反这一条件，卖方有权撤销合同。合同中规定装运期应明确规定装运的具体期限。

7）保险条款。为保障国际贸易的货物在遭受损失时能得到一定补偿，买卖双方会在合同中约定运输保险的相关规定。保险条款应明确由哪方投保，明确投保加成率、投保险别，明确按照什么保险条款投保，明确保险条款的生效日期等。

8）支付条款。在国际贸易中选择正确的支付方式，对于买卖双方都是十分重要的。合同中的支付条款会因为不同的结算方式而有所不同。常用的结算方式有汇付、托收和信用证三种。如选用汇付方式，则支付条款应明确规定汇付的时间、具体的汇付方法和金额；如选用托收方式，则支付条款应明确规定交单条件和付款、承兑责任以及付款期限等；如选用信用证方式，则支付条款应明确规定开证时间、开证银行、信用证的受益人、种类、金额、装运期、到期日等。

9）检验条款。商品检验检疫是指商品检验机构对商品的品质、规格、数量、重量、包装、卫生、安全等项目进行的检验、检疫、鉴定和惯例工作。检验条款一般包括有关检验权的规定、检验依据、检验时间和地点、检验机构、检验证书和检验标准等。

10）不可抗力条款。不可抗力条款一般包括：不可抗力事故的范围、不可抗力事故的法律后果、出具事故的证明机构和事故发生后通知对方的期限。遭受不可抗力事件的一方可免除履行合同的责任或推迟履行合同，因此，不可抗力条款是一项免责条款。

11）索赔条款。为使索赔和理赔有据可依，合同中一般都订有索赔条款。索赔条款有异议索赔条款和罚金条款两种形式。异议索赔条款一般针对卖方交货不符合合同规定而制定的，是在一方违约后另一方提出索赔依据、索赔期限和索赔金额；罚金条款是针对卖方延期交货或买方延期接货而制定的，是在一方违反合同规定的义务时应向另一方支付约定金额作为损失的赔偿。

12）仲裁条款。仲裁条款一般包括仲裁地点、仲裁机构、仲裁程序和仲裁费用承担等内容。

（3）合同结尾。合同结尾的主要作用是对合同本身的有关情况进行说明，如合同是以何种文字写成的，并注明不同文本的效力；尾部应有签署栏，以便于签约双方正式签名。

确认书是合同的简化形式，由卖方出具的确认书称为"销售确认书"，由买方出具的确认书称为"购货确认书"。

协议书是合同的另一种形式，所不同的是，合同的格式比较固定、内容比较规范和通用，而协议书的格式比较灵活、包括的内容也比较广泛。

二、处理合同纠纷

国际贸易合同纠纷是指在国际贸易活动中具有合同关系的双方当事人发生的争议和矛盾，主要涉及不履行或者不完全履行合同义务。有关合同内容、合同解释、合同履行、合同各方的权利和义务、合同修改、合同终止、合同赔偿责任等方面的问题都可能引起合同纠纷。合同纠纷的分类如图8-4所示。

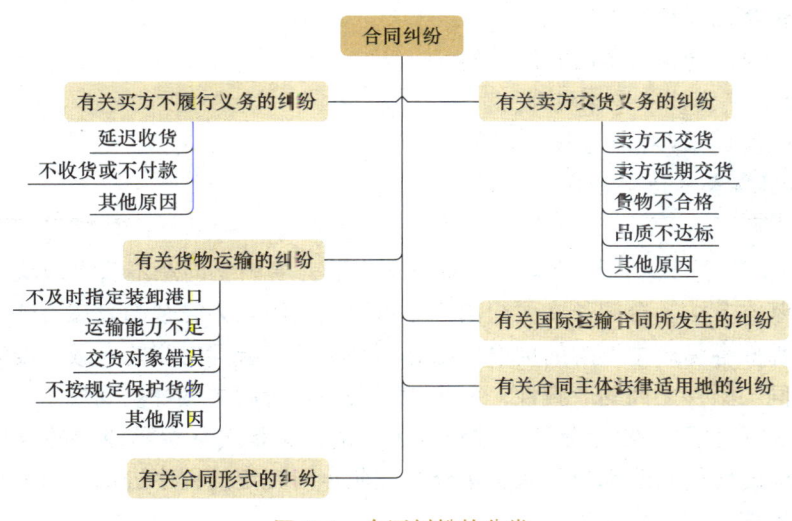

图 8-4　合同纠纷的分类

1. 预防合同纠纷

在激烈的国际贸易竞争环境下，企业无法保证每个合作方都能如约履行合同，但可以在贸易活动中采取措施、加强防范从而预防合同纠纷。预防国际贸易合同纠纷主要包括以下几方面：

（1）在签订合同前企业要做好调研。企业要获得与贸易活动相关的政策、法律法规和市场行情等各种信息，同时调查对方当事人的履约能力，如资金能力、商业信誉、业务范围等。特别强调的是，做好对对方当事人资信能力的调查是防止合同纠纷的重要工作。通过掌握的这些信息，企业可以判定贸易活动的可能性并预估可能存在的风险和效益情况，据此制定具体的贸易方案。

（2）制作规范、严谨、全面、详细的国际贸易合同是防止合同纠纷的重要环节，需要注意以下几点：

1）充分了解相关国家的法律法规、国际公约和国际贸易惯例。为了确保合同的有效性及合法性，要掌握完备的法律知识，并且对相关国家参加的国际公约与国际惯例等有充分了解，这是在国际贸易中进行合同签订的前提条件。由于各国的法律存在差异，有时相同的合同用语在各国可能有着不同的法律含义。如果不了解这些法律上的差别，就容易造成误解和分歧，进而产生贸易纠纷。

> **小贴士**
>
> **国际货物买卖的国际公约和国际贸易惯例**
>
> 统一调整国际货物买卖的法律规范一直是世界各国、各国贸易团体追求的目标,其中具有代表性的是《国际货物销售统一法公约》(ULIS)、《国际货物销售合同成立统一法公约》(ULF)、《联合国国际货物销售合同公约》(CISG)。
>
> 国际贸易惯例通常有以下几种:
>
> (1)《跟单信用证统一惯例》。
>
> (2)《托收统一规则》。
>
> (3)有关国际贸易术语的国际惯例。
>
> 1)1932年《华沙—牛津规则》。
>
> 2)1941年《美国对外贸易定义修订本》。
>
> 3)《国际贸易术语解释通则》。

2)起草合同时要注意词语的运用,避免出现语言模糊、词意不清等现象,这是有效预防合同纠纷的基本方法。合同条文要简洁,尽量避免使用较为复杂的表达方式,同时注意词语的使用,对那些容易产生误解的词语要做好明确标注。合同内容要一致,要注意合同与条款之间、主合同与附件之间的一致性,并将相互关系在合同中做好明确规定。

(3)合同双方要严格履行合同,做到诚实守信,这是国际贸易道德的要求。履行合约过程中,对条款的任何修改都应该认真审查并按照合同规定的程序进行,当发现对方出现违约行为时,一定要立即做出反应。

2. 处理合同纠纷

当国际贸易合同纠纷产生时,企业应积极面对并采用恰当的方式方法来解决,避免损失或者将损失降到最低。处理国际贸易合同纠纷的基本方式如图8-5所示,企业可以根据具体情况进行选择与运用。

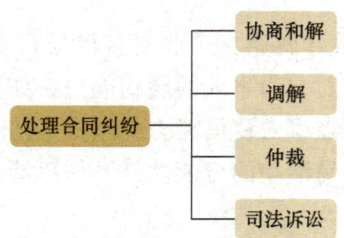

图8-5 处理国际贸易合同纠纷的基本方式

(1)协商和解。协商和解是指合同双方当事人在自愿的基础上,自行进行磋商或谈判,在彼此都能接受的范围内达成和解协议,从而解决纠纷。这种方式的优点是程序简便、形式灵活,节约时间和费用,且有利于维护双方友好的合作关系。

(2)调解。调解是指双方当事人不直接进行协商,而由第三人(调解人)出面,依法或依合同约定进行调停,促使双方当事人在互谅互让的基础上解决纠纷的一种途径。根据第三人（调解人）身份的不同，可以分为民间调解、仲裁调解和法庭调解，但仲裁调解属于仲裁解决方式，法庭调解属于诉讼解决方式，此处的调解主要是指民间调解。

民间调解是指在仲裁机构、法院或者国家机关以外的第三人主持的调解，调解人可以是组织，也可以是个人。调解人一般要具有与国际贸易相关的专业知识和法律知识，能够公平公正地去消除合同双方当事人的误解与隔阂，妥善处理合同纠纷。

（3）仲裁。在国际贸易实践中，仲裁是最广泛使用的方式。仲裁，也称公断，是指双方当事人通过协商签订书面协议，自愿将纠纷交给仲裁机构进行裁决。仲裁依照法律所允许的仲裁程序进行纠纷裁决，因而具有法律约束力，双方当事人必须遵照执行。仲裁的特点如图8-6所示。

图8-6　仲裁的特点

仲裁协议是双方当事人在自愿的基础上将纠纷交付仲裁机构裁决的书面文件，是申请仲裁的必备材料。仲裁协议有三种形式：第一种是仲裁条款，即双方当事人在纠纷发生之前表示同意把将来可能发生的纠纷提交仲裁解决的协议，并把它作为合同的一项条款；第二种是双方当事人在纠纷发生之后订立的，表示同意把已经发生的纠纷交付仲裁的协议，称为提交仲裁的协议；第三种是双方当事人在纠纷发生之前或之后通过援引方式签订的仲裁协议，双方只是同意有关纠纷按照某公约、条约或者标准合同中仲裁条款所述的内容进行仲裁。三种仲裁协议虽然形式不同，但法律效力与作用是相同的。

（4）司法诉讼。司法诉讼是指当事人依法就已经发生的国际贸易合同纠纷向有管辖权的法院提起诉讼，按照司法程序来解决纠纷的一种方式。在诉讼过程中，法院属于主导地位，代表国家行使审判权，是解决纠纷的主持者和裁判者。国际司法实践一般按照属地管辖原则、属人管辖原则、协议管辖原则来解决纠纷的管辖权问题。这种方式的优点是程序性强，判决效力有司法手段保障，但判决书效力有区域性。

> 📁 **小贴士**
>
> **《中华人民共和国民事诉讼法》（节选）**
>
> 第二百七十二条　特殊地域管辖
>
> 因合同纠纷或者其他财产权益纠纷，对在中华人民共和国领域内没有住所的被告提起的诉讼，如果合同在中华人民共和国领域内签订或者履行，或者诉讼标的物在中华人民共和国领域内，或者被告在中华人民共和国领域内有可供扣押的财产，或者被告在中华人民共和国领域内设有代表机构，可以由合同签订地、合同履行地、诉讼标的物所在地、可供扣押财产所在地、侵权行为地或者代表机构住所地人民法院管辖。

任务发布

广西某大型化肥厂与越南某农资公司签订合同，约定越南农资公司向广西化肥厂购买尿素 200t，每吨人民币 2000 元，总金额为人民币 40 万元。但合同双方对交货期含混规定：交货日期可另行商订。

合同签订后，越南农资公司曾电告广西化肥厂在 11 月听通知发货，但直至 12 月上旬，广西化肥厂仍未收到发货通知，于是便去函要求发货。越南农资公司则表示：由于当地气候变化，不再需要尿素。但广西化肥厂仍在没有收到发货通知的情况下将 200t 化肥运到越南农资公司。越南农资公司则以未发通知为由，拒绝付款并要求退货。因协商无果，广西化肥厂将合同纠纷诉诸法院。

任务操作

1. 请指出双方合同纠纷的症结所在。
2. 请说明双方订立的合同是否有效并进行责任分析。
3. 结合案例阐述如何预防与处理合同纠纷。

任务评价

项目八任务一评价考核表见表 8-1。

表 8-1　项目八任务一评价考核表

序号	考核内容	满分	得分
1	知晓合同纠纷的类型	20	
2	准确说出合同纠纷的症结所在	20	
3	懂得如何预防合同纠纷	30	
4	能够采用恰当的方式方法处理合同纠纷	30	
	合　计	100	

学习任务二　处理常见运输问题

学习目标

知识目标

- 知晓常见国际海运问题
- 知晓常见国际空运问题

项目八
应急处理

> **能力目标**
> - 能够针对国际海运问题做出相应的处理方法
> - 能够针对国际空运问题做出相应的处理方法
> - 能够合理有效地处理常见运输问题
>
> **素养目标**
> - 培养学生运用专业知识解决实际问题的能力
> - 进一步提高学生应急处突与科学决策的能力
> - 培养学生爱岗敬业、认真严谨、追求卓越的职业精神

知识储备

一、国际海运问题归类与处理

在海上货物运输中，承运人应该将货物及时、安全地运送到规定的目的地。如果出现因承运人在责任期内管货不当所引起的货物灭失、损坏以及延迟交货等问题，承运人都应该负赔偿责任。由于货物种类繁多、性质各异，对运输的要求也不尽相同。根据所载货物的种类和性质，海运问题分类及原因见表8-2。

如何处理国际物流中的常见问题

表8-2 海运问题分类及原因

海运问题分类	主 要 原 因
件杂货运输问题	1. 货物装卸不当 2. 货物积载不当 3. 货舱及其设备不适货 4. 运输中管理货物不当
集装箱运输问题	1. 货物积载不当 2. 货物自身问题 3. 集装箱护装、管理不当 4. 船体缺陷 5. 恶劣天气等
危险品运输问题	1. 运输中管理货物不当 2. 不了解相关的危险货物运输规则 3. 运输条件不符合海运条件或相关规定 4. 货品本身不符合海运条件 5. 船舶适航适载能力差
固体散货运输问题	1. 散货本身性质 2. 货物积载和装卸不当

当海运问题发生时，应采用恰当的方式方法去处理，比较常见的海运问题如图8-7所示。

国际货代实务

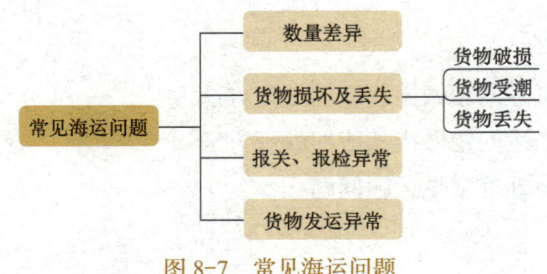

图 8-7　常见海运问题

1. 数量差异

（1）到货件数多于提单显示件数。当提货员发现实际到达货物件数多于提单显示的件数时，应立即转告进出港联络员，联络员即刻通知上一环节的操作单位，请其更改提单件数，并转告本集散中心进出港联络员，以便及时提出货物。

（2）到货件数少于提单显示件数。当提货员发现实际到达货物件数少于提单上显示的件数时，需与船公司的服务人员积极配合，仔细寻找各库区及异常货物堆放区域有无本公司的货物；同时通过进出港联络员，请其向上级操作单位确认应到货数量，如果数量有误而又搜寻无果，则先将已到货物全部提出，再针对缺少的货物在提货时要求相关部门开具异常情况货物证明并加盖公章，同时向上级汇报该情况。

2. 货物损坏及丢失

（1）货物破损。处理货物破损问题的方法如图 8-8 所示。

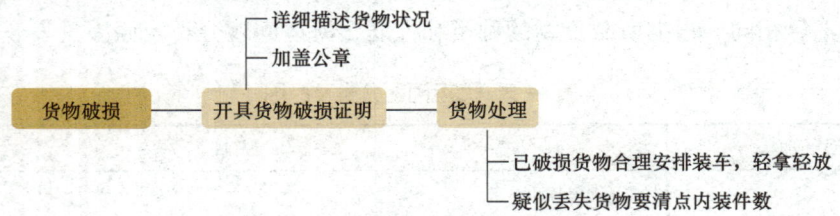

图 8-8　处理货物破损问题

发现货物破损时，提货员应立即要求提货处开具异常情况货物证明或货物破损证明，须详细描述货物状况，并加盖公章。对已破损的货物要合理安排装车，轻拿轻放，避免再次受到挤压或碰撞；对有疑似丢失情况的货物要清点内装件数，回站后将情况汇报给上级和内场操作员，在上级监督下对实物拍照，并对包装进行修补或加固。

（2）货物受潮。发现货物受潮时，提货员应立即要求提货处填写异常情况货物证明或货物受潮证明，须详细描述货物状况，并加盖公章。对于受潮严重的货物，回站后要将情况通知上级和内场操作员，在上级监督下对实物拍照存档，然后将货物晾干或擦干并更换外包装。

（3）货物丢失。发现货物丢失时，提货员应立即要求提货处填写异常情况证明或货物丢失证明，须详细描述货物状况，并加盖公章。

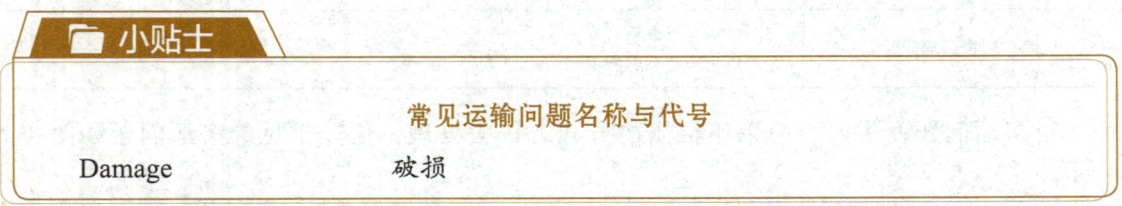

OFLD（Offloaded）	卸下，拉货
MSCA（Missing Cargo）	少收货物
FDCA（Found Cargo）	多收货物
SSPD（Short-shipped）	漏装
Missing Label	标签脱落

3. 报关、报检异常

（1）海关、商检的操作系统异常。当报关人员发现海关、商检系统异常、无法进行正常申请时，要第一时间到现场了解情况，并通知客户，描述系统异常发生时间、目前状态、解决方案、预计解决时间、对操作货物造成的影响，持续跟踪并将结果告知客户。

（2）海关、商检查验。进出口中，可能遇到海关例行查验或随机布控查验。报关人员在收到海关、商检查验通知时，应第一时间通知客户，等待客户指示，并根据指示积极准备查验货物。查验完成后，及时将查验报告发送给客户。

（3）删改单。报关人员发现报关单证申报错误，应第一时间调查清楚错误原因，根据货物的紧急程度，确定解决方案并将删改单情况上报。确定删改单后，单证人员将申请报告给海关，并跟进修改进程。

4. 货物发运异常

货物发运异常中比较常见的一种情况是甩货。由于爆仓、道关不及时等原因造成的货物无法上船或集装箱无法放箱等异常情况，需及时联系船公司，预订最近航次以确保货物装船发运，同时分析甩货原因并提出预防措施。

二、国际空运问题归类与处理

航空货物运输常见问题如图 8-9 所示。

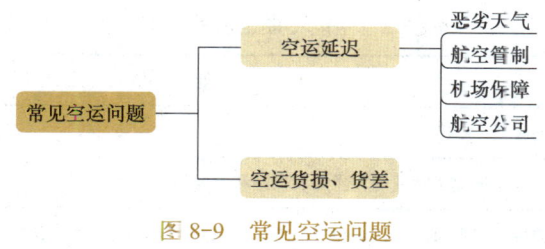

图 8-9 常见空运问题

1. 空运延迟

（1）恶劣天气。天气原因是目前航班延误最主要的原因之一。一旦遇到恶劣天气，能见度降到标准以下，航班将无法正常起飞和降落。有时飞机起飞时出发地机场天气晴朗，但由于经停或目的地机场天气恶劣，也会造成航班延误。

（2）航空管制。空中交通管制造成空运延迟的情况也比较常见。实施空中交通管制主要有两种情况：一是流量控制。近年来，我国民航发展迅速，航班量急剧增加，尤其是为确保国防安全，对空域实行严格限制。二是军事活动，遇到这种情况时，没有起飞的飞机只能在地面等待，在空中的飞机或返航或就近降落其他机场等待。

（3）机场保障。因机场保障造成空运延迟情况主要有三种：一是机务原因，机场机务保障部门保障不及时，可能造成航班延误；二是场区环境，机场上空出现干扰因素是造成航班延误的重要原因。一般来说，如果飞机故障为航空公司基地，则处理故障时间较快，若为外站，情况则可能比较复杂；三是商务原因，其中包括货物舱单和平衡图送达不及时等。

（4）航空公司。航空公司自身原因主要包括飞机晚到、调配原因、机械故障等，都会造成飞机延误。有时也会因为航空公司操作人员失误，导致货物延迟送达，如货物要运往中国（CHINA），工作人员却将货物运输地点看成智利（CHILE），以致货物延迟交付。

空运改寄业务处理流程如图 8-10 所示。

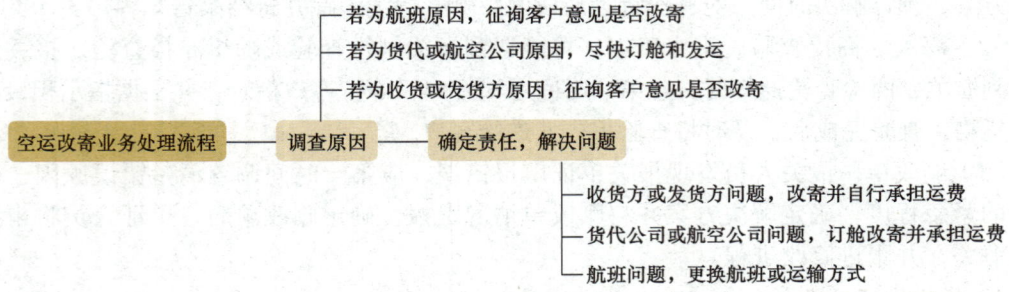

图 8-10　空运改寄业务处理流程

2. 空运货损、货差

空运之前要将托运的货物按照托运要求进行包装、打托等操作，保证货物在机舱内货损概率最小。有时会托运汽车、机械等大型设备，此时就要求做好装机前的包装工作。一旦在货物交接时发现货物损坏、数量短少时，要在相关交接文件上做批注，以备后续追偿。常见处理方法见表 8-3。

表 8-3　空运货损、货差处理方法

发现问题时间	处 理 方 法
收运时	拒绝收运
进港操作时	填写异常情况货物证明，通知装机站和始发站
交接中转货物时	货物轻微破损时，在转运仓单的备注栏说明破损情况；严重破损时拒绝转运
出港操作时	货物破损时，加固包装，继续运输；破损严重时停止运输，通知发货人或始发站，征求处理意见

任务发布

案例 1：2017 年 2 月 3 日，上海某国际货运代理公司在安排陕西某机械有限公司的货物装船时，遭遇船公司爆仓甩货，导致货物不能按时出运。

案例 2：2017 年 2 月 7 日，上海某国际货运代理有限公司为上海某服装贸易有限公司的进口货物办理报关报检手续后，发现报关单上境内目的地填写错误。

案例 3：2017 年 3 月 7 日，上海某国际货运代理有限公司与上海某玩具贸易公司签订出口货运代理合同，负责将一批儿童玩具出口到美国西雅图。成交价格为 CFR SEATTLE，每箱价值 100.00 美元，共计 5000.00 美元，预计 3 月 22 日装船，4 月 10 日抵达美国西雅图。集港前遇到海关查验，发现商品预归类有误，不予通关。

针对以上三种海运异常情况，分别出具异常处理方案。

任务操作

1. 请写出处理异常情况的具体步骤。
2. 结合案例，阐述如何处理常见的运输问题。

任务评价

项目八任务二评价考核表见表 8-4。

表 8-4　项目八任务二评价考核表

序号	考核内容	满分	得分
1	处理方案具有流程性	20	
2	反馈对象正确	10	
3	所需文件描述正确	20	
4	体现客户关系维护	20	
5	具体处理步骤描述清晰	30	
	合　计	100	

学习任务三　处理客户投诉

学习目标

知识目标
- 熟悉客户投诉的原因
- 懂得处理客户投诉的原则
- 掌握常见客户投诉处理方式及其对应流程

能力目标
- 能够积极看待客户投诉
- 具备投诉受理人员的综合素养与技能要求
- 领悟处理客户投诉的流程并有效处理客户投诉

素养目标
- 使学生树立诚实为本、严谨认真的工作态度和责任意识
- 加强学生为客户着想的服务意识,培养学生乐观、健康、积极、向上的职业态度
- 培养学生正确的知识观,处理投诉的技巧灵活多变,使学生形成思维多元化的观念

知识储备

一、接受客户投诉

货代公司如何处理客户投诉

客户投诉是指客户针对企业的产品或服务等方面的不满意所提出的书面或口头上的抱怨、抗议、索赔和要求解决的行为。货运代理企业在承揽业务时,因其业务的特殊性会面临客户投诉问题。接受客户投诉,是处理客户投诉的第一步,也是很重要的一步。

1. 积极看待客户投诉

对企业来说,如果能够积极看待客户投诉,就可以利用处理客户投诉的合适时机,赢得客户的信任,进一步提高客户的满意度,使之成为忠诚客户;反之,企业可能陷入危机,甚至遭受很大的损失。因此,企业不能轻视和回避客户的投诉,而应该积极对待,将客户投诉看作珍贵的资源,正视客户投诉的意义。

(1)令人满意的客户投诉处理,可以培养客户的忠诚度。
(2)客户投诉可使企业及时发现并修正产品或服务中的失误,开创新的商机。
(3)巧妙处理客户投诉,可以帮助企业树立和巩固良好的企业形象。

> **小贴士**
>
> **投诉是金**
>
> 有研究发现,提出投诉的客户,如果问题获得圆满解决,其忠诚度会比从没有遇到问题的客户要高。因此,客户投诉并不可怕,要积极正确地看待客户投诉。
>
> 如果客户的投诉能够得到企业快速、真诚的解决,那么客户的满意度就会大幅提高。他们会自觉不自觉地充当企业的宣传员。客户的这些正面口碑,不仅可以增强现有客户对企业的信心和忠诚度,还可以对潜在客户产生良好的影响,更加有助于企业在社会公众中建立"以客户为中心,全心全意为客户服务"的良好形象。

2. 分析客户投诉的原因

既然客户投诉对企业来说是一种宝贵的信息资源,那么深入分析客户投诉产生的原因,对于货代企业来说尤为重要。客户投诉的原因如图 8-11 所示。

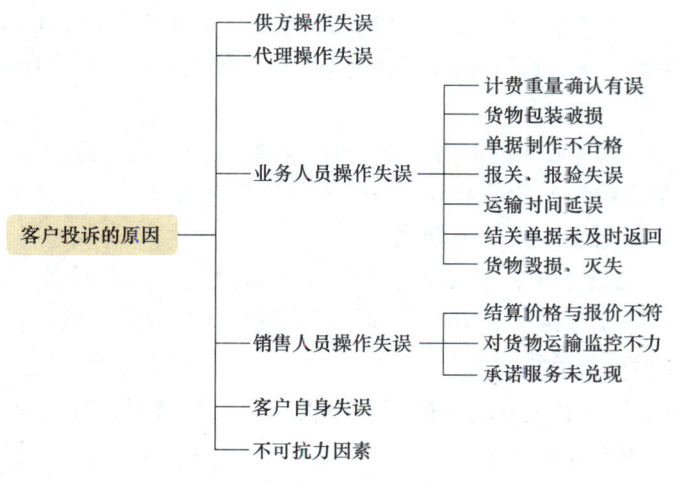

图 8-11 客户投诉的原因

3. 货代企业客服人员综合素养与技能要求

（1）综合素养要求

1）具备良好的沟通与表达能力，具有较强的团队合作精神与集体荣誉感。

2）善于识别问题，分析和解决问题；善于引导客户，共同寻求解决问题的方法。

3）拥有敏捷的思维、良好的客户服务意识。

4）能够换位思考，勇于承担自己的责任。

5）具备较强的抗压能力和情绪的自我掌控及调节能力，拥有积极进取、永不言败的良好心态。

6）具备行业丰富的专业知识，可以为客户提供高质量的查询及咨询服务。

7）熟悉国际货运运价体系，具备良好的风险控制与财务核算意识。

（2）技能要求

1）掌握国际货运流程各业务环节及操作要求。

2）掌握各国基本口岸知识及各大船公司操作流程。

3）掌握进出口报关业务的各项流程和相关的海关政策法规。

4）掌握商品检验、检疫知识及报检业务的各项流程和相关的政策法规。

5）掌握国际货运各航线的运价情况及其他费用明细。

6）掌握相关单证核退流程与注意事项。

二、正确处理客户投诉

作为客服人员，对待客户投诉，除了要具备综合素养与技能要求，还应学会用适当的方式方法来处理客户投诉。对企业来说，有效化解客户投诉，既能培养忠诚客户，又可以利用客户投诉进行检讨与完善，成为企业发展的良好契机，变"不利"为"有利"，化"风险"为"机遇"。

1. 处理客户投诉的原则

（1）以诚相待，表示欢迎。自古以来，人与人之间的接触往来、客户与商家之间的信赖关系等,都是在"诚意"的基础上建立起来的。货代企业的客服人员在处理客户投诉时,必须以诚相待,并对投诉表示竭诚的欢迎,只有这样才能获得客户的理解和再度信任。

(2)换位思考,避免争吵。面对客户投诉时,客服人员一定要做到换位思考,避免争吵,这是尊重的需要,更是解决问题的需要。客服人员应站在客户的立场上来考虑问题,如果自己是客户会怎么做,是否也会提出不满呢?

(3)满足需要,迅速解决。满足客户需要是投诉处理的首要任务,客服人员应该立刻采取行动解决问题。问题被圆满解决的投诉客户,将会比其他客户更加忠诚。

2. 处理客户投诉一般流程

处理客户投诉时,客服人员应该根据客户投诉的实际情况,针对每个环节进行细化,处理客户投诉的一般流程如图8-12所示。

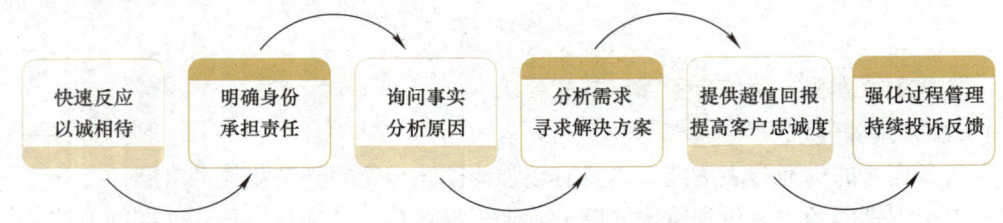

图8-12 处理客户投诉的一般流程

(1)快速反应,以诚相待。处理客户投诉时,必须快速反应并且真诚地解决问题,借此赢得客户的理解和再度信任,使企业的口碑得到良好的维护,否则,客户会认为企业对其极为不尊重,产生愤怒和积怨,对企业彻底失去信心。

(2)明确身份,承担责任。接到客户投诉后,客服人员应该将投诉问题责任到部门、责任到人,避免类似问题重复发生,同时使投诉问题得到最妥善的处理,令客户满意。如果客服人员不能直接帮助客户解决问题,不能借口搪塞,将责任强加给其他部门,而应帮助客户找到企业的相关负责人,并确保其能够妥善处理。

(3)询问事实,分析原因。客服人员在接待客户投诉时,要询问清楚事实,准确理解客户所说的话。当然,客户进行投诉时难免会发泄自己的情绪,这就要求客服人员能够真诚表达对客户的理解,认真倾听客户的诉说,详细了解事情的经过,认真分析原因。

(4)分析需求,寻求解决方案。在解决客户投诉时,客服人员应该认真分析客户心理需求,即客户想要通过投诉得到什么,并在此基础上设计最佳的解决方案,直至客户满意。

(5)提供超值回报,提高客户忠诚度。当客服人员与客户就处理方案达成满意后,可以以超出客户预期的方式真诚道歉,同时再次感谢客户选用本公司的货代服务,把该投诉客户变为忠诚客户。

(6)强化过程管理,持续投诉反馈。处理客户投诉,不仅要求结果令客户满意,还要求处理的过程令客户满意,所以在客户提出投诉后,企业一定要对投诉进行持续的反馈、追踪和回应。

3. 常见客户投诉处理方式及其对应流程

客户投诉方式主要有电话投诉、网络投诉、信函投诉或发传真投诉、当面投诉。面对不同的投诉方式，货代企业的处理流程也不尽相同。

（1）电话投诉处理流程，如图8-13所示。

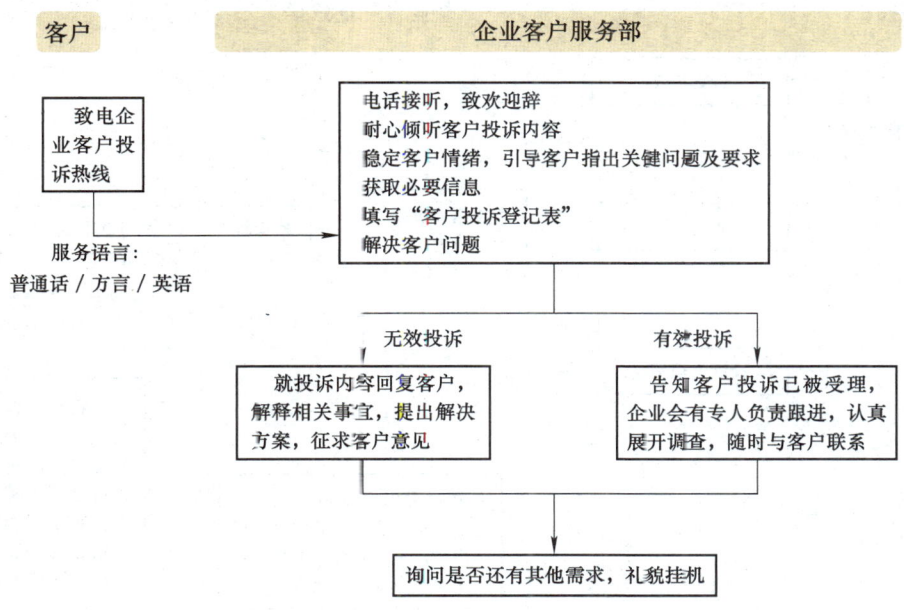

图8-13 电话投诉处理流程

（2）网络投诉处理流程，如图8-14所示。

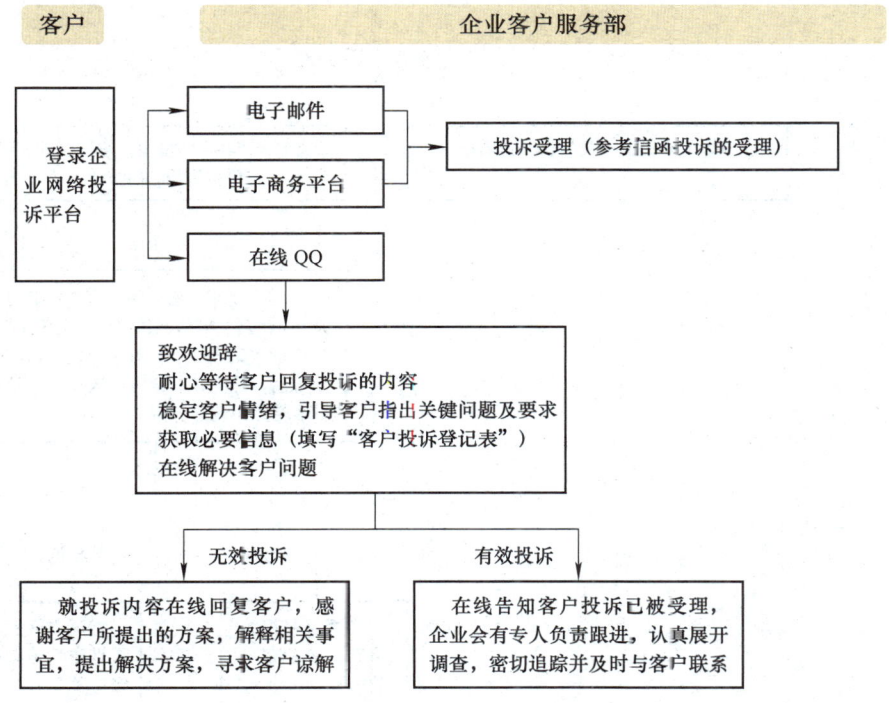

图8-14 网络投诉处理流程

（3）信函投诉处理流程，如图8-15所示。

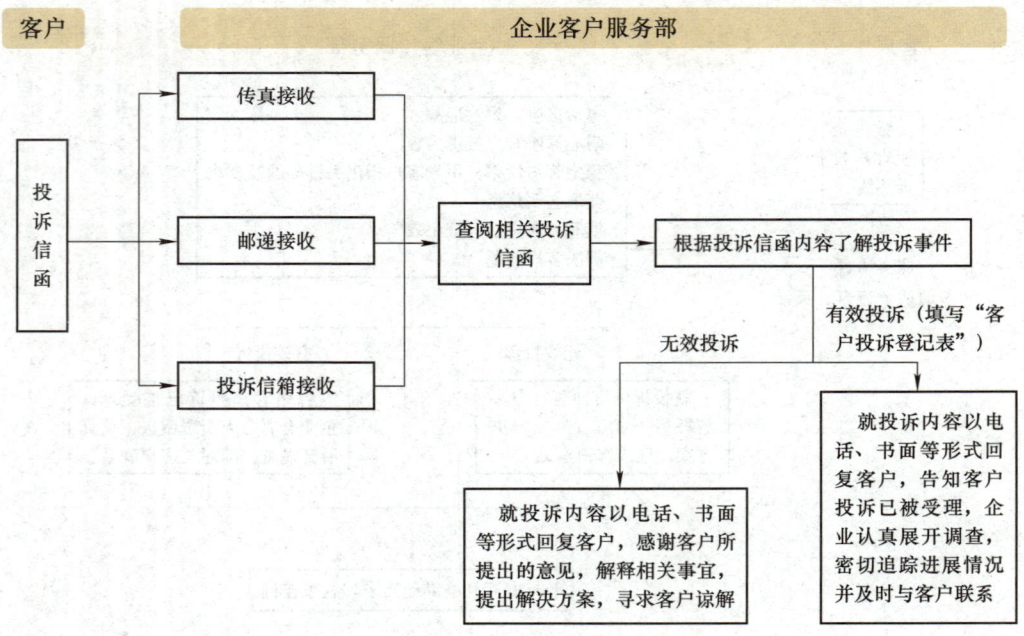

图8-15　信函投诉处理流程

（4）当面投诉处理流程，如图8-16所示。

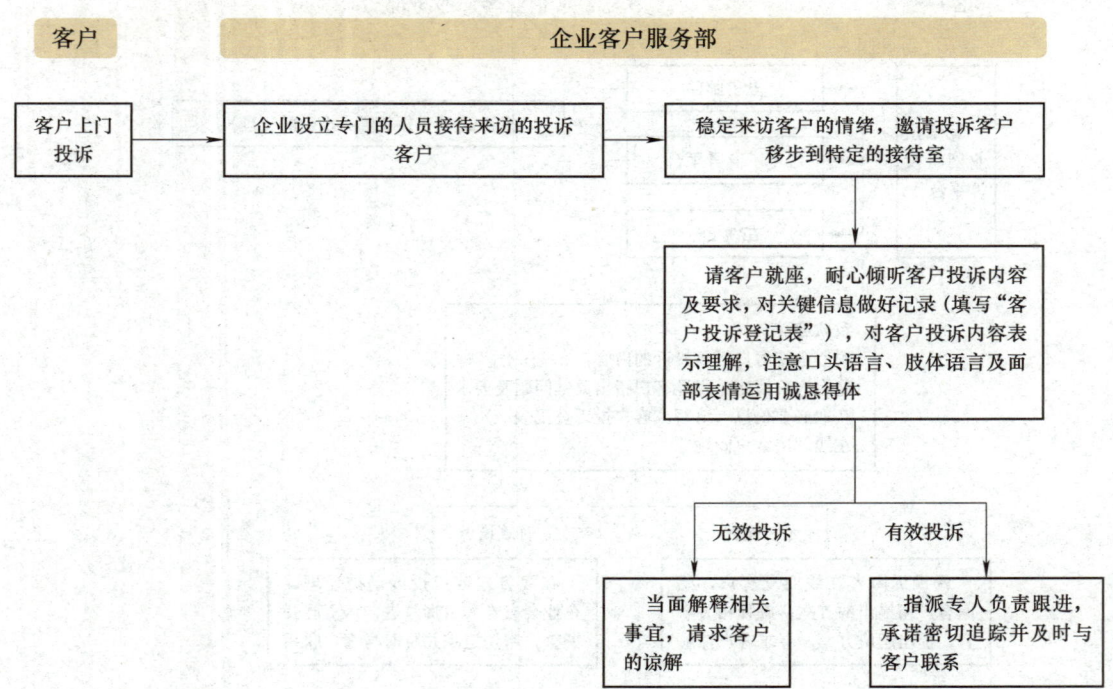

图8-16　当面投诉处理流程

客户投诉登记表见表 8-5。

表 8-5　客户投诉登记表

编　　号			
首问责任人		收到投诉时间	
客户名称		地　　址	
联系人		电　　话	
E-mail		手　　机	
客户类型		公司业务联系人	
处　理　情　况			
1. 立即答复并已解决问题		2. 登记并交业务部	

业务部协调结果：
责任方：　　　　　　　理由：
解决方案：

承办人解决问题的进展：

客户对解决措施的满意情况：
□非常满意　　□满意　　□一般　　□不满意　　□非常不满意
证明人：　　　　　　　　　　　　　　　　　　　日期：　年　月　日

最终处理结果：

投诉事件分析后的启示、建议：

相关责任人的处理意见：

备注

任务发布

2016 年 3 月 12 日，上海 A 国际货运代理有限公司（以下简称"A 公司"）的客服部接到客户 B 电子玩具（上海）有限公司（以下简称"B 公司"）发来的投诉邮件，具体内容如下：

> 发件人：×××××ELECTRONIC TOY<lifeng@×××××-etoy.com.cn>
>
> 时间：2017年3月12日（星期一）早上9:11
>
> 收件人：A客服<kefu@×××××××.com>
>
> Dear ×××××××××，
>
> We had entrusted your company to export a group of children's toys to Melbourne on Mar. 5, which had be delivered at destination on Apr. 1, 2017. The cargo would be loaded in ship on Mar. 11, but today we are noticed that our cargo are refused to container. It will bring us huge losses on trade. We hope your company give us a reasonable solution before off duty today.
>
> Thx!
> Li Feng
> ××××××Electronic Toy (Shanghai) Co., Ltd.
> Mobile：+86 137-××××-××××
> E-mail：lifeng@×××××-etoy.com.cn

A公司客服部王某将客户投诉信息反馈给质管部，质管部张某对该事件进行了调查。经查，2017年3月3日A公司向威尔基船务公司订舱，3月3日威尔基船务公司确认订舱，3月10日威尔基船务公司发送进港代码给A公司和港口。3月10日A公司安排拖车将集装箱送入威尔基船务公司指定码头。3月11日，B公司的货物未能及时装船。

3月3日威尔基船务公司确认船舶靠外高桥港一期码头，3月11日船舶到港后实际停靠在洋山港三期码头，经核实，威尔基船务公司未能及时将船舶改靠信息通知A公司，A公司工作人员也未及时查询船舶到港情况，最终导致货物未能及时装船。

任务操作

1. 请根据B公司的投诉内容，填制《客户投诉处理记录》，完成此次客户投诉处理。《客户投诉处理记录》要包括客户投诉内容、事件调查结果、投诉处理方案、投诉事件预防方案四方面内容。

2. 结合案例阐述如何有效处理客户投诉。

任务评价

项目八任务三评价考核表见表8-6。

表8-6 项目八任务三评价考核表

序 号	考 核 内 容	满 分	得 分
1	投诉处理记录内容完整规范	20	
2	投诉处理方案步骤描述清晰	30	
3	投诉事件预防方案完整、明确	15	
4	有效解决投诉处理	20	
5	投诉处理有利于维护客户关系	15	
	合 计	100	

学习任务四　处理索赔

学习目标

知识目标
- 熟悉索赔概念
- 懂得导致索赔的因素
- 明确处理索赔的原则
- 掌握保险索赔的办理程序及注意事项

能力目标
- 能够及时、合理、有效地处理索赔问题
- 提升运用法律手段解决问题的能力

素养目标
- 使学生树立诚实为本、严谨认真的工作态度
- 增强学生法治意识与责任意识
- 培养学生爱岗敬业、认真严谨、追求卓越的职业精神

知识储备

一、索赔的概念

索赔是指在国际贸易中，由于一方当事人违反合同规定，直接或间接地导致另一方遭受损失，受损害的一方向另一方提出损害赔偿的行为。导致索赔的因素如图8-17所示。

国际贸易中的索赔

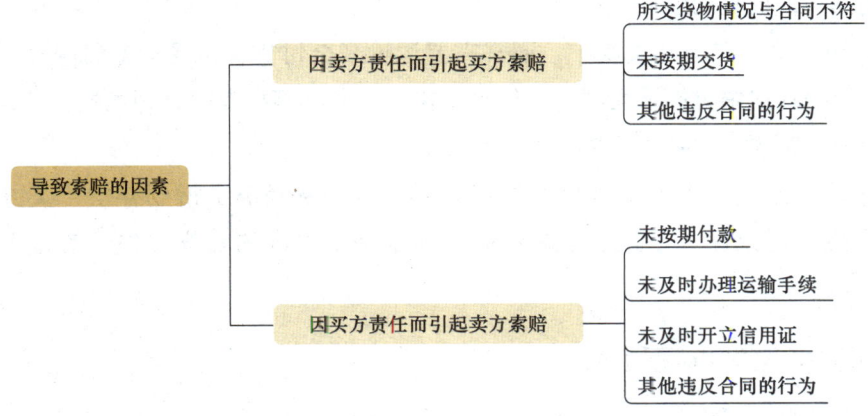

图8-17　导致索赔的因素

在贸易往来中,受损害一方提出索赔是很正常的事情,但索赔要遵循一定的原则,才可以保障受损害一方的正常利益。索赔主要有以下原则:

1. 正确合法原则

受损害方在提起索赔时,索赔依据要充分、合理、合法。如果索赔时证据不全、不足或出证机构不符合要求等,就可能遭到对方拒赔。

2. 迅速及时原则

索赔方应在索赔期限内迅速有效地提出索赔,否则会因为错过期限而使索赔无效,或者因为丧失获取证据的时机而使自身处于不利处境。

3. 恰当性原则

如果合同有约定损害赔偿金额,通常按照约定的金额提出赔偿,如果合同未做规定,就必须综合考虑。

4. 诚实守信原则

索赔人既要维护自身的合法权益,又要实事求是地分清责任,不能捏造虚假事实和证据,提出不正当索赔。

在国际贸易中,索赔的类型如图 8-18 所示。

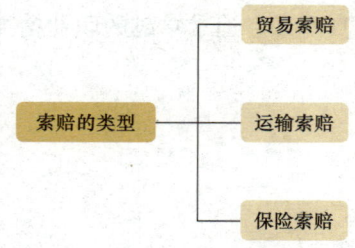

图 8-18 索赔的类型

(1)贸易索赔。贸易索赔是指合同一方当事人没有或者没有完全履行合同规定的义务,使一方受到损失而提起的索赔。

(2)运输索赔。在国际贸易中,通常需要运输来交付货物,受运输时间长、风险大等因素影响,货物在途中可能遭受损失,但这些损失并非都能找保险公司索赔。若是因承运人的责任造成的货物损失,就需要由承运人承担。

(3)保险索赔。为了保障货物发生损失后,能够从经济上得到补偿,买方或者卖方通常会向保险公司投保。一旦发生在保险公司承保范围内的货物损失,就可以向保险公司索赔。

二、保险索赔的办理程序

保险索赔的办理程序如图 8-19 所示。

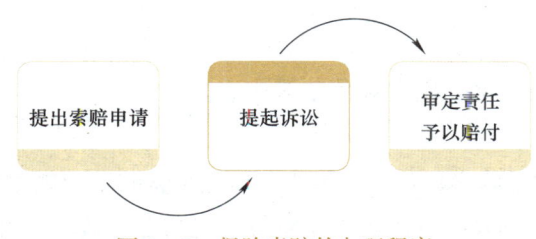

图 8-19　保险索赔的办理程序

1. 提出索赔申请

索赔可以分为以下两种情况：

（1）出口货物遭受损失。对方（进口方）向保险单所载明的国外理赔代理人提出索赔申请。中国人民保险公司在世界各主要港口和城市，均设有委托国外检验代理人和理赔代理人两种机构。前者负责检验货物损失，收货人取得检验报告后，附同其他单证，自行向出单公司索赔；后者可以在授权的一定金额内，直接处理索赔，付给赔偿款。

（2）进口货物遭受损失，我国进口方向保险公司提出索赔申请。当进口货物运抵我国港口、机场或内地后发现有残损短缺时，应立即通知当地保险公司，会同当地国家商检部门联合进行检验。若经确定属于保险责任范围的损失，则由当地保险公司出具"进口货物残短检验报告"。同时，凡对于涉及国外发货人、承运人、港务局、铁路或其他第三者所造成的货损事故责任，只要由收货人办妥向上述责任方的追偿手续，保险公司即予赔款。但对于属于国外发货人的有关质量、规格责任问题，根据保险公司条款规定，保险公司不负赔偿责任，而应由收货人申请国家检验检疫机构出具公证检验书，然后由收货单位通过外贸公司向发货人提出索赔。

要强调的是，提出索赔时需要备妥索赔单证，如索赔书、保险单证、运输单据、发票、检验报告、货损货差证明等。

2. 提起诉讼

保险索赔的时效一般为两年，诉讼时效规定期限一般为一年。

3. 审定责任，予以赔付

被保险人在办妥上述有关索赔手续和提供齐全的单证后，即可等待保险公司审定责任，给付赔款。在我国，保险公司赔款方式有：①直接赔付给收货单位；②集中赔付给各有关外贸公司，再由各外贸公司与各订货单位进行结算。

另外，在处理索赔时的注意事项如图 8-20 所示。

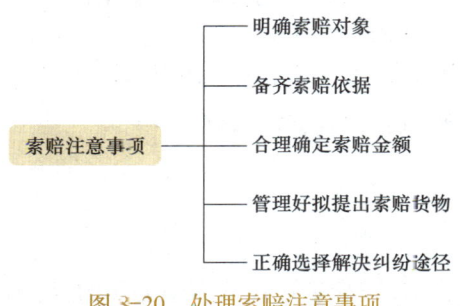

图 3-20　处理索赔注意事项

三、撰写索赔书

索赔书一般由信头、正文、附件和落款等构成。

1. 信头

信头包括标题、编号、收文单位三个要素。标题由索赔事由和文种构成，要能突出主旨，如"过期提货索赔书"；编号的目的是方便查找，提高办事效率，可根据惯例置于标题左上方或右上方，也有的置于标题右下方；收文单位即受理索赔者的全称，不可随意用简称。

2. 正文

正文主要包括以下内容：

（1）索赔事由。这部分要简述合同履行情况，引出索赔事由。

（2）索赔依据。展开陈述辩驳，具体指出合同下提出对方的违约事实，合理合法地引用合同有关条款和相关证明材料，说明索赔理由，为提出索赔的要求做准备。

（3）索赔要求。明确提出索赔的具体要求和目标。有时，也可以在正文结尾部分表达希望对方回复，或今后加强合作的愿望。

3. 附件

具体材料和依据可以作为附件，如说明材料、证明性材料、有关的来往函等。

4. 落款

写明索赔者所在的国家名称、企业名称的全称及日期等。

任务发布

案例1：2016年2月，A钢铁贸易（上海）分公司（以下简称"A公司"）出口一批工字钢到新加坡，委托上海B国际货运代理有限公司（以下简称"B公司"）为其代理海运出口业务。B公司为A公司的出口货物预定了一艘由上海出发经由缅甸仰光再到新加坡港的杂货船，该船还装有其他货主的若干货物，所属船东为宝威船务有限公司。船舶按时抵达新加坡港，卸完货的一周后，A公司收到了新加坡买家C工业控股有限公司（以下简称"C公司"）的索赔函，C公司声称交付的货物少了48捆工字钢，要求A公司赔偿。

案例2：2016年8月，苏州D印刷有限公司（以下简称"D公司"）与日本E纸业株式会社（以下简称"E株式会社"）签订了一批特种纸的进口合同。D公司委托B公司为其代理这批货物的海运进口业务。2016年9月20日，船舶抵达外高桥港一期码头。B公司委托上海F理货有限公司（以下简称"F公司"）办理理货，在理货过程中发现部分纸品有浸湿痕迹。后经F公司检验师检验，判定此批特种纸有60卷被水浸湿，失去使用价值。D公司收到货损通知后，随即开始向E株式会社索赔。

任务操作

1. 结合案例1，请以上海B国际货运代理有限公司的身份为A钢铁贸易（上海）分公司的索赔事件草拟一份索赔处理方案。索赔处理方案包括索赔类型、索赔金额、索赔对象、索赔处理流程。

2. 结合案例 2，阐述如何处理索赔问题。

任务评价

项目八任务四评价考核表见表 8-7。

表 8-7　项目八任务四评价考核表

序　号	考　核　内　容	满　分	得　分
1	索赔处理方案完整规范	30	
2	索赔处理流程清晰明确	30	
3	有效解决索赔问题	20	
4	体现客户关系维护	20	
	合　计	100	

参 考 文 献

[1] 何善华，陈广仁. 国际货运代理实务 [M]. 广州：暨南大学出版社，2013.
[2] 高茜. 国际贸易概论 [M]. 上海：上海交通大学出版社，2017.
[3] 郑淑嫒，谢兴伟，陈曦. 国际贸易实务 [M]. 北京：北京出版社，2014.
[4] 田振中，王红梅. 国际物流与货运代理 [M]. 2版. 北京：清华大学出版社，2019.
[5] 孙明贺. 国际贸易操作实务 [M]. 2版. 北京：科学出版社，2015.